Josep Martí i Pérez
Fernando Lalana Lac

TRAMONTANA

Intensivkurs

Schmetterling Verlag

Die Deutsche Bibliothek – CIP-Einheitsaufnahme

Martí i Pérez, Josep:
Tramontana: spanisch / Josep Martí i Pérez; Fernando Lalana
Lac. – [Neubearb.]. – Stuttgart: Schmetterling-Verl.
Intensivkurs.
[Hauptbd.] – 2., überarb. Aufl. – 1999
ISBN 3-89657-705-0

Schmetterling Verlag
GbR Jörg Hunger und Paul Sandner
Lindenspürstr. 38b
70176 Stuttgart
www.Schmetterling-Verlag.de

ISBN 3-89657-705-0
2., überarb. Auflage 1999
01 02 03 04 05 06 / 9 8 7 6 5 4
Printed in Germany

Titelbild nach einem Foto von Joseph Mommert, das Schülerinnen in Havanna am Malecon zeigt.
Illustrationen: Michael Groenewald, Matthias Langer
Satz und Reproduktionen: Schmetterling Verlag und Text GmbH, Stuttgart
Druck: GuS-Druck GmbH, Stuttgart
Binden: IDUPA, Owen

Vorwort

Der vorliegenden überarbeiteten Neuausgabe des Lehrwerkes *TRAMONTANA* ist eine fünfjährige unterrichtliche Tätigkeit und kritische Auseinandersetzung mit dem Buch in Spanischkursen als neueinsetzende Fremdsprache ab Klasse 11 sowie als dritte Fremdsprache in der Differenzierung der Klassen 9-10 an einem westfälischen Gymnnasium vorausgegangen.

Die vorgenommene Überarbeitung des Buches orientiert sich vor allem an den konkreten Bedürfnissen des Spanischunterrichts (SII) in der Gymnasialen Oberstufe.

Die Einführungstexte sind aktualisiert, das Buch um viele informative Texte ergänzt, die Darstellung der Grammatik systematisiert bzw. vervollständigt und der Übungsteil erweitert und abwechslungsreicher gestaltet.

Die Gliederung der Lektionen in vier Teile ist als rein strukturierendes Prinzip erhalten geblieben. Dem Lehrenden bleibt jedoch bei jeder Lektion überlassen, wie er den Einstieg gestaltet.

Die Lektionen 22 (Tourismus und Ökologie), 25 (Diskriminierung von Minderheiten) und 26 (Sprachenkonflikt in Cataluña) wurden so entworfen, dass sie einen konkreten Übergang zu Themen- bzw. «Dossierarbeit» ermöglichen.

Das neue Buch ist mit einem alphabetischen Wortregister und einem dreispaltigen Glossar versehen, die das kontextuelle Verständnis und das Einüben der Vokabeln, Ausdrücke und einfachen Strukturen erleichten soll.

Zu dem Buch ist ein ausführliches Lösungsheft vorgesehen, das beim Verlag bestellt werden kann.

Ich habe die Hoffnung, dass das Werk in seiner neuen Version nicht nur methodisch und didaktisch ein brauchbares Instrument zur Erlernung der spanischen Sprache ist, sondern sich auch als ein guter Vermittler der kulturellen und gesellschaftlichen Realität in den spanischsprechenden Ländern erweist.

Rheine, Oktober 1997
Fernando Lalana Lac

Inhalt

Lección uno

1.1. Presentación I

Yo soy español. ¿Eres tú también español?
Sí, yo también soy español.
¿Es ella española?
No, no es española. Es alemana.

¿Eres francesa?
No, yo no soy francesa. Soy española.

¿Quién es español?
Juan es español. El es de Granada.
¿Son ellos también de Granada?
No, ellos no son de Granada. Son de Guadalajara.
¿Quién es alemán?
Peter es alemán.
¿De dónde es?
Peter es de Hamburgo.
¿Sois vosotros bolivianos?
No, nosotros no somos bolivianos. Somos chilenos.

¿Dónde está Jorge?
Jorge está en Sevilla.
¿Está Ana también en Sevilla?
No, Ana no está en Sevilla. Está en Gijón.

Gijón no es una ciudad muy pequeña. Gijón está en el norte de España. Sevilla es una ciudad grande. Sevilla está en el sur de España.

1.2. Gramática

1. Personalpronomen (Subjekt) *El pronombre personal (sujeto)*

	Singular	**Plural**
1. Person	yo	nosotros, nosotras
2. Person	tú	vosotros, vosotras
3. Person	él, ella, usted	ellos, ellas, ustedes

Die Subjektformen werden bis auf **usted**(es) im Allgemeinen nur wenig gebraucht, da die Personalform aus der Endung des Verbes ersichtlich ist.

Somos españoles.	*Wir sind Spanier.*
Son alemanes.	*Sie sind Deutsche.*

Die Pronomen **usted**, **ustedes** werden für die höfliche Anrede verwendet.

¿Es usted alemán?	*Sind Sie Deutscher?*
¿Son ustedes alemanes?	*Sind Sie Deutsche?*

2. Der bestimmte Artikel — *El artículo determinado*

	Singular	Plural
Maskulinum	**el** libro	**los** libros
Femininum	**la** ciudad	**las** ciudades

Substantive sind im Spanischen männlich oder weiblich.

3. Das Adjektiv — *El adjetivo*

italiano	⇨	italiana	portugués	⇨	portuguesa
español	⇨	española	holandés	⇨	holandesa
francés	⇨	francesa	inglés	⇨	inglesa
alemán	⇨	alemana	ruso	⇨	rusa
chileno	⇨	chilena	argentino	⇨	argentina
grande	⇨	grande	importante	⇨	importante

Adjektive, deren maskuline Form auf **-o** endet, bilden die feminine Form auf **-a**. Adjektive, die auf **-e** oder auf einen **Konsonanten** enden, haben nur eine Form. Ausnahme von dieser Regel sind unter anderem die Adjektive (bzw. Substantive), die von Länder- oder Städtenamen abgeleitet sind.

4. Pluralbildung — *La formación del plural*

mit **-s**, wenn das Wort auf einen Vokal endet.

libro ⇨ libros — italiano ⇨ italianos — española ⇨ españolas

mit **-es**, wenn das Wort auf einen Konsonanten endet.

ciudad ⇨ ciudades — alemán ⇨ alemanes — francés ⇨ franceses

5. Ser/estar I

ser	estar	
soy	estoy	**Ser** drückt eine wesentliche Eigenschaft aus.
eres	estás	*Soy italiano. Ich bin Italiener.*
es	está	**Ser de** drückt Herkunft aus.
somos	estamos	*Soy de Madrid. Ich bin aus Madrid.*
sois	estáis	**Estar** drückt Ortsangabe aus (sich befinden.)
son	están	*Estoy en Alemania. Ich bin in Deutschland.*

6. Die Verneinung I *La negación*

¿Eres italiano?	*Bist du Italiener?*
No, no soy italiano.	*Nein, ich bin nicht Italiener.*

Das Verneinungswort steht unmittelbar vor dem konjugierten Verb.

1.3. Ejercicios

1. Complete las frases.

1. ¿... [vosotros] chilenos? — No, ... somos chilenos, somos argentinos.
2. ¿Qué ... ella? — Es española.
3. ¿... están los libros? — Los libros ... en la mesa [Tisch].
4. ¿Quién es ...? — Hans es alemán.
5. ¿... [tú] también alemán? — No, no ... alemán, ... español.
6. Juan está ... Sevilla. Sevilla ... una ciudad grande.
7. ¿Dónde ... el bolígrafo [Kugelschreiber]? El bolígrafo está ... la mesa.
8. El ... de Argentina. Yo soy ... argentino.
9. Tú no ... alemán. Tú ... en Alemania.
10. Juan ... español. Juan es ... Granada.
11. Alfonso ... de Sevilla y ... en Alemania.
12. Heike y Petra están ... España y son ... .

2. Escriba el plural de las siguientes palabras.

el señor	...	chileno	...	el libro	...
alemán	...	la ciudad	...	francés	...
pequeño	...	el bolígrafo	...	suiza	...
la señora	...	grande	...	chilena	...

3. Forme frases según el modelo.

Ana es de España. *Ana es española.*

1. Hans es de Alemania. Hans es ... .
2. Ellos son de Rusia. Ellos son ... .
3. Carla es de Italia. Carla ... .
4. Isabel y Chantal son de Francia. Ellas ... .
5. Marino es de Italia. Marino ... .
6. Sevilla está en España. Es una ciudad ... .
7. Nápoles y Florencia están en Italia. Son ciudades ... .
8. Coimbra está en Portugal. Es una ciudad ... .

4. Ordene las palabras.

1. argentino. — no — soy — Yo
2. Barcelona — ciudad — es — grande. — una
3. Barcelona. — de — en — es — está — Guadalajara — Pablito — y
4. Bilbao — ciudad — de — el — en — es — España. — está — grande — norte — una — y
5. de — Ernesto — es — Granada. — también
6. en — está — Jorge — Valladolid.
7. alemanes? — también — ¿Sois — vosotros

5. Lectura. Ejercicio de pronunciación

1. Roberto está en Zaragoza.
2. Javier está en Barcelona y es de Mallorca.
3. La señora Quevedo está en Grañén.
4. Málaga y Cádiz están en el sur de España.
5. Juan es chileno.
6. Cecilia está en el Bar la Parra.
7. Lloret de Mar está en Cataluña.
8. Jorge es de Gerona.
9. El señor Gómez es de Guadalajara.
10. Víctor y Charo son de Valladolid.
11. Roberto es de Salamanca y está en Santiago de Compostela.
12. José Manuel es de Lanaja y está en Zaragoza.

Saludos y despedidas

Buenos días.	*¿Qué tal?*
Buenas tardes.	*¿Cómo estás?*
Buenas noches.	*¡Hasta mañana!*
Buen fin de semana.	*¡Hasta la próxima!*
Buen viaje.	*Que te vaya bien.*
Felices fiestas.	*¡Hasta luego!*
¡Hola!	*¡Adiós!*

1.4. La familia Loscertales Rovira

Pablo Loscertales Sanz
(el padre) (el esposo)

Encarnación Rovira Mir
(la esposa) (la madre)

los padres
los esposos

Roberto Loscertales Rovira
(el hijo) (el hermano) el chico

María Pilar Loscertales Rovira
(la hermana) (la hija) la chica

los hijos
los hermanos

1. Haga preguntas a sus compañeros.

¿Quién es el padre	de	Roberto?
¿Quién es la madre		María Pilar?
¿Quiénes son los padres		
¿Quién es el hermano (la hermana)		

¿Quién es la hija	de	el [del] señor Loscertales?
¿Quién es el hijo		la señora Rovira?
¿Quiénes son los hijos		(la señora de Loscertales)
¿Quién es el esposo (la esposa)		

2. Ponga las palabras en su lugar.

de — del — es — es — español — esposo — hermano — hermana — hermanos — hija — hijos — La — la — la — María Pilar — no — señora — y — y

1. El señor Loscertales ... el padre ... Roberto ... de María Pilar.
2. María Pilar es la ... de Roberto.
3. María Pilar es ... hija de la ... Rovira y ... señor Loscertales.
4. Roberto ... es francés. Es ... .
5. Roberto y ... son los ... del señor Loscertales.
6. ... señora Rovira no es la ... de María Pilar.
7. Roberto ... el ... de María Pilar.
8. El señor Loscertales es el ... de ... señora Rovira.
9. Roberto ... María Pilar son ... .

2.1. Presentación II, lenguas españolas

Marisa habla con Carla en español

Marisa: ¿Eres española?
Carla: No, soy italiana.
Marisa: ¿Hablas español?
Carla: ¡Claro!
Marisa: Yo no hablo italiano. ¿Es Marino también italiano?
Carla: Sí, es de Nápoles. Marino habla español también.
Marisa: ¿Estudiáis español?
Carla: Sí, estudiamos español en Salamanca.

Las lenguas de España

En España se hablan cuatro lenguas: el castellano (o español), el catalán, el gallego y el vasco. En la Península Ibérica se habla también otra lengua: el portugués. España limita con Portugal, Francia y Andorra.

Bilbao está en el norte de España, en el País Vasco. La capital del País Vasco es Vitoria. Madrid está en el centro. Madrid es la capital de España. En Barcelona hay un puerto importante. Barcelona es la capital de Cataluña. Valencia está en el este y Salamanca en el oeste de España. En Salamanca hay una universidad muy antigua, pero no es la capital de Castilla y León. La capital de Castilla y León es Valladolid. Sevilla está en el sur y es la capital de Andalucía.

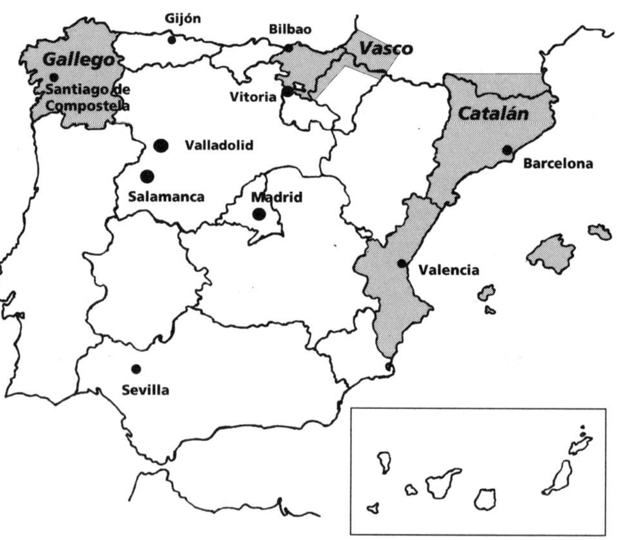

El catalán es la lengua de Cataluña, el vasco (euskera) la lengua del País Vasco (Euskadi), el gallego la lengua de Galicia. El castellano es la lengua de todos los españoles.

2.2. *Gramática*

1. Verben auf -ar — *Verbos terminados en -ar*

hablar	habl**o**	**-o**	estudiar	estudio
	habl**as**	**-as**		estudias
	habl**a**	**-a**		estudia
	habl**amos**	**-amos**		estudiamos
	habl**áis**	**-áis**		estudiáis
	habl**an**	**-an**		estudian

2. Die Fragewörter — *Los interrogativos*

¿Quién?	Wer?	*¿Quién habla alemán?*
¿Quiénes?*		*¿Quiénes están en el apartamento?*
¿Con quién?	Mit wem?	*¿Con quién habla Peter español?*
¿Con quiénes?		*¿Con quiénes estudia Roberto?*
¿De quién?	Von wem?	*¿De quién habla María?*
¿Qué?	Was?	*¿Qué estudia Heike?*
¿De qué?	Wovon?	*¿De qué habla Petra?*
¿Cómo?	Wie?	*¿Cómo hablan Jorge y Maike?*
		¿En qué lengua hablan Jorge y Maike?
¿Dónde?	Wo?	*¿Dónde está Petra?*
¿De dónde?	Woher?	*¿De dónde es Pierre?*
¿Por qué?	Warum?	*¿Por qué está Petra en España?*
¿Cuánto/a/s	Wie viel?/ Wie viele?	*¿Cuántas lenguas habla Diego?*
¿Cuál/cuáles?	Welcher/e?	*¿Cuál es la capital de España?*

3. Die Grundzahlen bis 15 — *Los números cardinales hasta 15*

0 cero				
1 uno/a	4 cuatro	7 siete	10 diez	13 trece
2 dos	5 cinco	8 ocho	11 once	14 catorce
3 tres	6 seis	9 nueve	12 doce	15 quince

4. Der unbestimmte Artikel — *El artículo indeterminado*

	Singular		**Plural**	
Maskulinum	**un**	libro	**unos**	libros
Femininum	**una**	ciudad	**unas**	ciudades

---

* *Quiénes* ist die Pluralform von *quién*.

5. *Hay* und *estar*

Hay wird angewandt, wenn vor dem Substantiv kein Artikel, der unbestimmte Artikel, eine bestimmte oder unbestimmte Mengenangabe steht. Die verbale Form **hay** ist unveränderlich.

En España hay ciudades grandes.
En Salamanca hay una universidad.

En la mesa hay un libro.
En la mesa hay algunos [einige] libros
En la mesa hay cinco libros.

Estar wird angewandt, wenn das Substantiv der Name eines Ortes ist oder vor dem Substantiv der bestimmte Artikel steht.

Madrid está en el centro de España.
El libro está en la mesa.

6. Betonung der Wörter I — *Acentuación de las palabras I*

1. Bei Wörtern, die auf **Vokal**, **-n** oder **-s** enden, wird die vorletzte Silbe betont:

españ**o**les	gr**a**nde
h**a**blan	esp**o**so
Barcel**o**na	herm**a**na

2. Bei Wörtern, die auf einen **Konsonanten** enden (außer **-n** oder **-s**), wird die letzte Silbe betont.

señ**o**r	Madr**i**d
est**a**r	capit**a**l

3. Die Wörter, deren Betonung eine Ausnahme der Regel 1 und 2 bilden, tragen auf dem Vokal der betonten Silbe einen grafischen Akzent.

catal**á**n	franc**é**s
bol**í**grafo	est**á**

2.3. Ejercicios

1. Forme preguntas.

1. En España se hablan cuatro lenguas.
2. San Sebastián está en el norte de España.
3. La capital de Andalucía es Sevilla.
4. En Salamanca hay una universidad antigua.
5. Carla habla italiano.
6. Juan estudia en la universidad de Granada.
7. Hans es de Alemania.
8. Carla está en España.
9. Luis y Roberto son de Zaragoza.
10. Klaus estudia español en Salamanca.

11. En Santiago de Compostela se hablan dos lenguas.
12. Robert y Ariane están en Salamanca porque [weil] quieren [wollen] aprender español.

2. Responda a las preguntas.

1. ¿Cuántas lenguas se hablan en la Península Ibérica? — 2. ¿Es Bilbao la capital del País Vasco? — 3. ¿Dónde está Bilbao? — 4. ¿Qué lenguas se hablan en Bilbao? — 5. ¿Dónde está Madrid? — 6. ¿Dónde hay un puerto importante? — 7. ¿Cuál es la capital de Cataluña? — 8. ¿Qué lenguas se hablan en Cataluña? — 9. ¿Dónde hay una universidad muy antigua? — 10. ¿Dónde está Salamanca? — 11. ¿Cuál es la capital de Castilla y León? — 12. ¿Dónde se habla gallego? — 13. ¿Qué es Santiago de Compostela? — 14. ¿Cuál es la lengua de todos los españoles?

3. ¿Ser, estar o hay?

1. En la mesa ... un libro.
2. El libro ... en la mesa.
3. Nosotros no ... en Salamanca.
4. Marco y Paola ... italianos.
5. En Barcelona ... una universidad y un puerto.
6. Carla y Marisa ... en Bilbao.
7. Madrid ... en el centro de España.
8. Madrid ... la capital de España.
9. Peter ... en España. El ... de Hamburgo.
10. En Salamanca ... una universidad antigua.
11. Lloret de Mar ... en Cataluña.
12. La capital de Castilla y León ... Valladolid.

4. Complete las frases.

1. España (limitar) con Francia, Andorra y Portugal.
2. Luisa (ser) española y no (hablar) alemán.
3. [Nosotros] (ser) alemanes y (estudiar) inglés.
4. ¿(Hablar) ustedes italiano?
5. Carla (ser) italiana y (estudiar) español en la universidad de Barcelona.
6. En Galicia se (hablar) gallego y castellano.
7. ¿(Hablar) usted francés?
8. Andorra y España (limitar) con Francia.
9. Yo (ser) español y no (hablar) italiano.
10. ¿(Estudiar) [vosotros] inglés?
11. Ludwig y Anne no (ser) españoles.
12. Matilde (ser) española y (estar) en Italia.
13. Barcelona no (estar) en el sur de España.
14. En Salamanca se (hablar) castellano.

5. Forme frases.

1. bolígrafo — El — el — en — están — la — libro — mesa. — y
2. Carla — castellano — de — de — en — estudian — la — Madrid. — Mario — Nápoles — son — universidad — y — y
3. castellano — es — euskera. — habla — Maite — vasca — y — y
4. Barcelona — En — hay — importante — muy — puerto — un — una — universidad. — y

6. Jugamos [wir spielen] a los dados [Würfel].

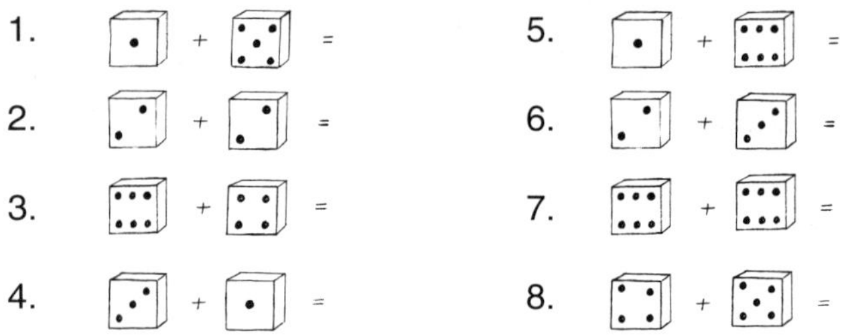

1. un uno y un cinco: seis
2.
3.
4.
5.
6.
7.
8.

7. Forme ocho frases.

hablar dónde italiano Barcelona español Hans
ciudad Galicia euskera boliviano ser portugués
universidad no hay Vitoria puerto antigua la
importante María hermana también País Vasco Marta
Pilar norte ciudad una y en estar el

8. Ponga los acentos donde sea necesario.

1. Argentina	6. Canada	11. oficina
2. Malaga	7. frances	12. televisiones
3. español	8. alemanes	13. Valladolid
4. inglesa	9. ciudad	14. peninsula
5. boligrafo	10. Jose Ramon	15. Fernando

9. Traducción

1. Alberto und Carlos kommen aus San Sebastián. — 2. Die Bücher sind auf dem Tisch. — 3. Wo lernt ihr Spanisch? — 4. San Sebastián ist nicht die Hauptstadt des Baskenlandes. Die Hauptstadt des Baskenlandes ist Vitoria. — 5. In Gerona werden zwei Sprachen gesprochen: Katalanisch und Kastilisch. — 6. Auf dem Tisch sind vier Kugelschreiber. — 7. Ich spreche kein Italienisch. — 8. Das Katalanische ist nicht die Sprache der Basken.

3.1. En el piso de Luis

Luis vive en Barcelona y estudia derecho en la universidad. En Barcelona se habla catalán. Luis es de Zaragoza y los zaragozanos hablan castellano; por eso Luis aprende catalán en una academia de lenguas de Barcelona.

Luis tiene un piso en la calle Mallorca, número 16. En el piso viven también Ana, Montserrat y Alberto. Ana es profesora y trabaja en un colegio de E.G.B. Montserrat y Alberto son estudiantes de medicina, pero por la tarde tienen que trabajar. Montserrat vende productos cosméticos en un supermercado del barrio. Alberto trabaja en una oficina de la calle Mallorca.

Por la mañana, temprano, Luis compra el pan, la leche y el periódico. Montserrat y Alberto preparan el desayuno. Ana no desayuna con ellos. Ella desayuna en un bar cerca del colegio donde trabaja. Por la noche cenan siempre juntos. Después de cenar toman café, leen, Luis tiene una guitarra y, a veces, Luis toca y los otros cantan. También ven la televisión, trabajan con el ordenador, o conversan. Los programas de la televisión no son siempre interesantes.

3.2. Gramática

1. Verben auf -er und -ir — *Verbos terminados en -er e -ir*

comer	com**o**	vivir	viv**o**
	com**es**		viv**es**
	com**e**		viv**e**
	com**emos**		viv**imos**
	com**éis**		viv**ís**
	com**en**		viv**en**

2. Die Verben *tener* und *ver*

tener	tengo	tener = besitzen	ver	veo
	tienes	*Luis **tiene** una guitarra.*		ves
	tiene			ve
	tenemos	tener que + Infinitiv = müssen		vemos
	tenéis	*Por la tarde **tienen** que trabajar.*		veis
	tienen			ven

3. Zahlen von 16 bis 50 — *Los números de 16 hasta 50*

16 dieciséis	21 veintiuno	26 veintiséis	31 treinta y uno
17 diecisiete	22 veintidós	27 veintisiete	40 cuarenta
18 dieciocho	23 veintitrés	28 veintiocho	41 cuarenta y uno
19 diecinueve	24 veinticuatro	29 veintinueve	50 cincuenta
20 veinte	25 veinticinco	30 treinta	

4. Kontraktion des Artikels — *La contracción del artículo*

de + el ⇨ **del** — *Monserrat vende productos cosméticos en un supermercado **del** barrio.*

a + el ⇨ **al** — *España está **al** sur de Francia.*

3.3. Ejercicios

1. Conjugue en todas sus formas del presente los seis verbos siguientes.

1. aprender
2. desayunar
3. escribir [schreiben]
4. vender
5. leer
6. cenar

2. Complete las frases.

1. Juan no ..., pero ... catalán.	hablar — aprender
2. ¿Quiénes ... la cena?	preparar
3. Luis, Ana, Montserrat y Alberto ... en un piso.	vivir
4. Ana ... profesora y ... en un colegio.	ser — trabajar
5. Nosotros ... en un bar.	desayunar
6. ¿Quiénes ... el desayuno?	preparar
7. Después de cenar Luis ... la guitarra.	tocar
8. Jörg ... alemán y ... en Barcelona.	ser — estar
9. ¿Dónde ... [vosotros] el pan y la leche?	comprar
10. Montserrat ... en un supermercado, ... productos cosméticos y ... en la calle Mallorca.	trabajar — vender vivir
11. En Cataluña se ... catalán y castellano.	hablar
12. Por la noche [nosotros] ..., ... café y, a veces [manchmal], ... la televisión.	cenar — tomar ver
13. Después de ..., [ellos] ... el periódico.	desayunar — leer
14. Yo no ... catalán.	hablar

3. Responda a las preguntas con el libro cerrado.

1. ¿Qué estudia Luis? — 2. ¿Es Luis de Barcelona? — 3. ¿Habla Luis catalán? — 4. ¿Por qué no habla catalán? — 5. ¿Dónde aprende catalán? — 6. ¿Qué es Ana? — 7. ¿Dónde trabaja? — 8. ¿Qué estudian Alberto y Montserrat? — 9. ¿En dónde trabaja Alberto por la tarde? — 10. ¿Qué vende Montserrat en un supermercado del barrio? — 11. ¿Quién compra la leche por la mañana? — 12. ¿Desayuna Ana en el piso? — 13. ¿Quiénes preparan el desayuno en el piso? — 14. ¿Dónde cena Ana? — 15. ¿Por qué no ven <u>muchas veces</u> [oft] la televisión? — 16. ¿Dónde vive Ana? — 17. ¿Vive Ana sola [allein]?

4. Complete las frases con los siguientes verbos:

desayunar — estar — estudiar — hablar — leer — preparar — ser — tocar — tener que — vender — vivir — cenar — comprar — tener — tomar — ver

1. ¿Quién ... la cena?
2. Montserrat y María del Carmen ... productos cosméticos en un supermercado.
3. John ... inglés, francés y portugués.
4. Luis ... el periódico.
5. Ellas ... trabajar por la tarde en un restaurante italiano.
6. Los periódicos ... en la mesa.
7. Chantal ... francesa y ... en la universidad de Pamplona.
8. [Ellos] después de ..., ... café y Luis ... la guitarra.
9. Nosotros ... temprano.
10. ¿Dónde ... [vosotros]?

11. Ana ... el pan, la leche y el periódico.
12. Alberto ... en un piso de la calle Mallorca.
13. Alberto ... dos hermanos y una hermana.
14. Después de cenar [nosotros] ... la televisión.

5. Corrija.

1. Ana trabaja en un supermercado.
2. Bilbao está en el centro de España.
3. En Zaragoza se hablan castellano y catalán.
4. Gijón es la capital del País Vasco.
5. Los gallegos hablan vasco y castellano.
6. Luis aprende catalán en la universidad.
7. Luis cena siempre en un restaurante.
8. En Sevilla hay una universidad muy antigua.

6. ¿Ser o estar?

1. Luis ... español.
2. Luis y Alberto ... en Portugal, pero no ... portugueses.
3. Alberto ... estudiante de medicina y ... en Barcelona.
4. El colegio donde trabaja Ana ... en la calle Mallorca.
5. El pan y la leche ya ... en la mesa.
6. El programa de televisión ... muy interesante.
7. Montserrat y Alberto ... de Barcelona y ... en Barcelona.
8. [Nosotros] ... en el piso de Luis.
9. Ana, Cecilia y Montserrat no ... alemanas.
10. Vosotros no ... de Pamplona.

7. Ponga un poco de orden.

1. Hans está en Barcelona.
2. La capital de Castilla y León no es Salamanca.
3. Manuel es de Zaragoza.
4. Gijón está en el norte.
5. María es de Sevilla y vive en Barcelona.
6. Ana no desayuna en el piso.
7. Bilbao está en el País Vasco.

a) Aprende catalán en una academia de lenguas.
b) Desayuna en un bar cerca del colegio.
c) En Barcelona hay un puerto.
d) No es una ciudad muy pequeña.
e) Es Valladolid.
f) No habla catalán.
g) No es la capital de Euskadi.

8. El número de teléfono.

Modelo:

—¿Qué número de teléfono tiene Luis?
—El número de teléfono de Luis es el tres, veintidós, doce.

1. Carlos 8 24 17
2. Inés 9 44 19
3. Begoña 2 16 45
4. Nicolás 8 12 05
5. Ricardo 3 22 44
6. Isabel 6 26 36
7. María Cristina 1 11 39
8. Charo 4 18 31
9. Julio 7 23 48
10. Andrés 5 21 31
11. Isamar 2 14 16
12. Jordi 8 18 27

9. Crucigrama

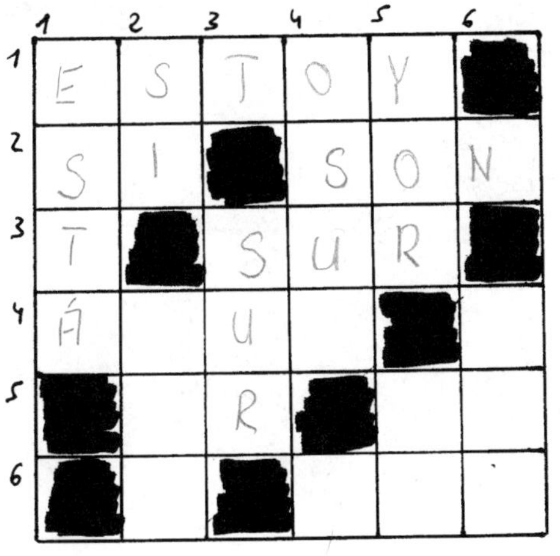

Verticales:

1. Juan ..... en Sevilla.
2. ¿Hablas Español? — ..., hablo español. Verbo.
3. Consonante. Cádiz está en el ... (al revés) de España.
4. Lengua europea (al revés). Vocal.
5. Yo ... (al revés) español. Ellos ... (al revés) hablan español.
6. Abreviatura «norte». Nombre propio femenino.

Horizontales:

1. [Yo] ... en Sevilla.
2. ¿Eres alemán? ..., soy alemán.
   Ellas no ... italianas.
3. Consonante. Sevilla está en el ...
   (al revés) de España.
4. Es de Rusia (al revés). Vocal.
5. Ella ... argentina. Vosotros ... (al revés) sois de Granada.
6. Consonante difícil de pronunciar. Artículo indeterminado.

3.4. España

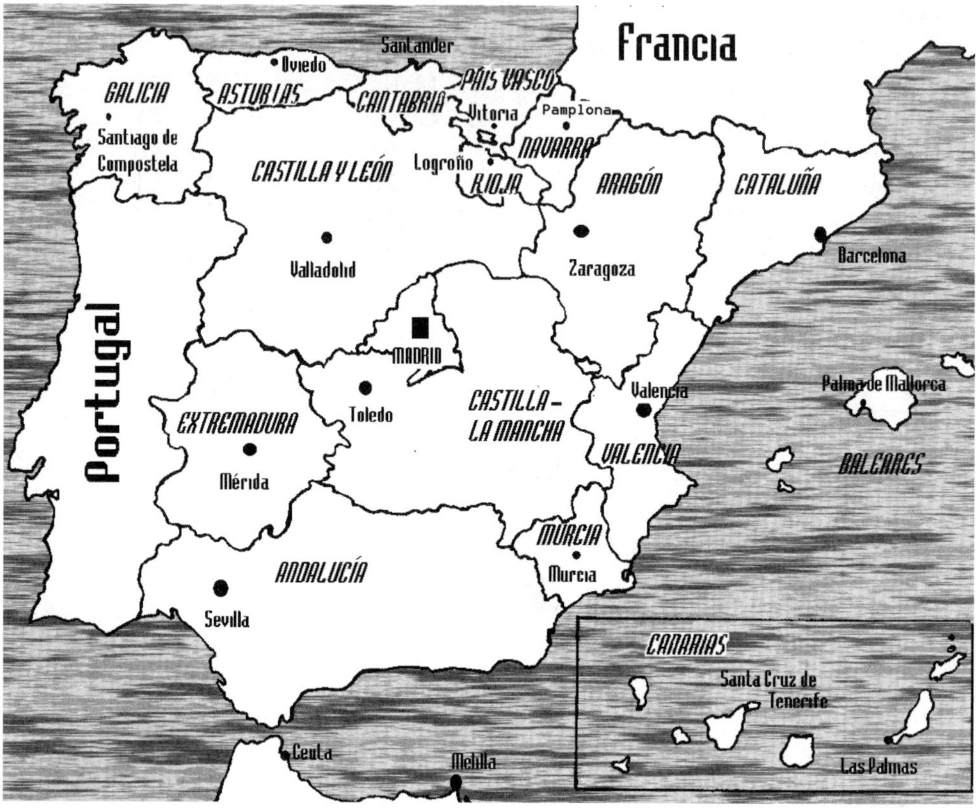

España está en el sudoeste de Europa, al sur de Francia y al norte de África. España forma con Portugal la Península Ibérica. España es un país muy montañoso. Los Pirineos y los Montes Cantábricos están en el norte. Sierra Nevada está en el sur, en Andalucía, cerca de Granada. España tiene unos cuarenta millones de habitantes.

Las Islas Baleares y las Islas Canarias forman parte también del Estado Español. Las Baleares están en el mar Mediterráneo y las Canarias en el océano Atlántico. En las islas y en la Costa Mediterránea hay importantes centros turísticos. En el norte de África hay dos ciudades españolas: Ceuta y Melilla. En España existen diecisiete Comunidades Autónomas. Andalucía es una de las Comunidades Autónomas. La capital de Andalucía es Sevilla. Aragón está al sur de Francia, entre Cataluña y Navarra.

Las principales ciudades del Estado Español son Madrid, Barcelona, Valencia, Sevilla y Bilbao. Los principales centros industriales están en Cataluña y en el País Vasco. España exporta productos agrícolas (naranjas, vino, aceite ...) pero también productos industriales (automóviles y calzado ...).

España es una monarquía.

Plaza Mayor de Salamanca

1. Preguntas sobre el texto

1. ¿Dónde está España? — 2. ¿Qué países forman la Península Ibérica? — 3. ¿Dónde están los Pirineos? — 4. ¿Cuántas Comunidades Autónomas hay en España? — 5. ¿Cuál es la capital de la Comunidad Autónoma de Andalucía? — 6. ¿Dónde están los principales centros industriales de España? — 7. ¿Qué productos industriales exporta España? — 8. ¿Dónde están las Islas Baleares? — 9. ¿Dónde hay importantes centros turísticos? — 10. ¿Cuáles son las ciudades más importantes de España? — 11. ¿Dónde está Sierra Nevada? — 12. ¿Cuál es la capital de España? — 13. ¿Hay ciudades españolas en África? — 14. ¿Qué productos agrícolas exporta España? — 15. ¿Es España una república? — 16. ¿Dónde está Cataluña? — 17. ¿Cuál es la capital de Cataluña? — 18. ¿Qué lenguas se hablan en Cataluña? — 19. ¿Es Bilbao la capital del País Vasco? — 20. ¿Dónde está Madrid?

2. Traducción

1. Luis lebt in Barcelona. Er lernt Katalanisch in einer Sprachschule.
2. Die Fernsehprogramme sind nicht immer interessant.
3. Montserrat ist eine Studentin aus Barcelona. Sie arbeitet nachmittags in einem Supermarkt.
4. Die Zeitungen sind nicht auf dem Tisch.
5. In Barcelona werden zwei Sprachen gesprochen.
6. Katalonien und das Baskenland sind zwei wichtige Industriezentren in Spanien.
7. Manuel kommt aus Ceuta. Ceuta befindet sich in Afrika, aber es ist eine spanische Stadt.
8. In Andalusien gibt es wichtige Touristenzentren.
9. Spanien exportiert Olivenöl und Wein.
10. Die Pyrenäen befinden sich zwischen Spanien und Frankreich.
11. Die Sierra Nevada ist in der Nähe von Granada.

Lección cuatro

4.1. De excursión

Luis y Alberto viven en Barcelona y salen de excursión este fin de semana. El lunes es también fiesta y quieren aprovechar bien los tres días: el sábado, el domingo y el lunes para salir de Barcelona. Quieren caminar mucho y respirar aire puro; esto es muy importante para ellos, pues vivir en una ciudad grande como Barcelona no es siempre agradable. En una ciudad como Barcelona hay mucha gente, muchos coches y muchísima contaminación. Van a Ribes, un pueblo pequeño de los Pirineos. Allí es diferente. En aquellas montañas los pueblos son pequeños y tranquilos.

Luis:	Quieres ir a Ribes. ¿No?
Alberto:	Naturalmente que quiero ir a Ribes. Salimos el sábado por la mañana.
Luis:	¿Vamos con tu [deinem] coche?
Alberto:	No, vamos en tren. Mi [mein] coche está en el taller.
Luis:	¿Por qué? ¿Está averiado?
Alberto:	Sí. Los frenos no funcionan muy bien.
Luis:	Viajar en tren es agradable, no es caro y es menos contaminante.
Alberto:	¿Dónde está el mapa?
Luis:	Ahí en la mesa.
Alberto:	Quiero ver el trayecto. Vamos en tren hasta Ribes. ¿Verdad?
Luis:	Este tren es un tren directo a Ribes.
Alberto:	Sí, pero ese tren sale demasiado temprano.
Luis:	Y el próximo sale muy tarde y no es directo.
Alberto:	Está bien. Ya deseo estar en aquellas tranquilas praderas de Ribes. Allí, al menos, se respira aire puro.
Luis:	Yo también.

> Los días de la semana son siete: el lunes, el martes, el miércoles, el jueves, el viernes, el sábado y el domingo.

4.2. Gramática

1. Die Verben *ir*, *salir*, *querer* und *traer*

ir	voy	salir	salgo	querer [ie]	qu**ie**ro*	traer	traigo
	vas		sales		qu**ie**res		traes
	va		sale		qu**ie**re		trae
	vamos		salimos		queremos		traemos
	vais		salís		queréis		traéis
	van		salen		qu**ie**ren		traen

2. Demonstrativa

Adjetivos demostrativos

este	libro	***estos***	libros	⇨ **esto**	⇨ **aquí**
esta	mesa	***estas***	mesas		
ese	periódico	***esos***	periódicos	⇨ **eso**	⇨ **ahí**
esa	guitarra	***esas***	guitarras		
aquel	pueblo	***aquellos***	pueblos	⇨ **aquello**	⇨ **allí**
aquella	montaña	***aquellas***	montañas		

Este, esta... weisen auf etwas hin, was sich räumlich oder zeitlich in der Nähe des Sprechers befindet.
***Este** libro es muy interesante.*

Ese, esa... weisen auf etwas hin, was sich in der Nähe des Angesprochenen befindet.
*¿Quién es **esa** señora?*

Aquel, aquella... weisen auf etwas hin, was sich vom Sprechenden und vom Angesprochenen weiter entfernt befindet.
***Aquellos** pueblos (de los Pirineos) son muy tranquilos.*

Esto, eso... weisen auf einen Sachverhalt hin.
***Esto** es muy interesante.*

Den Demonstrativa ***este, ese, aquel*** entsprechen die Adverbien ***aquí*** [hier], ***ahí*** [dort], ***allí*** [dort].
***Aquí** se habla español y catalán.*
***Ahí** sólo habláis castellano.*
***Allí** hablan vasco.*

3. *Muy* und *mucho*

*El aire puro es **muy** importante para ellos.*

---

* Wie **querer [ie]** werden im Präsens unter anderem folgende Verben konjugiert: **pensar** [denken], **entender** [verstehen], **cerrar** [schließen], **empezar** [beginnen], **perder** [verlieren], **comenzar** [anfangen].

Los frenos funcionan ***muy*** *bien.*
Roberto escribe ***mucho.***
Gana ***mucho*** *dinero [Geld].*
En Barcelona hay ***mucha*** *contaminación.*

Muy *steht beim Adjektiv und beim Adverb.* → Wie
Mucho *steht beim Verb und Substantiv.* → Wieviele
Mucho *beim Substantiv ist veränderlich.*

4. Zahlen — *Los números*

50: cincuenta	100: cien(to)	600: seiscientos/as
60: sesenta	101: ciento uno/a	700: setecientos/as
70: setenta	200: doscientos/as	800: ochociento/as
80: ochenta	300: trescientos/as	900: novecientos/as
90: noventa	400: cuatrocientos/as	1.000: mil
	500: quinientos/as	1.001: mil uno/a

2.000:	dos mil
200.000:	doscientos/as mil
1.000.000:	un millón de
2.000.000:	dos millones de
2.000.002:	dos millones dos

Cien wird allein stehend oder vor Substantiven angewendet.
Ciento steht bei den Zahlen von 101-199.
¿Cuántos franceses estudian en este colegio? — Cien. — Cien franceses.
— Ciento un franceses.

Die Vielzahl von **ciento** richtet sich nach dem Genus des folgenden Substantivs.
doscientos coches, *trescientas* mesas, *doscientas una* mesas

Mil ist unveränderlich: dos *mil* casas
Bei vollen Millionen wird das folgende Substantiv mit *de* angeschlossen.
2.000.000 h. *Dos millones de habitantes.*
2.200.000 h. *Dos millones doscientos mil habitantes.*

4.3. Ejercicios

1. Preguntas sobre el texto

1. ¿Cuántos días tiene una semana? — 2. ¿Cuáles son los días de la semana? — 3. ¿Dónde vive Alberto? — 4. ¿Qué días tienen Luis y Alberto libre este fin de semana? — 5. ¿Por qué desean ir a la montaña? — 6. ¿Por qué no es agradable vivir en Barcelona? — 7. ¿Cómo son los pueblos de los Pirineos? — 8. ¿Cuándo quieren salir? — 9. ¿Por qué no van Luis y Alberto en coche? — 10. ¿Dónde está el coche de Alberto? — 11. ¿Cómo quieren ir a Ribes? — 12. ¿Dónde está el mapa?

2. Conjugue el presente de indicativo de los siguientes verbos.

1. beber [trinken] — 2. cerrar — 3. comer [*essen*] — 4. pagar — 5. escribir — 6. leer — 7. empezar

3. Complete las frases.

¿Ser, estar, ir o hay?

1. Esta tarde yo no ... a la escuela.
2. En la calle Mallorca ... dos talleres.
3. ¿Dónde ... el coche?
4. Este libro ... muy interesante.
5. [Nosotros] ... a Valencia en coche.
6. El martes ... también fiesta.
7. ¿Cómo ... [vosotros] a Sevilla?
8. ¿Quién ... de Granada?
9. Los mapas ... en la mesa.
10. En los Pirineos ... pueblos tranquilos.
11. ¿De quién ... este libro?
12. El coche ... en el taller. ... averiado.

4. Ponga las frases en el plural.

1. Este coche es muy caro. — 2. Aquella señora no es de Sevilla. — 3. Esa mesa no es muy grande. — 4. ¿Quién es aquel señor? — 5. Esta ciudad está muy contaminada. — 6. Ese trayecto es muy agradable. — 7. Esa excursión no es interesante. — 8. Esta chica es portuguesa. — 9. Aquel señor es inglés. — 10. Esta naranja es muy pequeña. — 11. Ese tren no es directo. — 12. Aquella chica es amiga de Ana. — 13. Esta señora es griega. — 14. Aquel pueblo es muy tranquilo.

5. Transforme las frases.

Ejemplo: Alfonso compra un CD de música clásica.
⇨ *Alfonso quiere comprar un CD de música clásica.*

1. Trabajan en un supermercado. — 2. Vamos a Chile en avión. — 3. ¿Vivís en un pueblo? — 4. Ella va a la universidad. — 5. Aprenden catalán. — 6. ¿Tomas un vaso [Glas] de vino? — 7. Voy a pie. — 8. Esta noche cenamos en un restaurante griego. — 9. Juan aprovecha bien el tiempo. — 10. ¿Tomáis un poco más [mehr] de café? — 11. Aprovechamos bien los tres días. — 12. Desayunan en un bar de la calle Mallorca.

6. ¿Muy o mucho?

1. Roberto no trabaja ... . — 2. Andrés habla ... bien inglés. — 3. En Ribes no hay ... contaminación. — 4. Luis sale ... de excursión. — 5. En la Costa Mediterránea hay ... centros turísticos. — 6. Estos libros no son ... interesantes. — 7. España

exporta ... aceite y ... naranjas. — 8. Montserrat y Alberto estudian ... . — 9. En Barcelona hay ... turistas y ... autobuses. — 10. Luis toca ... bien la guitarra. — 11. En los pueblos de la montaña no hay ... gente. — 12. España es un país ... montañoso.

7. Forme frases.

Transforme las formas verbales donde haga falta.

1. Allí — gente. — haber — mucha — no
2. de — El — excursión. — nosotros — querer — sábado — salir
3. a — Ana — colegio. — días — ese — ir — los — todos [alle]
4. África. — Ceuta — de — el — en — estar — Melilla — norte — y
5. Aquí — contaminación — esto — haber — importante. — mucha — muy — no — ser — y
6. a Ribes — Alberto — en — ir — Luis — querer — tren. y

8. Traducción

1. Er möchte frische Luft einatmen. — 2. Fährst du mit dem Auto oder mit dem Zug? — 3. Das Auto ist nicht groß. — 4. Dieses Wochenende machen wir einen Ausflug. — 5. Was möchtet ihr trinken? — 6. Der Wagen ist in der Werkstatt. — 7. María ist eine Studentin. — 8. Er spricht Italienisch, aber er ist nicht Italiener. — 9. In Bilbao werden zwei Sprachen gesprochen. — 10. Ana und Petra sind Lehrerinnen und arbeiten in einer Grundschule. — 11. Morgen ist nicht frei. — 12. Er fährt mit dem Zug bis dorthin, dann nimmt er das Fahrrad. — 13. Wann fährt er nach Barcelona? — 14. Peter und Klaus wollen per Anhalter nach Barcelona fahren. — 15. Hier ist die Luft sehr sauber, und das ist sehr wichtig.

9. Un poco de matemáticas

1.	15	+	10	=		7.	99	+	2	=
2.	104	+	2	=		8.	888	+	8	=
3.	221	+	12	=		9.	136	+	102	=
4.	309	+	17	=		10.	101	+	961	=
5.	1.321	+	1.016	=		11.	12	+	12	=
6.	508	+	100	=		12.	87	+	57	=

1. Quince más diez son veinticinco.
2. ...
3. ...
4. ...
5. ...
6. ...
7. ...
8. ...
9. ...
10. ...
11. ...
12. ...

Expresiones útiles: Ir

Torla, un pueblo del Pirineo aragonés

¿Cómo	vas?
¿En qué	
¿Adónde	
¿A qué ciudad	
¿Cuándo	

ir	en coche	a	Madrid
	en autobús		Galicia
	en moto		Francia
	en taxi		
	en tren	al	País Vasco
	en avión		Norte de Andalucía
	en auto-stop		extranjero
		a la Costa del Sol	
		a los Pirineos	
	a pie		
	en bicicleta		

4.4. Nicaragua

Nicaragua es un pequeño país latinoamericano. Está en Centroamérica, al sur de Honduras y al norte de Costa Rica. En Nicaragua hay dos lagos: el Lago de Nicaragua y el Lago de Managua. La capital de este país es Managua. Los casi cuatro millones de habitantes de Nicaragua hablan una lengua. Esta lengua es el idioma oficial de 19 estados del Continente Americano: el español.

La «renta anual per cápita» (ingresos totales de la nación divididos por el número de habitantes) de este país es de unos 800 dólares. La renta nacional per cápita de Alemania es de unos 20.000 y la de España de 13.000 dólares por año. Los cuatro problemas más graves de este país, como los de otros muchos países latinoamericanos, son: la deuda externa, la inflación, el desempleo y el analfabetismo. Casi la mitad de los habitantes de la Nicaragua actual no saben ni leer ni escribir y más del 54% no tienen trabajo. El presidente del País Arnoldo Alemán desea solucionar estos problemas. Muchos estudiantes y profesores trabajan, como en tiempos del Gobierno del Frente Sandinista Nacional (1979–1990), en las campañas de alfabetización para enseñar a leer y escribir a más de un millón y medio de nicaragüenses. La superación del analfabetismo es el primer paso para conseguir una verdadera liberación del pueblo nicaragüense.

Superficie: 130.682 km^2
Población: 3.600.000 millones de habitantes
Expectativa de vida: 66 años
Analfabetismo: 34%

Crecimiento de la población: 3,4% (1980-1988)
Capital: Managua (685.000 habitantes)
Producto interior bruto por habitante: 830 dólares

Campaña de alfabetización para enseñar a leer y escribir

Preguntas sobre el texto

1. ¿Cuántos habitantes tiene Nicaragua? — 2. ¿Qué lengua se habla en este país? — 3. ¿Con qué países limita esta nación? — 4. ¿Cuál es la capital de Nicaragua? — 5. ¿Cuántas naciones americanas tienen el español como lengua oficial? — 6. ¿Cuál es la renta per cápita anual de Nicaragua? — 7. ¿Cuáles son los problemas más graves de esta nación? — 8. ¿Cuántos analfabetos hay en Nicaragua? — 9. ¿Cuántas personas están sin trabajo en Nicaragua? — 10. ¿Quién es Arnoldo Alemán? — 11. ¿Qué desea el Presidente?. — 12. ¿En qué trabajan muchos estudiantes? — 13. ¿Por qué es muy importante enseñar a leer y escribir a los nicaragüenses? — 14. Explique con la ayuda de un diccionario y (o) del profesor las palabras: «deuda externa» e «inflación».

4.5. Familia y edad [Alter]

	Roberto—María (1925) (1933)			
Ramiro—Isabel (1951) (1953)			Manuel—Laura (1954) (1952)	
Jorge (1976)	Alicia (1979)	Ramón (1982)	Ricardo (1976)	Marta (1980)

Roberto es el abuelo de Jorge. Su abuela es María. Roberto y María tienen tres nietos y dos nietas. Ramiro y Laura son los hijos de Roberto y María. Ramiro está casado con Isabel y Laura está casada con Manuel. Marta tiene dos primos y una prima. Isabel es la tía de Ricardo y Marta. Laura es la tía de Jorge, Alicia y Ramón. Isabel no es la hija, es la nuera de Roberto y Manuel no es el hijo, es el yerno de María. La cuñada de Manuel es Isabel y el cuñado de Laura es Ramiro.

1. Lea el texto y traduzca la siguientes palabras y expresiones.

abuela	abuelo	cuñada	cuñado
nieta	nieto	nuera	prima
primo	tía	tío	yerno
estar casado/a	estar soltero/a	suegro	suegra

2. Pregunte a uno de sus compañeros siguiendo el modelo.

Modelo:
¿Qué edad tiene Roberto?
Roberto tiene 71 años.

1. Marta
2. María y Manuel
3. Ramiro
4. La hermana de Ricardo
5. Jorge y Ricardo
6. Isabel
7. Los hijos de Ramiro e Isabel
8. El hermano de Jorge

Lección cinco

5.1. En el autobús

Carmen y Alfonso toman el autobús para dar un paseo por la ciudad. Quieren comprar las entradas para el concierto de esta noche. En el autobús encuentran a Jorge. Jorge es un amigo de Carmen y de Alfonso.

Jorge: ¡Hola Carmen!
Carmen: ¡Hola Jorge! ¿Qué tal?
Jorge: Bien. ¿Adónde vais?
Alfonso: Tenemos que comprar las entradas para el concierto de esta noche.
Jorge: ¿Concierto? ¿Dónde dan esta noche un concierto?
Alfonso: En el Principal.
Jorge: ¿Hay un buen programa?
Alfonso: Música clásica. Obras de Albéniz, Falla ...
Jorge: ¿Es un programa de música española?
Carmen: No, interpretan también el concierto para guitarra y orquesta de Vivaldi.
Jorge: ¿Quién es el solista de guitarra?
Alfonso: No sé. Narciso Yepes creo.
Carmen: Puedes venir con nosotros.
Jorge: Es un programa interesante. Pero no puedo. No tengo tiempo.
Carmen : ¿Por qué no tienes tiempo?

Jorge: Porque mañana Ana y yo salimos de viaje y tenemos que estar pronto en casa para preparar el equipaje.
Alfonso: ¿Adónde queréis ir?
Jorge: Vamos a Italia. Queremos ir a Milán para visitar a unos amigos.
Carmen: ¿Vais en avión?
Jorge: No, vamos en coche.
Alfonso: ¿Ya tienes coche?
Jorge: No. Es el coche del padre de Ana. Es un coche viejo, pero funciona todavía bastante bien.
Carmen: Tú no hablas italiano, ¿verdad?
Jorge: Yo no, pero Ana habla un poco.
Alfonso: ¡Bah! Para un español comprender italiano no es difícil.
Carmen: ¿Sabes dónde estamos?
Jorge: En la plaza Tetuán.
Alfonso: Tenemos que bajar en esta parada.
Jorge: ¡Adiós!
Carmen: ¡Adiós y buen viaje!

5.2. Gramática

1. Die Verben *poder*, *venir*, *saber* und *dar*

poder [ue]	p**ue**do*	venir	vengo	saber	sé	dar	doy
	p**ue**des		vienes		sabes		das
	p**ue**de		viene		sabe		da
	podemos		venimos		sabemos		damos
	podéis		venís		sabéis		dais
	p**ue**den		vienen		saben		dan

2. *Para* + Infinitiv [um ... zu]

«Para + Infinitiv» drückt die Absicht oder den Zweck einer Handlung aus.
Jorge desea ir a Milán ***para visitar*** *a unos amigos.*
Quieren ir a España ***para aprender*** *español.*

3. Direktes Objekt mit *a* bei Personen

Bei Personen dient die Präposition **a** zur Kennzeichnung des direkten Objektes.
Jorge visita ***a*** *un amigo.*
Jorge visita el museo.

---

* Wie **poder** [ue] diphthongieren unter anderen: **encontrar** [finden], **costar** [kosten], **dormir** [schlafen], **jugar** [spielen], **contar** [zählen/erzählen], **volver** [zurückkommen].

4. Das spanische Alphabet

a: a	**j**: jota	**r**: erre
b: be	**k**: ca	**rr**: erre doble
c: ce	**l**: ele	**s**: ese
ch: che/ce hache	**ll**: elle	**t**: te
d: de	**m**: eme	**u**: u
e: e	**n**: ene	**v**: uve
f: efe	**ñ**: eñe	**w**: uve doble
g: ge	**o**: o	**x**: equis
h: hache	**p**: pe	**y**: i griega
i: i	**q**: cu	**z**: ceta

Die Namen der Buchstaben sind weiblich.
México se escribe ***con acento en la e****: eme, e con acento, equis, i, ce, o*

5. Die Tageszeiten

esta mañana [heute Morgen]
esta tarde [heute Abend, heute Nachmittag]
esta noche [heute Nacht]
por la mañana [morgens]
por la tarde [nachmittags, abends]
por la noche [nachts]
a mediodía [mittags]

hoy	por la mañana
ayer	por la tarde
mañana	por la noche
	a mediodía

5.3. Ejercicios

1. Forme frases.

Ejemplo: Toman el tren. Quieren ir a Valencia
⇨ *Toman el tren para ir a Valencia.*

1. Van al restaurante. Quieren cenar.
2. Voy a Gerona. Quiero visitar a Jorge.
3. Vamos a la montaña. Queremos respirar aire puro.
4. Van al quiosco. Quieren comprar un periódico.
5. Voy a Roma. Quiero visitar a un amigo.
6. Van a los pueblos. Quieren enseñar a leer y a escribir a los campesinos.
7. Va al supermercado. Quiere comprar pan y leche.
8. Van a la academia de lenguas. Quieren aprender catalán.
9. Compran los billetes. Quieren ir al teatro.
10. Vamos al bar. Queremos tomar un café.
11. Va al restaurante. Quiere comer a la carta.
12. Salen de excursión a la montaña. Quieren pasar unos días agradables.
13. Va a la academia. Quiere aprender alemán.
14. Vamos a Francia. Queremos visitar a unos amigos.

2. Preguntas sobre el texto

1. ¿Dónde están Carmen y Alfonso? — 2. ¿Adónde quieren ir esta noche? — 3. ¿Quién va también en el autobús? — 4. ¿Quién es Jorge? — 5. ¿Qué hay en el teatro Principal? — 6. ¿Es un concierto de rock? — 7. ¿Por qué no va Jorge al concierto? — 8. ¿Adónde quiere ir mañana Jorge? — 9. ¿Va Jorge a Italia solo? — 10. ¿A qué ciudad de Italia quieren ir? — 11. ¿Van Jorge y Ana a Italia en avión? — 12. ¿Es el coche de Jorge? — 13. ¿Sabe Jorge hablar italiano? — 14. ¿Para qué van Italia? — 15. ¿Dónde viven los amigos italianos de Jorge y Ana? — 16. ¿En qué parada bajan Carmen y Alfonso?

3. ¿Muy o mucho?

1. Alberto no trabaja ... .
2. Alfonso tiene ... amigos.
3. Ana no habla ... bien italiano.
4. Buenos Aires es una ciudad ... grande.
5. Chantal habla ... idiomas.
6. Comprender español no es ... difícil.
7. Los billetes no son ... caros [teuer].
8. El concierto de Yepes es ... interesante.
9. En Madrid hay ... gente.
10. En los Pirineos hay pueblos ... pequeños.
11. Los frenos de este coche no funcionan ... bien.
12. Montserrat toma ... café.
13 No tengo ... tiempo.
14. Viajar en tren no es ... caro.
15. Roberto no tiene ... amigos.

4. Formule preguntas.

1. San Sebastián está <u>en el norte de España</u>.
2. Petra va al concierto <u>con su amiga Leonor</u>.
3. <u>En la mesa</u> hay un libro.
4. <u>Ana</u> pasea por el parque [Park].
5. Van a Italia <u>en avión</u>.
6. No van al teatro <u>porque no tienen tiempo</u>.
7. <u>Nicaragua</u> limita con Honduras y Costa Rica.
8. Quiere comprar <u>dos</u> periódicos.
9. El coche es <u>del padre de Ana</u>.
10. Quieren cenar <u>en un restaurante italiano</u>.
11. El programa es <u>interesante</u>.
12. <u>Los pueblos de los Pirineos</u> son pequeños y tranquilos.
13. Jorge y Ana van a Milán <u>para visitar a unos amigos</u>.
14. Luisa da un paseo <u>por el parque</u>.
15. Pedro habla <u>dos</u> idiomas.

5. Complete las frases.

1. Vamos ... montaña ... respirar aire puro.
2. ... el Autobús hablan ... Jorge. Jorge es un amigo de ...
3. Vamos a comer ... un restaurante ... hoy tenemos poco tiempo.
4. ... Milán quieren visitar ... unos amigos.
5. María tiene que ir pronto ... casa porque tiene ... preparar la cena.
6. Mariano no ... tiempo.
7. Alberto y Luis quieren ir ... la montaña. No van ... coche, van ... tren.
8. En los Pirineos ... pueblos pequeños y tranquilos.

6. Transforme las frases según el modelo.

Compro las entradas.
⇨ *Tengo que comprar las entradas.*

1. Preparo el equipaje.
2. ¿Bajas en esta parada?
3. Alberto y Ana trabajan por la tarde.
4. Montserrat prepara el desayuno.
5. Aprenden catalán.
6. Compro el pan.
7. Salimos temprano.
8. Muchos nicaragüenses aprenden a leer y a escribir.
9. ¿Adónde vais?
10. Visitamos a unos amigos.
11. Muchos campesinos [Landarbeiter] abandonan el campo.
12. ¿Estudiáis mucho?
13. Voy a buscar las entradas
14. Estudio francés.

7. Ponga un poco de orden.

1. a — autobús — comprar — Carmen — concierto. — el — el — entradas — ir — las — para — para — toma
2. a — a — amigos. — Ana — ir — Italia — Jorge — para — quieren — unos — visitar — y
3. concierto — de — el — en — Esta — guitarra — hay — noche — teatro Principal. — un
4. al — concierto — ir — Jorge — no — no — porque — puede — tiempo. — tiene
5. Ana — bien. — coche — de — del — El — es — funciona — muy — muy — padre — pero — viejo,

8. Deletree.

1. ¿Cómo se escribe Zaragoza?

Zaragoza se escribe con ceta, a, erre (erre doble)*, a, ge, o, ceta, a*

Guatemala — Sánchez — Hernández — Wenceslao — Ezquerra — Kimono — Javier — Yanes — Mallorca — Guadalquivir — Cariñena — Roncesvalles — Pérez — Martínez — Torrelavega — Abad

2. **¿Cómo se escribe su nombre y apellido?**
Mi nombre se escribe con efe, e, erre, ene, a, ene, de, o.
Mi apellido con ele, a, ele, a, ene, a
...

9. Complete las frases.

1. Luis y Carlos ... de excursión el viernes por la tarde y ... el domingo por la mañana.	salir volver
2. Esta tarde [nosotros]... ... un paseo por la ciudad.	querer — dar
3. Rafael no ... ... esta noche porque ... que ...	poder — venir — tener — trabajar
4. Enrique ... mucho.	dormir
5. Las entradas para el concierto no ... mucho.	costar
6. Yo ... italiano, pero no ... ... ese idioma.	entender — saber — hablar
7. Nicaragua ... un país centroamericano y ... casi cuatro millones de habitantes.	ser — tener
8. Miguel Angel ... ... un periódico. El periódico ... 125 pesetas.	querer — comprar — costar
9. ¿... [tú] dónde ... Jorge?	saber — vivir
10. [Ellos] ... ... a Francia para ... a unos amigos.	querer — ir — visitar

10. Ejercicio de redacción

Forme al menos tres frases para cada número.

1. Alfonso — autobús — entradas — Jorge
2. música española — Yepes — programa — orquesta
3. Ana — italiano — Milán — coche

11. Galgenmännchen

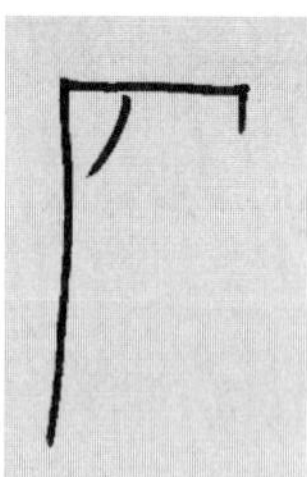

1. S _ _ _ _ _ _ _ _ _
2. t _ _ _ _ _ _ _ _
3. m _ _ _ _ _ _ _ _ _
4. s _ _ _ _
5. p _ _ _ _
6. I _ _ _ _ _
7. e _ _ _ _ _ _ _ _
8. V _ _ _ _ _ _ _
9. o _ _ _ _ _ _ _ o _
10. a _ _ _

5.4. Los problemas de las grandes ciudades

Muchos campesinos piensan que en la ciudad van a mejorar de vida. *Foto: dpa*

En Latinoamérica hay un gran desequilibrio en la distribución de la población. En el campo hay grandes zonas casi totalmente despobladas. Gran parte de la población vive en las ciudades. Ciudad de México cuenta con unos 20 y Buenos Aires con más de 12 millones de habitantes. Un tercio de los argentinos vive en Buenos Aires y en Montevideo habita más de la mitad de la población de Uruguay.

Latinoamérica ya no es un continente rural. La modernización de la agricultura expulsa a millones de personas hacia las grandes ciudades, pues la moderna explotación agroindustrial necesita poca mano de obra fija. Los campesinos abandonan el campo porque creen que en la ciudad van a mejorar de posición económica y social. En las zonas rurales ya no es posible para muchos tener un trabajo fijo.

El número de habitantes de las ciudades aumenta muy rápidamente, pero las ciudades no poseen una infraestructura capaz de asimilar dignamente a sus ciudadanos. El barraquismo y el desempleo son las consecuencias lógicas de este fenómeno.

1. Preguntas sobre el texto

1. ¿Dónde vive gran parte de la población de Latinoamérica?
2. ¿Cuál es la capital de México?
3. ¿Cuántos habitantes tiene la capital de México?
4. ¿Cuántos argentinos viven en Buenos Aires?
5. ¿Adónde emigran principalmente los campesinos?
6. ¿Por qué tienen que emigrar?

7. ¿Qué piensan que van a encontrar en las grandes ciudades?
8. ¿Por qué no pueden las grandes ciudades asimilar a los habitantes de las zonas rurales?
9. ¿Qué consecuencias tiene el rápido crecimiento de las ciudades?

Sopa de letras

En la sopa de letras hay doce palabras que tienen que ver [zu tun haben] con Latinoamérica.
(12 minutos para diez palabras)

b	c	f	t	d	f	g	h	s	m	m	s
s	a	a	k	e	j	c	h	i	l	e	s
p	e	r	u	b	q	d	a	c	h	x	a
w	e	g	r	p	c	u	m	d	a	i	a
p	e	e	u	a	i	u	i	ñ	g	c	g
s	g	n	a	n	q	s	b	l	j	o	g
q	a	t	s	a	u	u	l	a	a	v	x
a	l	i	a	m	t	i	i	n	o	k	a
s	j	n	m	a	g	e	m	s	i	n	o
k	s	o	b	v	f	b	a	e	m	i	a
a	b	c	a	m	p	e	s	i	n	o	d

6.1. En la estación

Es sábado. Luis y Alberto quieren pasar el fin de semana en Ribes, un pueblo de los Pirineos. Se levantan a las 5 de la mañana, cogen el autobús y a las 6 de la mañana ya están en la entrada de la estación.

Alberto: ¿A qué hora sale nuestro tren?
Luis: Sale a las 6.30 del andén número 5. ¿Qué hora es?
Alberto: Son exactamente las 6.05. Ya es tarde. Todavía tenemos que comprar los billetes.
Luis: Este tren sale siempre con cinco o diez minutos de retraso.
Alberto: Sí, pero quiero sacar ya los billetes.
Luis: ¿Puedes comprar tú mi billete? Tengo que ir a los servicios. Espero en el bar.
Alberto De acuerdo.

Alberto va a la taquilla para comprar los billetes.
Alberto: Dos billetes para Ribes.
Empleado: ¿Ida y vuelta?
Alberto: No, sólo ida. ¿Cuánto es?
Empleado: Son 900 pesetas.
Alberto: ¿Se tiene que cambiar de tren?
Empleado: No, no hay que hacer transbordo. El tren de las 6.30 es directo.
Alberto: ¿A qué hora llega el tren a Ribes?

Empleado: El tren tiene la llegada en Ribes a las 7.55
Alberto: Gracias.
Empleado: De nada.

Luis espera en el bar a Alberto. Alberto entra con los billetes en el bar.
Alberto: Aquí tienes tu billete.
Luis: Todavía tenemos un poco de tiempo. ¿Tienes ganas de tomar un café?
Alberto: Sí, es una buena idea.
Luis: (al camarero) Dos cafés, por favor.
Alberto: Y un bocadillo de jamón.
Luis: Hoy invito yo. ¿Cuánto es?
Camarero: A ver. Los dos cafés son 160 pesetas y el bocadillo 150. En total 310 pesetas. Aquí tiene la cuenta.
Luis: (Luis deja 350 pesetas en la mesa.) Ya está bien.

Luis y Alberto salen del bar y van al andén número cinco. Suben al tren, buscan dos asientos libres y entran en un compartimiento. En el compartimiento sólo hay un señor de cierta edad.
Señor: ¿Adónde van ustedes?
Luis: Vamos a Ribes. Este fin de semana queremos respirar un poco de aire puro.
Señor: Hacen ustedes bien. Aquí en Barcelona ya no se puede vivir. Yo voy a Vic. Quiero visitar a mi hermana.
Alberto: Yo tengo también amigos en Vic. ¿Dónde vive su hermana?
Señor: Mi hermana vive cerca de la Plaza Mayor. ¿Y sus amigos?
Alberto: En la Rambla.

6.2. Gramática

1. Die Uhrzeit *La hora*

¿Qué hora es? ¿Qué hora lleva?	¿A qué hora llega el autobús?
1:00 Es la una (en punto).	**1:05** A la una y cinco.
1:15 Es la una y cuarto.	**1:20** A la una y veinte.
1:30 Es la una y media.	**1:35** A las dos menos veinticinco.
1: 45 Son las dos menos cuarto.	**2:00** A las dos (en punto).

Wenn die Angabe der Uhrzeit nicht deutlich genug ist, werden folgende Ergänzungen angewendet:

⇨	... de la mañana	6.00	*Llegan a las seis de la mañana.*
⇨	... de la tarde	18.00	*Son las seis de la tarde.*
⇨	... de la noche	23.00	*Son las once de la noche.*

Die offizielle Zeitangabe bei Verkehrsmitteln lautet:
22.45: El avión llega a las veintidós horas, cuarenta y cinco minutos.

2. Das unbetonte Possessivpronomen *El adjetivo posesivo*

Ein Besitzer		**Mehrere Besitzer**	
mi amigo	**mis** amigos	**nuestro** amigo	**nuestros** amigos
mi amiga	**mis** amigas	**nuestra** amiga	**nuestras** amigas
tu amigo	**tus** amigos	**vuestro** amigo	**vuestros** amigos
tu amiga	**tus** amigas	**vuestra** amiga	**vuestras** amigas
su amigo	**sus** amigos	**su** amigo	**sus** amigos
su amiga	**sus** amigas	**su** amiga	**sus** amigas

Es el amigo de Ricardo. ⇨ *Es su amigo.*
Es el amigo de Ana. ⇨ *Es su amigo.*

Die unbetonten Formen stehen vor dem Substantiv.
In der dritten Person gibt es nur eine Form für Singular und Plural, so dass im Unterschied zum Deutschen nicht nach dem Besitzer unterschieden werden kann.

4. Die Verben *hacer*, *decir*, *coger und poner*

hacer	hago	decir	digo	coger	cojo	poner	pongo
	haces		dices		coges		pones
	hace		dice		coge		pone
	hacemos		decimos		cogemos		ponemos
	hacéis		decís		cogéis		ponéis
	hacen		dicen		cogen		ponen

5. *Tener que* + Infinitiv und *hay que* + Infinitiv

Luis y Alberto **tienen que** comprar los billetes.
*Luis und Alberto **müssen** die Fahrkarten kaufen.*

Hay que hacer transbordo.
***Man muss** umsteigen.*

6.3. Ejercicios

1. Preguntas sobre el texto

1. ¿A qué hora se levantan Luis y Alberto? — 2. ¿Por qué se levantan tan temprano? — 3. ¿Dónde está Ribes? — 4. ¿Van a la estación a pie? — 5. ¿A qué hora llegan a la estación? — 6. ¿A qué hora sale su tren? — 7. ¿Tienen Luis y Alberto los billetes? — 8. ¿Por qué no va Luis a sacar su billete? — 9. ¿Cuánto cuestan los billetes? — 10. ¿A qué hora llega el tren a Ribes? — 11. ¿Tienen que cambiar de tren? — 12. ¿Adónde va Alberto después de comprar los billetes? — 13. ¿Qué toman en el bar? — 14. ¿Cuánto cuestan los cafés y el bocadillo? — 15. ¿De qué andén sale su tren? — 16. ¿Van solos en el compartimiento? — 17. ¿Adónde va el señor? — 18. ¿Qué quiere hacer en Vic? — 19. ¿Dónde vive su hermana? — 20. Y los amigos de Luis ¿dónde viven?

2. Responda a las preguntas.

a) ¿Qué hora es?	b) ¿A qué hora sale el tren?	c) ¿Cuándo llega el autobús?
1. *12.00*	1. *11.40*	1. *13.30*
2. *2.15*	2. *13.25*	2. *18.55*
3. *3.45*	3. *7.30*	3. *22.30*
4. *2.30*	4. *8.00*	4. *17.45*
5. *6.10*	5. *23.35*	5. *22.50*
6. *8.55*	6. *19.05*	6. *23.55*
7. *22.35*	7. *5.55*	7. *1.20*
8. *13.05*	8. *6.15*	8. *1.30*

3. Complete las frases.

1. Corina ... ... a la academia porque ... a ... catalán.	querer — 2 x ir — aprender
2. Ana ... profesora y ... en un colegio.	ser — trabajar
3. María y Roberto ... temprano a la estación porque todavía ... que ... los billetes.	ir tener — comprar
4. Esta tarde, [nosotros] no	poder — salir
5. El tren ... a las 10.05.	llegar
6. Alberto ... comprar unos bocadillos.	querer
7. [El] ... de casa a las 8.00 y a las 8.30 ya ... en la estación.	salir — estar
8. Luis ... en el bar. ... ... un café.	entrar — querer — tomar
9. Yo no ... los deberes porque no ... tiempo.	hacer — tener
10. Ese tren ... con retraso.	salir
11. [Yo] ... ... a unos amigos.	querer — visitar
12. ¿Dónde ... tu hermana?	vivir

4. Ponga los posesivos convenientes.

Modelo: Juan tiene un libro. ⇨ *Es su libro.*

1. Tengo una bicicleta.
2. Ellos tienen una casa.
3. Tienes dos discos.
4. Tenemos dos maletas.
5. Tenéis una guitarra.
6. Tienes dos bolsas.
7. Tengo una entrada.
8. Usted tiene una moto.
9. Ustedes tienen un coche.
10. Tengo un ordenador.

5. Complete las frases.

Tener que, tener ganas de, o *tener?*

1. Jorge ... ir al médico [Arzt].
2. ¿Qué ... [tú] hacer esta tarde?
3. [Yo] ya ... comer paella.
4. Ellas ... hacer los ejercicios.
5. [Nosotros] ... sacar los billetes.
6. Juan ... ir al cine.
7. Hoy [yo] no ... tiempo de salir de paseo.
8. María ... hacer la cena.
9. Rosendo ... un coche nuevo.
10. Marta no ... ir a comprar la leche.
11. [Yo] ... respirar aire puro.
12. [Nosotros] ... visitar a Rosendo.
13. Los padres de mi amigo ... mucho dinero.
14. Luis no ... tiempo porque ... trabajar.
15. Mi primo ... dos hermanos.

6. Traducción

1. Luis möchte das Wochenende in einem Dorf verbringen.
2. Das Dorf liegt in den Pyrenäen.
3. Er will mit seinem Freund Enrique dorthin fahren.
4. Der Wagen seines Freundes ist in der Werkstatt.
5. Ich will noch nicht die Fahrkarte lösen.
6. Der Zug kommt um 8.05 in Barcelona an.
7. Luisa wohnt in Ribes. Ihre Brüder studieren an der Universität Barcelona.
8. Liberto hat keine Zeit spazieren zu gehen. Er muss heute viel lernen.
9. Im Abteil befinden sich zwei alte Herren. Sie fahren nach Vic. Ihre Schwester wohnt dort.
10. Sie haben etwas Zeit. Sie gehen in die Gaststätte und nehmen ein Brötchen mit Schinken und eine Tasse Kaffee. Sie müssen 700 Peseten bezahlen.
11. Der Zug fährt um 8.30 ab.
12. Wir müssen noch die Fahrkarten kaufen.
13. Wie spät ist es?

7. Ponga las palabras en su lugar.

a	al	andén	de semana
está	en	hay	ir
del	porque	que	quiere
hermana	vive	tren	contaminación

Alberto es estudiante y ... en Barcelona. Este fin ... quiere ... a un pueblo de los Pirineos. No va ... coche, no va en autobús, va en ... . El tren sale ... las ocho menos cuarto. Alberto ya ... en la estación a las siete y media ... todavía tiene ... sacar el billete. A las ocho menos veinte, Alberto va al ... número cuatro y sube ... tren. Entra en un compartimiento. En el compartimiento ... un señor. El señor ... visitar a su hermana. Su ... vive en Vic. Roberto y el señor hablan ... tiempo y de la ... de Barcelona.

8. Redacción

autobús — bocadillo de jamón — cambiar de tren — dos cafés — fin de semana — ida — sacar — un señor de cierta edad — Vic

9. Ponga los acentos donde haga falta.

1. Roberto quiere ir a Bogota en avion. — 2. El castellano no es muy dificil. — 3. Estos automoviles son franceses. — 4. El miercoles por la tarde vamos a Paris. — 5. En la Peninsula Iberica hay dos paises: España y Portugal. — 6. Zaragoza no esta en Andalucia, esta en Aragon. — 7. La renta nacional per capita de España es de unos 15.000 dolares. — 8. El numero de habitantes de las ciudades aumenta rapidamente. — 9. Cogen el autobus de las siete y a las siete y cuarto ya estan en la estacion. — 10. ¿A que hora llega el tren a Cordoba?

10. Sopa de letras

En la sopa de letras se encuentran catorce palabras que tienen que ver con el tema viaje. ¿Es usted capaz de encontrar doce de ellas en quince minutos?

a	f	d	v	r	a	l	n	s	i	t	f	t	t
y	s	e	u	l	e	j	l	r	d	r	r	r	a
f	g	a	e	s	g	s	g	e	a	r	e	a	q
h	b	i	l	l	e	t	e	t	g	n	n	y	u
h	a	s	t	i	a	d	s	r	n	a	o	e	i
f	a	f	a	e	d	p	r	a	v	h	r	c	l
h	a	n	d	e	n	a	g	s	a	a	s	t	l
s	f	r	t	m	e	t	r	o	h	g	r	o	a
t	l	a	t	r	a	n	s	b	o	r	d	o	m

6.4. El pescador

Llega un día un hombre de negocios a una bella playa de un país del Caribe y encuentra a un pescador casi dormido al lado de una pequeña red, a la sombra de una palma. El hombre de negocios sabe que hay muchos peces en esos mares y dice al pescador:

—Hombre, aquí hay muchos peces en estas aguas. ¿Por qué no compras una red más grande para poder pescar más?

—Y ¿para qué quiero más peces?— Pregunta el pescador al hombre de negocios.

—Pues, para abrir una tienda y poder vender más pescado.

—Y ¿para qué quiero tener una tienda y vender más pescado?

—Pues, para tener más dinero— dice el hombre de negocios.

—Y ¿para qué quiero tener más dinero?

—Para poder tener más tiempo para ir a una playa y dormir bajo una palma tranquilamente.

—Eso es lo que hago yo ahora— responde el pescador, —sin tener que hacer una gran red, ni cuidar una tienda, ni querer ganar más dinero. ¡Pesco para vivir, pero no vivo para pescar!

preguntar	si
querer saber	por qué
	para qué
	cuándo
	dónde

decir	que
responder	
replicar	

Ejercicio

Ponga, con la ayuda del profesor, la narración en el discurso indirecto.

Expresiones útiles: Medios de transporte

coger	el autobús	
tomar	el metro dirección ...	
	la línea 5	
	el tren	de Barcelona
		Madrid-París
		dirección ...

tomar un	taxi
coger un	
ir en	

bajarse	en una parada
bajar	en una estación
hacer transbordo	
cambiar de tren en una estación	

puede	decirme
hace el favor de	
podría	
sabe usted	
tiene la amabilidad de	

dónde puedo	sacar	un billete	
	comprar		
	reservar		
a qué hora	tiene la salida	el autocar	de Granada
cuándo	sale	el tren	
cuánto vale el billete	de...		
	para...		

puede decirme si	hay aún plazas libres	
	quedan billetes	
	hay que	esperar mucho
		hacer transbordo
		cambiar de tren
	el tren lleva retraso	
	ha llegado el autobús	
	ya ha salido el tren	

Lección siete

7.1. La familia Gómez

Son las siete de la tarde. Montserrat y Ana, dos estudiantes de medicina, están en un bar de las Ramblas y toman un aperitivo antes de volver a casa. Montserrat ha estado en casa de la familia Gómez y ha comido con ellos. Ana, Montserrat y los Gómez son de un pequeño pueblo de Gerona (Gerona es una provincia de Cataluña.). Montserrat y Ana viven en Barcelona desde hace sólo seis meses. La familia Gómez ya hace siete años que está en Barcelona.

Montserrat: Hoy he ido a casa de los Gómez.
Ana: ¿En casa de los Gómez has estado? Es una familia muy simpática.
Montserrat: Sí, sobre todo los chicos. He comido con ellos. La madre ha preparado una paella fantástica. Es una buena cocinera.
Ana: ¿De qué habéis hablado?
Montserrat: Después de comer hemos hablado de la escuela, del trabajo, del pueblo...
Ana: ¿Trabaja la madre fuera de casa?
Montserrat: No, ella no. Bastante trabajo tiene con sus cuatro hijos. Además, dos de ellos no van todavía a la escuela. En casa solamente gana dinero el padre.
Ana: ¿Dónde trabaja?
Montserrat: En una fábrica textil. Pero gana poco, y por eso tiene que hacer horas extraordinarias.
Ana: Mi hermano Luis con sus tres hijos hace también horas extraordinarias. El sueldo es escaso, y hay que pagar el alquiler, la escuela, la comida, la ropa... Además siempre hay gastos inesperados.
Montserrat: Sí, esto es cierto. Dos chicos de la familia Gómez han ido este mes de excursión con la escuela. Han estado cuatro días en la montaña. Naturalmente, esto se tiene que pagar.
Ana: La vida no es fácil para la familia Gómez.
Montserrat: Bueno, no hay que exagerar. La familia Gómez tiene sus problemas, pero no es una familia triste. En aquella casa siempre hay risas y buen humor. En la mesa se habla, se discuten los problemas ...
Ana: No todas las familias son así.
Montserrat: Por eso, a pesar de sus problemas, la familia Gómez es una familia feliz.

7.2. Gramática

1. Das Perfekt — *El pretérito perfecto*

Das Perfekt wird gebildet mit dem Präsens des Hilfsverbes **haber** und dem **Partizip** des Hauptverbes.

Partizip:

-ar	⇨	**ado** trabajar	⇨	**trabajado**	he	preparado
-er	⇨	**ido** entender	⇨	**entendido**	has	comido
-ir	⇨	**ido** salir	⇨	**salido**	ha	vivido
					hemos	
					habéis	
					han	

Das Partizip bleibt unverändert.
Hemos ido a su casa.

Das Hilfsverb und das Partizip bilden eine untrennbare grammatikalische Einheit.
Hoy no hemos trabajado.

2. Unregelmäßige Partizipien — *Participios irregulares*

decir	[sagen]	**dicho**	morir	[sterben]	**muerto**
hacer	[machen]	**hecho**	poner	[stellen]	**puesto**
abrir	[öffnen]	**abierto**	romper	[zerbrechen]	**roto**
escribir	[schreiben]	**escrito**	ver	[sehen]	**visto**
freír	[braten]	**frito**	volver	[zurückkommen]	**vuelto**

3. Das betonte Possessivpronomen — *El pronombre posesivo*

Ein Besitzer		**Mehrere Besitzer**	
Este libro es	**mío**.	Este libro es	**nuestro**.
Estos libros son	**míos**.	Estos libros son	**nuestros.**
Esta revista es	**mía**.	Esta revista es	**nuestra**.
Estas revistas son	**mías.**	Estas revistas son	**nuestras**.
Este libro es	**tuyo**.	Este libro es	**vuestro**.
Estos libros son	**tuyos**.	Estos libros son	**vuestros**.
Esta revista es	**tuya**.	Esta revista es	**vuestra**.
Estas revistas son	**tuyas**.	Estas revistas son	**vuestras**.
Este libro es	**suyo**.	Este libro es	**suyo**.
Estos libros son	**suyos**.	Estos libros son	**suyos**.
Esta entrada es	**suya**.	Esta revista es	**suya**.
Estas entradas son	**suyas**.	Estas revistas son	**suyas.**

Die betonten Formen werden angewandt, wenn kein Substantiv folgt.

Möglichkeiten der Anwedung:

Este libro es mío.	ser + mío	[gehört mir]
Este libro es el mío.	Artikel + mío	[... mein]
Es un libro mío.	ein/e + Substantiv + mío	[... von mir]

4. *Bei* und *zu*

*Voy **a casa de** Juan.*	zu	⇨	a casa de
*Estamos **en casa de** Miguel.*	bei	⇨	en casa de
*¿Vienes **a mi casa**?*	zu mir	⇨	a mi casa
*Pablo está **en mi casa**.*	bei mir	⇨	en mi casa

7.3. Ejercicios

1. Responda a las preguntas.

1. ¿Quién es Montserrat? — 2. ¿Cuánto tiempo hace que está Montserrat en Barcelona? — 3. ¿Dónde ha estado Montserrat? — 4. ¿Quién ha preparado la comida? — 5. ¿Qué han comido? — 6. ¿De dónde es Ana? — 7. ¿Qué hace Ana en Barcelona? — 8. ¿Quiénes son los Gómez? — 9. ¿Cuánto tiempo llevan en Barcelona? — 10. ¿Cuántos hijos tienen? — 11. ¿Dónde trabaja el padre de la familia? — 12. ¿Por qué tiene que hacer el Sr. Gómez horas extraordinarias? — 13. ¿ Por qué no trabaja la madre también en una fábrica? — 14. ¿Quién es Luis? — 15. ¿Cuántos hijos tiene Luis? — 16. ¿Dónde han ido dos hijos de los Gómez? — 17. ¿Cuánto tiempo han estado en la montaña? — 18. ¿Es la familia Gómez una familia triste? — 19. ¿Dónde están ahora Montserrat y Ana? — 20. ¿Qué toman? — 21. ¿Qué hora es?

2. Ponga las frases en el pasado.

1. Manuel vuelve tarde.
2. Carlos y Petra cogen el tren.
3. Montserrat va de excursión.
4. Ana toma un aperitivo en un bar de las Ramblas.
5. Los Gómez viven en un pueblo de la provincia de Gerona.
6. María no escribe a su hermana.
7. Jorge y Carmen no salen de viaje.
8. Hacemos un viaje a Italia.
9. ¿Van al cine?
10. ¿Quién va a comprar el pan?
11. Ponen la comida en la mesa.
12. Petra no vuelve.
13. Petra no quiere volver.
14. Vemos la televisión.
15. Ella no cena con nosotros.
16. María hace la comida.
17. Vamos al bar y bebemos una cerveza.
18. Vemos a su hermano.
19. Manolo no abre la puerta.
20. El rápido crecimiento de las ciudades causa ciertos problemas de infraestructura.
21. Pagamos la cuenta.
22. Prepara la comida.
23. No quiere comprar las entradas.

3. La vida de la familia Gómez

Complete las frases.

La familia Gómez vive ... un piso viejo de ... calle Aribau. El padre ... en una fábrica. Gana poco, por eso tiene ... hacer horas extraordinarias. Normalmente ... señor Gómez toma el metro ... ir a la fábrica; cuando ... tiempo, va a pie. La fábrica no ... lejos de su casa. Los niños [Kinder] ... a la escuela. En los fines de semana ... todos juntos ... excursión. Van ... la montaña o a ... playa. La madre ... trabaja fuera ... casa porque dos de ... hijos todavía no ... a la escuela.

4. ¿Hay, hay que, tener, tener que?

1. María ... trabajar demasiado.
2. ... coger el tren a las ocho y cuarto.
3. Carlos y Ana ... ganas de ir al cine.
4. En aquella casa ... siempre buen humor.
5. A veces ... hacer horas extraordinarias.
6. El señor Fernández ... tres hijos.
7. En Barcelona ... demasiados coches.
8. El padre de Ana ... un coche viejo.
9. Yo ... leer este libro.
10. Para ir al concierto, ... comprar la entrada.
11. Con este tren no ... hacer transbordo.
12. El profesor dice que nosotros ... estudiar más.
13. Su padre ... hacer horas extraordinarias.

5. Ordene las palabras.

1. de — de — en — Gerona. — han — la — Los Gómez — pequeño — provincia — pueblo — un — vivido
2. Ana — con — de — de — del — Gómez — ha — hablado — hijos. — la — marido — señora — su — sus — trabajo — y
3. a — Ana — de — El — extraordinarias — hacer — hermano — hijos — horas — ir — la — esposa — muchas — no — porque — puede — que — su — tiene — tiene — trabajar. — tres — y
4. Ana — Barcelona. — desde — en — estudian — hace — medicina — meses — Montserrat — unos — viven — y — y
5. de — de — días — Dos — en — familia — Gómez — han — hijos — la — la — montaña. — pasado — pueblo — un — unos
6. El — tienda — vende — una — mucho — tiene — pescado. — y — pescador
7. van — todavía — son — porque — pequeños. — no — muy — la — la — hijos — Gómez — familia — escuela — Dos — de — aún — a

6. Complete las frases.

1. ¿Dónde está (Ihr) casa, señor López?
2. (Mein) casa está cerca de la playa.
3. (Meine) padres están en Barcelona.
4. ¿Aprenden (deine) amigos español?
5. (Meine) amigos no aprenden español.
6. Maite está (bei ihr).
7. Heike cambia (ihre) marcos en el banco.
8. ¿Ana, son éstas (deine) amigas?
9. Sí, éstas son (meine) amigas.
10. Esas son (ihre) hermanas.
11. José Antonio no está (bei uns).
12. ¿Son estos (Ihre) libros, señor Gómez?

7. Responda a las preguntas.

Ejemplo: ¿Son tus libros?
⇨ *Sí, son los míos.*

1. ¿Es tu coche?
2. ¿Es su maleta (de Vd.)?
3. ¿Es vuestra escuela?
4. ¿Es su bicicleta (de él)?
5. ¿Son nuestros billetes?
6. ¿Son tus bolígrafos?.
7. ¿Son sus cuadernos (de él)?
8. ¿Es nuestro autobús?
9. ¿Es mi vaso?
10. ¿Es su guitarra (de ella)?
11. ¿Es vuestro coche?
12. ¿Es tu libro?

8. Ponga los acentos.

1. Maria y Montserrat estan en el bar. — 2. El señor Gomez trabaja en una fabrica textil. — 3. ¿Que quieren tomar? — 4. Luis sale del bar de la estacion y va al anden numero tres. — 5. ¿Donde vive tu hermana? — 6. ¿Que lengua se habla en este pais? — 7. Las Canarias no estan en el Mediterraneo, estan en el Oceano Atlantico. — 8. El analfabetismo es uno de los problemas mas graves de la Nacion nicaragüense. — 9. Despues de cenar toman cafe y a veces tocan la guitarra. — 10. Esta noche van a dar un concierto de musica clasica.

9. Traduzca las frases siguientes.

1. Ich muss zum Arzt gehen.
2. Sein Vater hat einen alten Wagen.
3. Ana wohnt nicht bei ihren Eltern.
4. Lernt dein Bruder auch Spanisch?
5. Ich wohne bei meinen Eltern.
6. Wer hat die Rechnung bezahlt?
7. Wo ist deine Schwester?
8. Er hat heute bei uns gegessen.
9. Hast du schon die Briefe geschrieben?
10. Ich habe noch nicht die Zeitung gelesen.
11. Roberto wohnt bei seinen Eltern.
12. Ramón kommt heute Abend zu uns.

Expresiones útiles: Vida profesional

trabajar	por turnos a destajo a tiempo completo a tiempo parcial temporalmente eventualmente

tener hacer	una jornada un horario	completa/o reducida/o intensiva/o reducida/o flexible

estar encontrarse	en el paro parado desocupado desempleado sin trabajo

cobrar recibir percibir	un jornal un salario una paga una mensualidad una nómina un honorario una retribución

ser trabajar de estar de	peón		en...
	empleado	cualificado especializado	
	ordenanza funcionario arquitecto médico enfermero abogado profesor catedrático		

7.4. **Guantanamera** (Canción cubana)

José Martí (1853-1895)
Escritor y político cubano, fundador del Partido Revolucionario Cubano (1892) y autor del texto de esta canción

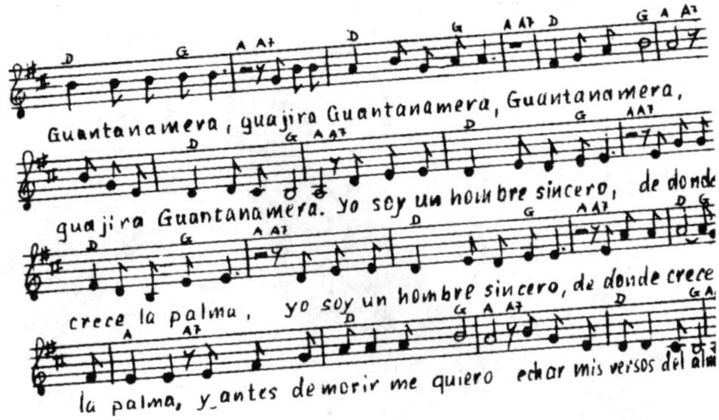

Yo soy un hombre sincero
de donde crece la palma
y antes de morirme quiero
echar mis versos del alma.

Guantanamera, Guajira guatanamera,
Guantanamera, Guajira guantanamera.

Mi verso es de un verde claro
y de un carmín encendido
mi verso es un ciervo herido
que busca en el monte amparo.

Guantanamera, ...

Con los pobres de la tierra
quiero yo mi suerte echar
el arroyo de la sierra
me complace más que el mar

Guantanamera, ...

Letra: José Martí

sincero/a	*ehrlich*
crecer	*wachsen*
antes de	*bevor*
morirse	*sterben*
echar	*werfen*
el verso	*der Vers*
el alma (f.)	*die Seele*
guantanamera	*aus Guantánamo*
guajira	*Mädchen*
claro/a	*hell*
carmín	*scharlachrot*
encendido/a	*blühend*
el ciervo	*der Hirsch*
herido/a	*verletzt*
buscar	*suchen*
el amparo	*die Zuflucht*
el pobre	*der Arme*
la tierra	*die Erde*
la suerte	*das Glück*
el arroyo	*der Bach*
la sierra	*das Gebirge*
complacer	*gefallen*
el mar	*das Meer*

Lección ocho

8.1. Carmen desea ir a Sudamérica

Juan ya ha comido y dispone de un par de horas de tiempo libre porque hoy por la tarde las dos clases que tiene son a partir de las cinco. Ha llamado por teléfono a su amigo Luis para saber si puede pasar un rato por su piso para charlar un poco. Luis tiene tiempo y está de acuerdo. El piso de Luis no está lejos de la residencia de estudiantes en la que vive Juan. A las tres y cuarto ya está delante de la puerta del piso de Luis. Llama y Luis abre la puerta.

Luis: ¡Hola, Juan!
Juan: ¡Hola! ¿Cómo estás?
Luis: Bien, ¿y tú?
Juan: Bien, como siempre.

Luis ya ha hecho el café y Juan ha cogido un par de pasteles en una pastelería que está cerca de la residencia en donde vive. Los dos amigos hablan de los estudios, de sus familias y de una chica que los dos conocen: Carmen.

Luis: Hoy he estado en casa de Carmen.
Juan: ¿Carmen? ¿Quién es Carmen?
Luis: Aquella chica de Valencia. Tú también conoces a Carmen.
Juan: ¡Ah! ¡Claro que conozco a Carmen! Creo que ya ha terminado los estudios, ¿verdad?

Pirámide maya en Chitzen Itza, México

Luis: ¿Terminar los estudios? No ha aguantado ni un año en la universidad. Siempre ha dicho que en la universidad no se aprende nada y piensa que en la universidad sólo se venden títulos por dinero. En parte tiene razón.

Juan: ¿Y qué hace ahora?

Luis: Ha estado dos o tres años en el extranjero. Ha pasado temporadas en Francia y en el Sur de Italia y ahora va a ir a Sudamérica. No ha pasado nunca el Océano y está muy interesada en conocer aquellos países.

Juan: ¿Y qué hace ahora en Barcelona?

Luis: Va a trabajar algunos meses porque necesita dinero para el viaje.

Juan ¡Vaya! Carmen ha escogido una profesión interesante. El turismo es una actividad agradable.

Luis: Estás un poco equivocado. No quiere ir a Sudamérica como turista. Desea quedarse allí y para vivir hay que trabajar. Dice que no quiere saber nada más de esta vieja Europa que para ella es extremadamente materialista y consumidora.

Juan: Personalmente pienso que es una locura. Ella no conoce a nadie en América. ¿Cómo quiere encontrar trabajo de un día para otro?

Luis: No es ninguna locura. Quizá solamente una empresa dura y difícil.

Juan: ¿Viaja sola?

Luis: Sí, es una persona que no tiene miedo y es muy decidida.

Juan: Hasta hoy, yo no he viajado nunca solo.

Luis: Yo creo que es una buena experiencia. Además, de esta forma, se conocen verdaderamente los países y sus habitantes.

Juan: En eso sí que tienes razón. ... ¡Un momento! ¿Qué hora es?

Luis: Yo tengo las cuatro y cuarto.

Juan: ¡Uf! ¡Qué tarde es! A las cinco tengo que estar en clase. ¡Adiós!

Luis: ¡Hasta otro rato!

8.2. Gramática

1. *Conocer* *, *conducir* und *nacer*

conocer	cono**z**co	conducir	condu**z**co	nacer	na**z**co
	conoces		conduces		naces
	conoce		conduce		nace
	conocemos		conducimos		nacemos
	conocéis		conducís		nacéis
	conocen		conducen		nacen

2. Die Verneinung II — *La negación*

*Ella **no** hace **nada**.*
***No** conozco a **nadie**.*
***Nadie** sabe dónde están.*

no ... nada	[nichts]	No sé nada.
no ... nadie	[niemand]	No he visto a nadie.
no ... ningún/o	[kein]	No he tenido ningún problema.
no ... nunca	[nie(mals)]	No habla nunca.
ni ... ni	[weder ... noch]	Ni estudia ni trabaja.
no ... ni siquiera	[nicht einmal]	No tiene ni siquiera una bicicleta.
no ... tampoco	[auch nicht]	Roberto no viene tampoco.
no ... todavía	[noch nicht]	No he comprado el pan todavía.

Stehen diese Verneinungswörter nach dem Verb, so muss **no** vor dem Verb stehen.
Stehen diese Verneinungswörter vor dem Verb, so entfällt **no**.

3. Nahe Zukunft — *Futuro próximo*

Ir a + Infinitiv

*Pedro **va a venir**.* *Pedro wird bald kommen.*

4. Relativpronomina I — *Los pronombres relativos*

Los Gómez tienen un hijo **que** todavía va a la escuela.
Roberto y Juan hablan de una chica **que** los dos conocen.
Roberto tiene dos hermanos **que** viven en Zaragoza.
Conozco a unas señoras **que** trabajan en ese supermercado.

---

* Zu dieser Gruppe gehören unter anderem: **agradecer** [danken], **aparecer** [erscheinen], **crecer** [wachsen], **ofrecer** [bieten], **parecer** [scheinen], **permanecer** [bleiben], **pertenecer** [gehören].

El coche **que** han comprado es muy caro.
Las motos **que** hemos visto son francesas.

Das Relativpronomen **que** ist unveränderlich, kann sich auf Personen oder Sachen beziehen und kann als Subjekt oder als direktes Objekt des Relativsatzes im Singular und Plural angewandt werden.

Los problemas de **los que** hemos hablado son muy graves.
El piso en **el que** vive Juan no está lejos de la universidad.
La chica con **la que** sale Antonio es amiga de mi hermana.
Los pueblos por **los que** hemos pasado son muy pequeños.
Estas son las señoras con **las que** trabaja mi madre.

Das Relativpronomen **el que / la que / los que / las que** wird nach Präpositionen verwendet.

La casa en **que** vive es muy pequeña.
Los hoteles de **que** te ha hablado son muy caros.

Nach den Präpositionen **a, de, en** und **con** kann **el / la** ... entfallen.

Eso es **lo que** quiere.
Carmen no sabe **lo que** quiere.

Lo que – *das, was* – ist unveränderlich. Es bezieht sich auf einen Sachverhalt.

5. Ordnungszahlen *Números ordinales*

primero/a	1º / 1ª
segundo/a	2º / 2ª
tercero/a	3º / 3ª
cuarto/a	4º / 4ª
quinto/a	5º / 5ª
sexto/a	6º / 6ª
séptimo/a	7º / 7ª
octavo/a	8º / 8ª
noveno/a	9º / 9ª
décimo/a	10º / 10ª

Ab der Ordnungszahl 11 wird heute fast ausschließlich die Grundzahl verwendet.

Primero und **tercero** werden vor einem männlichen Substantiv zu **primer** (1er) und **tercer** (3er).

Ordnungszahlen stehen in der Regel vor dem Substantiv.

8.3. Ejercicios

1. Preguntas sobre el texto

1. ¿A qué hora tiene hoy Juan clase por la tarde? — 2. ¿Dónde vive Juan? — 3. ¿Qué quiere hacer Juan hoy por la tarde antes de ir a clase? — 4. ¿A qué hora llega al piso de Luis? — 5. ¿Qué ha comprado Juan? — 6. ¿De qué hablan los dos amigos? — 7. ¿Dónde ha estado Luis? — 8. ¿Quién es Carmen? — 9. ¿Ha terminado Carmen ya sus estudios? — 10. ¿Qué piensa Carmen de la universidad? — 11. ¿Cuánto tiempo ha estado Carmen en el extranjero? — 12. ¿En qué países ha estado? — 13. ¿Adónde quiere ir ahora? — 14. ¿Por qué trabaja ahora en Barcelona? — 15. ¿Quiere ir a América como turista? — 16. ¿Por qué no quiere vivir en Europa? — 17. ¿Qué piensa Juan de los planes de Carmen? — 18. ¿Está Luis de acuerdo con él? — 19. ¿Tiene Carmen conocidos en América? — 20. ¿Por qué tiene que irse Juan del apartamento de Luis?

2. Responda negativamente.

1. ¿Quieres tomar algo [etwas]?
2. ¿Has estado ya en el Museo del Prado?
3. ¿Ves a alguien [jemand]?
4. ¿Con quién has hablado?
5. ¿Qué has dicho?
6. ¿Han comprado algún libro?
7. ¿Tiene tiempo y paciencia [Geduld] para salir con él?
8. ¿Tiene al menos un diccionario?
9. ¿Vais alguna vez [manchmal] al teatro?
10. ¿Entiendes algo?
11. ¿Queréis ir a Burgos o a Soria?
12. ¿Hablas con alguien en italiano?
13. ¿Buscáis a alguien?
14. ¿Necesitas algo?
15. ¿Has estado alguna vez en París?
16. ¿Habéis oído algo?

3. Corrija las frases.

1. A las cinco Luis tiene que visitar a unos amigos.
2. Carmen es una chica de Barcelona que ha acabado sus estudios de derecho.
3. Carmen quiere ir a Sudamérica como turista.
4. Carmen ya ha estado en Sudamérica y conoce a muchos sudamericanos.
5. Juan ha comprado unos pasteles en un bar.
6. Juan esta tarde no tiene tiempo.
7. Juan vive en casa de sus padres.
8. Los dos amigos hablan de una película [Film] que han visto.

4. Ponga las frases en pretérito perfecto.

1. Juan y Luis van al bar, toman un café, hablan un poco y vuelven a casa antes de las diez. — 2. Los hijos de los Gómez hacen una excursión. Van a la montaña y pasan allí tres días. — 3. Vamos al Odeón. La orquesta interpreta obras de Vivaldi. Es un concierto interesante. — 4. Este fin de semana Alberto sale de viaje. — 5. Tina

no abre la puerta. — 6. El padre de Luis vuelve muy tarde porque hace horas extraordinarias. — 7. Montserrat visita a la familia Gómez. — 8. María Antonia no quiere venir con nosotros. — 9. El camarero pone el café en la mesa. — 10. ¿Quién paga la cuenta? — 11. ¿Vais al teatro? — 12. Luis no quiere pagar los cafés. — 13. Carmen dice que en la universidad no se aprende nada. — 14. Salen a las ocho y no vuelven antes de las tres de la mañana.

5. Transforme las frases.

Ejemplo: Tiene un coche.
⇨ *Es su coche. El coche es suyo.*

1. Tiene un abrigo.
2. Tenemos un libro.
3. Tengo dos revistas.
4. Tenéis dos sillas [Stühle].
5. Ella tiene un Marbella.
6. Sus hermanas tienen un ordenador.
7. El tiene dos coches.
8. Tenemos dos radios.
9. Paco tiene un vídeo.
10. Tengo un diccionario.

6. Decídase por un verbo.

querer	decir	conocer
saber	salir	permanecer
hay	tener	ofrecer

1. Maite ... vasco.
2. ¿Adónde ... ir vosotros?
3. Para ir a Madrid ... que tomar el tren en la estación del Norte.
4. ¿A qué hora queréis ... ?
5. Marité ... a Carmencita y a María Antonia un café y pasteles.
6. [Ellos] ... que en el restaurante todavía ... mesas libres.
7. Vamos a ... tres días en la montaña.
8. [Yo] no ... la dirección de don Manuel.
9. Ellos ... un mapa de la ciudad.
10. Enrique no ... a los padres de Luis.
11. Roberto ... que no sabe dónde está su hermano.
12. [Ellos] ... ir al teatro y aún ... que comprar las entradas.
13. ¿Dónde ... un restaurante barato [preiswert]?
14. Vamos a ... a las seis de la tarde.

7. Vamos a ir

Bilden Sie Sätze nach dem Beispiel.

Modelo: Mi padre — lunes — Madrid — tren
⇨ *Mi padre va a ir el lunes a Madrid en tren.*

1. Rosario — martes — Málaga — avión
2. Nosotros — domingo — Zaragoza — autobús

3. Mis hermanas — sábado — la montaña — tren
4. Karin y Elke — mes próximo — Londres — avión
5. Yo — semana próxima — Guadalajara — coche
6. Nuestros amigos — jueves — Sevilla — tren
7. Carlos — miércoles — Barcelona — autostop
8. Su padre — esta tarde — ciudad — bicicleta
9. Sara — viernes — escuela — taxi

8. Ordene las palabras.

1. amigo — apartamento — cerca — de — de — de Luis. — del — en — es — estudiantes — Juan — Luis — residencia — un — una — vive — y
2. a — aún no — Barcelona — Carmen — de — en — meses — pagar — para — porque — quiere — su — Sudamérica. — suficiente dinero — supermercado — tiene — trabajar — un — unos — viaje
3. a — allí — Carmen — conocer — de esta parte del mundo. — durante mucho tiempo — en — ir — los — mucho interés — países — porque — quedarse — quiere — Sudamérica — tiene — y

9. Transforme las frases empleando pronombres relativos.

Modelo: Luis tiene un amigo. Su amigo vive en Barcelona.
⇨ *Luis tiene un amigo que vive en Barcelona.*

1. Juan conoce a una valenciana. La valenciana no ha terminado aún los estudios.
2. Luis vive en un piso. El piso está cerca de la universidad.
3. Luis ha comprado los pasteles en una pastelería. En la pastelería trabaja una amiga de su hermana.
4. Ha dicho que ha estado en Madrid. Eso no es cierto.
5. María habla de un chico. Luisa no conoce a ese chico.
6. Conozco a algunos profesores nicaragüenses. Los profesores trabajan en campañas de alfabetización.
7. El padre de Salomé tiene dos coches. Los coches son muy viejos.
8. Ha ido a un restaurante. En el restaurante se come muy bien.
9. Tengo unos amigos. Mis amigos estudian francés en una academia.
10. Toman un tren. El tren sale del andén número dos.
11. Pablo trabaja con un ordenador. El ordenador es muy rápido [schnell].
12. Montserrat trabaja en un supermercado. En el supermercado venden productos cosméticos.
13. He hablado con una señora. La señora es amiga de tu madre.
14. Hemos estado en una zona. En esa zona hay muchas montañas.

10. Redacción

Haga en unas siete u ocho líneas una descripción de Carmen.

8.4. El nuevo sistema educativo español

(Lectura comentada)

Con la reforma educativa, iniciada en el primer curso de educación primaria a partir del año escolar 1992/93, la escolaridad obligatoria y gratuita se extiende de los 6 a los 16 años. De esta forma su duración es de 10 años*, como en la mayoría de los países europeos. El nuevo sistema educativo se puede exponer con brevedad de la siguiente manera:

La educación primaria va de los seis a los doce años. Esta fase está organizada en tres ciclos de dos años cada uno. La educación primaria tiene pues una duración de seis años.

La educación secundaria obligatoria va de los doce a los dieciséis años y está estructurada en dos ciclos de dos años de duración. La educación secundaria es gratuita y tiene una duración de cuatro años. Al final de la educación secundaria obligatoria los alumnos reciben un título que les permite acceder al bachillerato (segunda etapa de la Educación Secundaria) o a las Enseñanzas Profesionales.

El bachillerato es la segunda etapa de la educación secundaria y tiene una duración de dos años. El bachillerato se estructura en tres modalidades: Humanidades y Ciencias Sociales, Ciencias de la Naturaleza y de la Salud y Tecnología.

Para el acceso a la universidad es necesario haber terminado el Bachillerato y haber pasado con éxito la Selectividad (prueba de acceso a la universidad).

El posible acceso a una determinada facultad de una universidad depende:

a) de la modalidad cursada en el bachillerato

b) del resultado de la prueba de madurez (Selectividad)

c) de la calificación obtenida en el Bachillerato

La educación universitaria se puede cursar en:

—las escuelas universitarias con un ciclo de tres cursos de duración. Los alumnos que concluyen con éxito el ciclo de estudios reciben el título de diplomado en la materia correspondiente.

—las facultades universitarias y escuelas técnicas superiores. La formación en estos centros está estructurada en tres ciclos:

En el primer ciclo, que dura tres años, se estudian las disciplinas básicas y se concluye con el título de diplomado.

El segundo ciclo, de dos años de duración, se concluye con el título de licenciado, ingeniero o arquitecto.

En el tercer ciclo se elabora y se defiende la tesis doctoral y se finaliza con el título de doctor.

---

* En el sistema educativo anterior, el período de escolaridad obligatoria eran [waren] 8 años, de los seis a los catorce.

Expresiones útiles: Enseñanza y estudios

matricularse en	una escuela
estar matriculado/a en	un instituto
ser estudiante de	una escuela universitaria
asistir a clases en	una facultad universitaria
frecuentar	una escuela técnica superior
	una escuela profesional
	un conservatorio
	un colegio de ...

este año	estudia	primero	de francés
	cursa	segundo	de inglés
	hace	tercero	de derecho
	repite		de medicina
			de económicas
			de filosofía
			de informática
			de farmacia

diplomarse		en ciencias naturales
licenciarse		en sociología
doctorarse		en filosofía
hacer	una diplomatura	en filología románica
obtener	una licenciatura	en filología clásica
	un doctorado	
graduarse de doctor		
estar	diplomado	
	licenciado	
	doctorado	

hacer	oposiciones a cátedra
presentarse a	

superar	un examen
pasar	una prueba
aprobar	un curso
suspender (en)	el bachillerato
	el COU
	la selectividad

9.1. *El cumpleaños de Carmen*

Alberto es un compañero de Carlos que vive en un pueblo de la provincia de Madrid. Ahora tiene vacaciones y ha ido a Madrid a pasar el viernes, el sábado y el domingo con Carlos. Son las cuatro de la tarde. Carlos está en su habitación y lee una novela. Alberto ha dado antes de comer una vuelta por la ciudad y ya hace un poco que ha regresado. Alberto entra en la habitación de Carlos.

Alberto: ¿Carlos?
Carlos: ¡Hola Alberto! ¿Ya has dado la vuelta?
Alberto: ¿Qué libro lees?
Carlos: «Niebla», de Unamuno.
Alberto: Es una novela muy interesante.
Carlos: ¿Ya la has leído?
Alberto: Sí, pero hace bastante tiempo. Tengo ganas de leerla otra vez.
Carlos: Si quieres la puedes leer. Estoy en las últimas páginas y voy a terminarla pronto.
Alberto: Estupendo. Unamuno es un gran escritor vasco, ¿no?
Carlos: Sí, pero ha escrito sus obras en castellano.
Alberto: Carmen me ha dicho que también desea leer algo de Unamuno. Todavía no ha leído nada de él.
Carlos: Esto no es ningún problema. Tengo varios libros de Unamuno aquí. Puedo prestarle algunos.
Alberto: Tengo una idea. Mañana es el cumpleaños de Carmen y quiere celebrarlo en su casa. Carmen me ha dicho que tú también estás invitado. Podemos regalarle un libro.
Carlos: ¿También te ha invitado?
Alberto: Naturalmente. Ella es de mi pueblo y nos conocemos desde niños.
Carlos: ¿Qué título le puede gustar?
Alberto: Puedo preguntarle qué título prefiere.
Carlos: ¿Preguntarle? Es ridículo, esto no se pregunta nunca. Tenemos que darle una sorpresa.
Alberto: Pero si ya lo tiene, la sorpresa va a ser doble, para ella y para nosotros.

Carlos: Pero, ¿no me acabas de decir que no ha leído todavía ningún libro de Unamuno?

Alberto: ¡Ah! Pues es verdad.

Carlos: ¡Ya lo sé! Le vamos a comprar «La tía Tula».

Alberto: Creo que le va a gustar. Es una buena novela.

Carlos: ¿La tienes tú también?

Alberto: Sí, la he leído hace poco tiempo.

Carlos: ¿Te ha gustado?

Alberto: Sí, naturalmente. Las novelas de Unamuno me gustan mucho, son siempre interesantes. Creo que este libro no es muy caro, ¿verdad?

Carlos: No, cuesta solamente unas 1500 pesetas. Es una edición barata.

Alberto: Esto es también interesante.

Carlos: Podemos comprarlo en la librería de la esquina. Allí trabaja Mercedes, una conocida mía; ella nos hace siempre descuento. Podemos ir después de comer.

Alberto: Sí, esta tarde tengo tiempo.

9.2. Gramática

1. Direkte und indirekte Objektpronomina I *Formas átonas*

a) Formen

Dativ	*Wem?*	Akkusativ	*Wen? Was?*
me	[mir]	**me**	[mich]
te	[dir]	**te**	[dich]
le	[ihm, ihr, Ihnen]	**lo/la**	[ihn, sie, es, Sie]
nos	[uns]	**nos**	[uns]
os	[euch]	**os**	[euch]
les	[ihnen, Ihnen]	**los/las**	[sie, Sie]

b) Stellung

He leído **la novela**. ⇨ ***La** he leído.*
No he leído **la novela**. ⇨ *No **la** he leído.*
Quiero leer **la novela**. ⇨ *Quiero leer**la**.*
⇨ ***La** quiero leer.*

Presto los libros **a Juan**. ⇨ ***Le** presto los libros*
No he prestado los libros **a Juan**. ⇨ *No **le** he prestado los libros.*
Quiero prestar los libros **a Juan**. ⇨ *Quiero prestar**le** los libros.*

Die unbetonten Objektpronomina stehen vor der konjugierten Form des Verbes. Bei der Struktur Hilfsverb + Infinitiv können sie entweder vor die konjugierte Form des Verbes gestellt oder nach dem Infinitiv angehängt werden.

2. Nahe Vergangenheit — *Pasado reciente*

acabar de + Infinitiv

Julia acaba de salir. *[Julia ist gerade ausgegangen.]*

3. Die Verben *gustar*, *encantar* und *parecer*

me	gusta/gustan
te	encanta/encantan
le	
nos	
os	
les	

Esta novela de Unamuno **me gusta** mucho.
Las novelas de Unamuno **me gustan** mucho.
Le gusta leer.
Le encanta pasear por la ciudad.

Me parece	estupendo.
	bien.
	que sí.
	que no.

9.3. Ejercicios

1. Preguntas sobre el texto

1. ¿Dónde está Carlos? — 2. ¿Qué hace Carlos? — 3. ¿Quién es Alberto? — 4. ¿Está Alberto en su casa? — 5. ¿Cuántos días quiere pasar Alberto en Madrid? — 6. ¿Qué ha hecho Alberto antes de comer? — 7. ¿Qué lee Carlos? — 8. ¿De qué autor es la novela? — 9. ¿Quién es Unamuno? — 10. ¿En qué lengua ha escrito Unamuno sus obras? — 11. ¿Ha leído Alberto «Niebla»? — 12. ¿Quién tiene mañana cumpleaños? — 13. ¿Dónde quiere celebrar Carmen su cumpleaños? — 14. ¿Por qué invita Carmen a Alberto? — 15. ¿Qué quieren regalar Carlos y Alberto a Carmen? — 16. ¿Por qué no preguntan a Carmen el título de la novela? — 17. ¿Cuál es el título de la novela que le quieren regalar? — 18. ¿Ha leído Alberto la novela? — 19. ¿Quién le ha prestado la novela? — 20. ¿Cuánto cuesta el libro de Unamuno? — 21. ¿Quién es Mercedes? — 22. ¿Dónde trabaja Mercedes? — 23. ¿Dónde quieren comprar el libro para Carmen? — 24. ¿Por qué lo quieren comprar en esa librería? — 25. ¿Cuándo quieren ir a comprar el libro?

2. Substituya las palabras subrayadas por un pronombre.

1. He comprado la revista.
2. Presto estos libros a Juan.
3. ¿Aún no habéis comprado el pan?
4. He aparcado el coche en la calle.
5. Quieren hacer los deberes [Hausaufgaben].
6. No han enviado la carta a sus padres.
7. No tienen ganas de ver esta película.
8. Han regalado las flores a su hermana.
9. Presta el dinero a Pedro.
10. Quieren comprar la novela.
11. Raúl quiere pagar las cervezas.
12. Juan ha comprado los pasteles en el bar.

3. Responda afirmativa y negativamente empleando los pronombres convenientes.

1. ¿Has prestado el libro a María Teresa?
2. ¿Has dado el casete a Luis Mariano?
3. ¿Quieren ustedes preparar la comida?
4. ¿Queréis invitar a José Antonio a la fiesta?
5. ¿Conoce Carmen a Pablo?
6. ¿Tienes mis CD's?
7. ¿Puedes entregar los billetes a Montserrat y a Luis?
8. ¿Puede usted comprar el periódico?
9. ¿Explica el profesor los ejercicios a sus alumnos?
10. ¿Habéis visto a Rosaura?

4. ¿Ir, querer, tener, hacer o escribir?

1. Hoy [yo] ... a comer temprano.
2. Ellos ... ganas de ir al cine.
3. Los niños ... pronto a la cama.
4. ¿Qué programa ... ver [tú]?
5. ¿Qué has ... esta mañana?
6. He ... una postal a mi amiga.
7. [Yo] ... a escribir la carta esta tarde.
8. ¿Qué ... comprar [tú]?
9. ¿Quién ... que tomar el autobús?
10. Hoy [yo] no ... ganas de trabajar.
11. [Ellos] ... que estudiar mucho.

5. Ponga las frases en el pasado reciente.

1. Llegamos de casa de unos amigos.
2. Mis padres hacen un viaje a París.
3. Les digo que no tenemos tiempo.
4. Le doy mi dirección [Adresse].
5. Te llaman por teléfono.
6. Su hermana termina los estudios.
7. Me han preguntado por ti.
8. Pasamos unos días en la montaña.
9. Luis y Alberto salen del bar.
10. Compramos las entradas.
11. Dice que no nos puede acompañar.
12. Ramiro paga los cafés.

6. Complete con las preposiciones en, a, por, de, con.

1. Hoy he visto ... Carmen.
2. Estoy ... casa.
3. El tren sale de Sevilla ... las 8.15.
4. Es un señor ... Sevilla.
5. Voy de excursión ... Felipe.
6. Consuelo va ... la playa.

7. Ella pasea ... la ciudad.
8. Venimos ... Barcelona.
9. Son las ocho ... la mañana.
10. ¿Tomas el café ... azúcar [Zucker]?

7. Corrija las frases.

1. Alberto vive en Zaragoza y ha ido a pasar un mes en Madrid.
2. Alberto y Carmen se han conocido en la universidad.
3. Unamuno es un famoso médico catalán.
4. Carlos lee un libro de un autor sudamericano.
5. Carmen ha invitado a sus amigos porque ha acabado los estudios.
6. Mercedes trabaja en una pastelería.
7. Carmen ha leído casi todas las novelas de Unamuno.
8. Sevilla es la capital del País Vasco.
9. Carmen quiere celebrar su cumpleaños en un restaurante.

8. Traducción

1. Luis hat mir gerade gesagt, dass er nicht kommen kann.
2. Kannst du mir die Zeitung kaufen?
3. Er will bis Freitag in Madrid bleiben.
4. Sie gehen nie ins Kino.
5. Kannst du mir sagen, wohin sie gegangen sind?
6. Sie hat oft gesagt, dass sie Spanisch lernen will.
7. Wir haben nichts verstanden.
8. Wie lange ist er in Paris gewesen?
9. Ich habe heute keine Zeit.
10. Wer hat dir die Postkarte geschrieben?
11. Die Romane von Unamuno gefallen ihm außerordentlich.
12. Ich habe ihn gerade gesehen.
13. Ich habe keine Lust, den Roman zu lesen.
14. Wir haben sie gerade gesehen.

9. Redacción

Alberto — barata — Carlos — Carmen — celebrar — costar — descuento — escritor vasco — estar — habitación de Carlos — idea — invitar — leer — librería — regalar — sorpresa

9.4. Canción

Eres tú

Mocedades

Como una promesa eres tú, eres tú.
Como una mañana de verano.
Como una sonrisa, eres tú, eres tú.
Así, así eres tú.

Toda mi esperanza eres tú, eres tú.
Como lluvia fresca en mis manos.
Como fuerte brisa, eres tú, eres tú.
Así, así eres tú.

Eres tú como el agua de mi fuente.
Eres tú como el fuego de mi hogar.
Algo así eres tú,
Mi vida, algo así eres tú.

Como un poema eres tú, eres tú.
Como una guitarra en la noche,
Todo mi horizonte eres tú.
Así, así eres tú.

Galgenmännchen

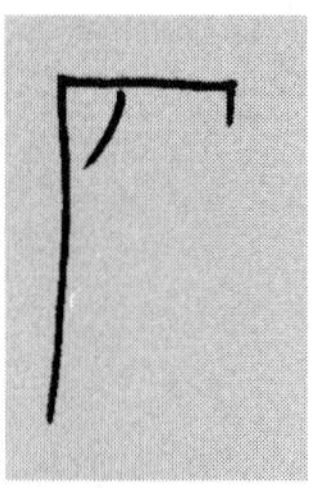

1.	a _ _ _ _ _ _	8.	M _ _ _ _ _ _ _
2.	e _ _ _ _ _ _ _ _ _	9.	n _ _ _ _ _ _
3.	p _ _ _ _ _ _ _ _ _	10.	r _ _ _ _ r
4.	d _ _ _	11.	m _ _ _
5.	n _ n _ _	12.	a _ _ _ _ _ a _
6.	p _ _ _ _ _ _ _ _	13.	d _ _ _ _ _ _ _ _
7.	r _ _ r _ _ _ r	14.	s _ _ _ _ _ _ _ _ _ _ _

Lección diez

10.1. De viaje

Son las diez de la noche de un día del mes de agosto. Luis y Carmen están en la sala de su piso y preparan el equipaje. Quieren ir a pasar una semana en San Sebastián.

Luis: Mañana vamos a tener que levantarnos pronto.
Carmen: ¿A qué hora?
Luis: A las seis. El tren, si no se retrasa, tiene la salida a las siete y cuarto.
Carmen: ¿Tan pronto quieres levantarte? Creo que si nos levantamos a las seis y media tenemos tiempo más que suficiente. Yo me lavo en cinco minutos y el equipaje ya está casi listo. ¿Viene Menchu también?
Luis: No. Menchu ha decidido quedarse. Tiene que preparar sus exámenes. Los tiene el día 26 de septiembre. Además, ya ha estado muchas veces en el País Vasco.
Carmen: ¿Te llevas tu cámara de vídeo?
Luis: Sí. Me la quiero llevar. Ya la tengo preparada.
Carmen: Entonces no me llevo la mía. Con una tenemos suficiente.

Menchu estudia medicina en Zaragoza y vive en el piso de su hermano Luis. Ha vuelto a casa a las diez y media y entra en la sala porque quiere ver las noticias en la televisión.

Menchu: ¿Ya tenéis todas las maletas preparadas?
Carmen: Creo que sí.
Menchu: ¿A qué hora os vais?
Carmen: Tenemos que estar en la estación a las siete porque el tren sale a las siete y cuarto. Tenemos todo preparado, pero aún no hemos sacado los billetes.
Menchu: Pues tenéis que levantaros temprano.
Carmen: Sí, a eso de las seis y cuarto.

Los doce meses del año son: enero, febrero, marzo, abril, mayo, junio, julio, agosto, septiembre, octubre, noviembre y diciembre.

10.2. Gramática

1. Reflexive Verben — *Verbos reflexivos*

levantarse	**me**	levanto	irse	**me**	voy
	te	levantas		**te**	vas
	se	levanta		**se**	va
	nos	levantamos		**nos**	vamos
	os	levantáis		**os**	vais
	se	levantan		**se**	van

*Luis **se** levanta a las siete.*
*Luis **se** quiere levantar a las siete.*
*Luis quiere levantar**se** a las siete.*
*Luis no **se** ha querido levantar a las siete.*
*Luis no ha querido levantar**se** a la siete.*

Das Reflexivpronomen steht vor der konjugierten Form des Verbes oder nach dem Infinitiv.

2. Objektpronomina II — *Lugar de los pronombres*

Me llevo **la cámara**.	⇨	***Me la*** *llevo.*
No **me** llevo **la cámara**.	⇨	*No **me la** llevo.*
Me quiero llevar **la cámara**.	⇨	***Me la*** *quiero llevar.*
	⇨	*Quiero llevár**mela**.*
Te presto **el libro**.	⇨	***Te lo*** *presto.*
Le regalamos **un disco**.	⇨	***Se lo*** *regalamos.*
Le enseño las **fotos**.	⇨	***Se las*** *enseño.*
Os quiero enseñar **las fotos**.	⇨	*Quiero enseñár**oslas**.*

Dativ steht vor Akkusativ: **me lo, te lo** ...
Die Formen **le** und **les** werden durch **se** ersetzt, wenn sie vor **lo, la, los**, **las** stehen.
Diese Reihenfolge gilt auch, wenn die Pronomen an das Verb angehängt werden.
Das Verneinungswort steht vor den Pronomen.
Beide Pronomen müssen entweder vor der konjugierten Form oder nach dem Infinitiv stehen.

3. *Todo*

Petra ha leído **todo** el libro.	*Petra hat das ganze Buch gelesen.*
Toda la familia va de vacaciones.	*Die ganze Familie fährt in Urlaub.*
Roberto ha gastado **todo** su dinero.	*Roberto hat sein ganzes Geld ausgegeben.*
Todas las maletas están listas.	*Alle Koffer sind gepackt.*
Todas estas cosas son importantes.	*Alle diese Sachen sind wichtig.*

todo/a + Artikel (Demons./Poss.) + Substantiv im Singular = der/die/das ganze
todos/todas + Artikel (Demonstrativ/Possessiv) + Substantiv im Plural = alle

10.3. Ejercicios

1. Preguntas sobre el texto

1. ¿Qué hace Carmen? — 2. ¿Dónde está? — 3. ¿Está sola? — 4. ¿Qué hora es? — 5. ¿Adónde quieren ir Carmen y Luis? — 6. ¿Dónde está San Sebastián? — 7. ¿Cuánto tiempo quieren estar en San Sebastián? — 8. ¿Cómo quieren ir a San Sebastián? — 9. ¿A qué hora sale el tren? — 10. ¿A qué hora quiere levantarse Luis? — 11. ¿Por qué piensa Carmen que no es necesario levantarse tan pronto? — 12. ¿Quién es Menchu? — 13. ¿Qué hace Menchu en Zaragoza? — 14. ¿Por qué no va Menchu con Carmen y Luis a San Sebastián? — 15. ¿Cuándo tiene Menchu los exámenes? — 16. ¿Qué pregunta Menchu a Carmen? — 17. ¿Qué tienen que hacer Carmen y Luis antes de coger el tren? — 18. ¿Qué cámara se llevan a San Sebastián?

2. Complete las frases.

1. Hoy hemos visitado a Julia. [Ella] (alegrarse) [sich freuen] mucho.
2. ¿(Desear) [tú] (lavarse) las manos?
3. ¿Cómo (llamarse) [heißen] usted?
4. A las cinco menos cuarto [yo] (irse).
5. Antonio (tener) tiempo y (ir) a (quedarse) unos días con nosotros.
6. ¿A qué hora [tú] (levantarse)?
7. Ella no (levantarse) antes de las diez.
8. Cuando [ellos] (ir) a Bilbao (detenerse) [sich aufhalten] algunas horas en Zaragoza.
9. Los trenes españoles (retrasarse) con bastante frecuencia.
10. [Yo] no (querer) (quedarse) toda la tarde en casa.
11. Carmen no (llevarse) la cámara.
12. Luisa no (querer) (quitarse) [ablegen] el abrigo.
13. [Nosotros] no (poder) (irse) muy tarde.
14. [Ellos] (descansar) [sich ausruhen] un poco.
15. Luis no (tener) que (levantarse) pronto porque hoy no (trabajar).
16. Pablo (levantarse), (afeitarse) [sich rasieren], (ducharse) y (desayunar).

3. Reemplace las palabras subrayadas por un pronombre.

1. Nos quitamos <u>el abrigo</u>.
2. Ramoncito no se quiere beber <u>la leche</u>.
3. Don Rosendo no se quita <u>el sombrero</u> nunca.
4. Les hemos pagado <u>los cafés</u>.
5. ¿Has sacado <u>los billetes</u>?
6. Manolo se quiere llevar <u>los discos</u> a su casa.
7. Se ha bebido todas <u>las cervezas</u>.
8. Todavía no he visto <u>a María José</u>.
9. Antonio y Luisa no se pueden llevar <u>las flores</u>.
10. ¿Has entendido <u>lo que ha dicho Antonio</u>?
11. Rosalinda nos ha preparado <u>los bocadillos</u>.

4. Ponga las frases en el presente.

1. Nos hemos comprado dos bocadillos.
2. Manuel ha leído una novela de Unamuno.
3. No han querido decirnos nada.
4. ¿Habéis comprado las entradas?
5. He salido a las tres menos cuarto.
6. Hemos cenado en un restaurante italiano.
7. Han ido a comprar el periódico.
8. Hemos tenido que cambiar de tren dos veces.
9. Pedro ha tenido que levantarse temprano.
10. ¿Habéis preparado el equipaje?
11. He tenido mucho trabajo.
12. Me ha dicho que no es verdad.
13. Han obtenido [erreichen] sus fines [Ziele].
14. ¿Le has escrito la postal?
15. ¿Te ha dejado su cámara?
16. No hemos querido decirle lo que ha pasado.
17. Han tenido que llevar el coche al taller.

5. Complete y traduzca las frases.

¿Todo el / toda la / todos los / todas las?

1. Menchu quiere estudiar ... día.
2. Luis y Carmen quieren pasar ... vacaciones en el País Vasco.
3. Menchu se queda en casa ... mes de agosto.
4. Estamos ... mañana en la escuela.
5. Pilar ha invitado a ... amigos.
6. Ha estado ... invierno en Madrid.
7. Van a su pueblo ... sábados.
8. No ... españoles comprenden catalán.
9. Todavía no he leído ... libro.
10. Milagros conoce ... calles de la ciudad.
11. Nacho se pasa ... día en la calle.

6. ¿Ser, estar o tener?

1. ¿Quiénes ... estos niños? — ... los amigos de mi hermano. — 2. ¿Puede decirme dónde ... la estación? — 3. Me han dicho que [ellos] hoy no ... tiempo. — 4. Nicaragua ... unos cuatro millones de habitantes. — 5. ¿De dónde ... Robert? — Debe ... holandés, pero ... en España desde hace muchos años. — 6. Juanita ... en casa de Pablo. — 7. Ramiro ... dos coches. — 8. El ordenador de Carlos ... muy rápido. — 9. No trabajo porque ... de vacaciones. — 10. Creo que este libro no ... muy caro. — 11. ¿... [tú] una novela de Unamuno? — 12. El equipaje todavía no ... preparado. — 13. Ana no ha venido porque ... enferma. — 14. Los niños ... en el jardín.

7. De viaje (Redacción)

billetes — Carmen — equipaje — exámenes — lavarse — listo — Luis — medicina — Menchu — País Vasco — piso — próximo mes — retrasarse — San Sebastián — semana — tren — salir

8. Paulino es una persona, pero que muy despistada.

(1) paraguas (m.) — perder — buscar — oficina de objetos perdidos
(2) empleado — entregar — alegrarse — dar las gracias
(3) irse — cartera — llamar
(4) volver — recoger — poner en el suelo — dejarse
(5) salir — gritar — estar camino de casa

Redacte la historieta.
Las expresiones que se encuentran al pie de los dibujos le pueden ayudar. Si le faltan palabras, se las puede preguntar al profesor o mirarlas en el diccionario.

10.4. Euskadi

El País Vasco español (Euskadi Sur) está situado en el norte de España, entre el mar Cantábrico y el río Ebro. Su capital es Vitoria, pero su ciudad más grande es Bilbao, importante por su minería y su industria. La industria vasca ha dado trabajo a muchos españoles del sur y del centro de España. Actualmente más de la mitad de los habitantes de Euskadi son personas de origen no vasco.

La capital espiritual del País Vasco es Guernica, ciudad destruida por la aviación alemana durante la Guerra Civil española. Hay un cuadro muy conocido de Picasso que tiene como tema la destrucción de esta ciudad. En Euskadi se hablan dos lenguas: el vasco (euskera) – lengua no románica – y el castellano.

Muchos vascos piensan que Euskadi es un país conquistado por los españoles y franceses y pretenden independizarse de España y Francia para crear con las tres provincias vascas españolas, las tres francesas («Pays Basque») y Navarra una Euskadi Libre («Gran Euskadi»).

ETA, organización violenta que quiere liberar al País Vasco de lo que ellos llaman dominación española y francesa, ha tenido en el pasado mucho apoyo y no pocos simpatizantes en Euskadi. Hoy, los métodos terroristas de esta organización ya no cuentan con la aprobación de muchos vascos. La dictadura ya no existe y el Estado de Madrid ya no emplea la escuela, la policía y el ejército para reprimir a los vascos. Estas son las acusaciones que todavía hoy hacen los nacionalistas radicales al Gobierno español.

Un corto texto en euskara y en castellano
Egia alde guzteitan toki onak badira, bañan biyotzak diyo zoak Euskalerria.
Hay, es cierto, en todas partes buenos sitios, pero el corazón dice:
¡Vete al País Vasco!

Nombres oficiales de la Comunidad Autónoma: País Vasco [Euskadi]			
Lenguas oficiales: Vasco (euskara/euskera) y castellano			
3 provincias:	Álava	[Araba]	
	Guipúzcoa	[Gipuzkoa]	
	Vizcaya	[Bizkaia]	
Capital: Vitoria			
Habitantes: 2.500.000			
Poblaciones importantes:			
Bilbao/Bilbo	(capital de Vizcaya)		450.000 habitantes
Vitoria/Gasteiz	(capital de Álava)		200.000 habitantes
San Sebastián/Donostia	(capital de Guipúzcoa)		180.000 habitantes
Baracaldo/Barakaldo			120.000 habitantes

1. Ejercicio de léxico

Consulte en el diccionario y escriba los substantivos que corresponden a los siguientes verbos.

acusar	...	adelantarse	...	celebrar	...
comprar	...	conocer	...	conquistar	...
crear	...	desear	...	destruir	...
entrar	...	escribir	...	existir	...
independizar	...	invitar	...	leer	...
liberar	...	pensar	...	preparar	...
regalar	...	reprimir	...	retrasarse	...
venir	...	vivir	...	volver	...

2. Preguntas sobre el texto

1. ¿Dónde está Bilbao? — 2. ¿Es Bilbao la capital del País Vasco? — 3. ¿Cuáles son las cuatro ciudades más grandes del País Vasco español? — 4. ¿Cuántos habitantes tiene Bilbao? — 5. ¿Son la mayor parte de los habitantes del País Vasco de origen vasco? — 6. ¿Por qué hay en el País Vasco muchas personas originarias de otras regiones españolas? — 7. ¿Qué es Guernica? — 8. ¿De quién es el cuadro que tiene como motivo la destrucción de Guernica? — 9. ¿Cuántas lenguas se hablan en Euskadi? — 10. ¿Por qué piensan algunos vascos que Euskadi no es un país libre? — 11. ¿Qué provincias deben formar, según estos vascos, la «Euskadi Libre»? — 12 ¿Qué es ETA? — 13. ¿Cuáles son sus fines? — 14. ¿Por qué tiene hoy ETA menos simpatizantes que en otros tiempos? — 15. ¿De qué acusa ETA al Gobierno español? — 16. ¿Dónde se encuentra Euskadi?

3. Complete las frases con *muy/mucho.*

1. Mañana por la mañana no nos tenemos que levantar ... pronto.
2. La industria del País Vasco es ... importante y da trabajo a ... personas.
3. Ya es ... tarde para ir al cine y la entrada cuesta ... dinero.
4. No llueve ..., pero el viento es ... frío.
5. El tren ha salido con ... retraso.
6. Menchu es una chica ... simpática y estudia ... .
7. No hemos comprado ... revistas.
8. Petra está ... contenta porque ha recibido ... regalos.
9. Jaca no tiene ... habitantes. No es una ciudad ... grande.
10. ... vascos han apoyado ... veces a la organización ETA.
11. Se encuentra ... mal porque ha bebido ... vasos de vino.
12. Este libro es ... bueno. Tiene ... ejercicios.

4. Traducción

1. Wir müssen morgen um 7.15 Uhr aufstehen. — 2. Wir wollen eine Woche in San Sebastián verbringen. — 3. Die Blumen sind sehr schön. Ich habe sie ihr geschenkt. — 4. Wir haben ihn noch nicht gesehen. — 5. Die ETA will das Baskenland befreien. — 6. Wir müssen unsere Prüfung vorbereiten. — 7. Viele Einwohner des Baskenlandes sprechen kein Baskisch. — 8. Es ist schon sehr spät. — 9. Ich habe niemanden gesehen. — 10. Der Bruder von Marta hat einen neuen Wagen gekauft. — 11. Sie sind ins Theater gegangen. — 12. Er will die Nachrichten hören. — 13. Kannst du mir dein Spanischbuch leihen? — 14. Paquito hat sich nicht rasieren können. — 15. Sie will nicht den ganzen Tag zu Hause bleiben. — 16. Ich habe dich nicht verstanden. — 17. Pedro ist nicht gekommen. — 18. Antonio kann nicht kommen. Er hat keine Zeit. — 19. Warum willst du nicht den Roman lesen? — 20. Die Gómez wohnen seit drei Jahren in Barcelona. — 21. Hast du ihm sein Buch gegeben? — 22. Können Sie mir sagen, wo die Schule ist?

5. Redacción

Describa con sus propias palabras y en unas diez o doce líneas al País Vasco.

En el País Vasco existen muchas casas de campo aisladas. Estas casas reciben el nombre de caserío.

Lección once

11.1. En la tienda

Mañana es domingo y los comercios cierran los sábados a las dos de la tarde. Rosario vive sola en un apartamento de la Plaza del Castillo, en Pamplona. Hoy se ha levantado pronto, ha limpiado la casa, ha desayunado y ha salido porque quiere hacer las compras para el fin de semana. Rosario no suele ir a los hipermercados. Prefiere pagar un poco más y comprar en una tienda que está muy cerca de su casa. No tiene que coger ningún autobús ni pasar toda la mañana fuera de casa. A las diez menos diez ya está en la tienda. Además conoce al tendero desde su infancia.

Rosario: ¡Buenos días!
Vendedor: ¡Buenos días, Rosario! ¿Qué te pongo?
Rosario: Dame dos kilos de patatas.
Vendedor: Toma. Estas patatas son buenísimas.
Rosario: ¿Tienes plátanos?
Vendedor: ¡Oye! Tengo los mejores plátanos de todo el barrio.
Rosario: Entonces ponme dos kilos.
Vendedor: Escógelos tú misma, están en aquella caja, detrás de la puerta.

Rosario: ¿No están un poco verdes?
Vendedor: ¡Qué va!
Rosario: Bueno, pero me gustan un poco más maduros.
Vendedor: Entonces toma estos otros. Además son más baratos.
Rosario: ¿A cómo va el kilo?
Vendedor: A 150 pesetas.
Rosario: ¡Uf! ¡Qué caros!
¿Las naranjas son tan caras como los plátanos?
Vendedor: No, son más baratas. Las naranjas son siempre menos caras que los plátanos. Ya sabes, en Valencia hay muchas naranjas.
Rosario: Sí, pero en Canarias hay también muchísimos plátanos y ¡mira qué precios!
Vendedor: ¡Pero mujer! Las islas están mucho más lejos.
Rosario: Ah, bueno.
Vendedor: Además es mejor comer naranjas. La naranja es la mejor fruta para la salud. Lleva muchas vitaminas.
Rosario: Sí, tienes razón...
Vendedor: Yo casi siempre tengo razón, Rosario. ¿Cuántos kilos te pongo?
Rosario: Ninguno. Todavía tengo algunas en casa.
Vendedor: Entonces coge manzanas... Son riquísimas.
Rosario: Sí, buena idea. Dame dos kilos de manzanas. ¿De dónde son?
Vendedor: Son de Tudela. ¿Quieres algo más?
Rosario: Dame un paquete de detergente.
Vendedor: Toma, esta marca es muy buena, créeme.
Rosario: Pero no es tan barata como la otra, ¿no?
Vendedor: Vale, la otra es menos cara, pero esta deja la ropa blanquísima.
Rosario: Bueno, dame dos paquetes de los más grandes.
Vendedor: ¿Deseas algo más?
Rosario: Ponme tres bolsas de pistachos y una botella de vino tinto.
Vendedor: ¿Rioja?
Rosario: No, es demasiado caro. Quiero uno más barato.
Vendedor: Toma. «El Burrito». Es un vino manchego bastante bueno.
Rosario: ¿Cuánto cuesta la botella?
Vendedor: 260 pesetas la grande, la de a litro. La pequeña, la de tres cuartos 200.
Rosario: Está bien, ponme la grande. Esto es todo.
Vendedor: ¿No necesitas nada más? Agua mineral, azúcar, aceite, papel higiénico... Tengo también unos huevos fresquísimos...
Rosario: No, gracias, no necesito nada más. ¿Cuánto te debo?
Vendedor: A ver... dos kilos de patatas son 170 pesetas, dos de manzanas, a 130 el kilo son 260... . En total son 1800 pesetas
Rosario: Toma 2000.
Vendedor: Ten la vuelta: 1900 y 2000.
Rosario: ¡Adiós!
Vendedor: ¡Venga! ¡Hasta otro rato y muchas gracias!

11.2. Gramática

1. Der bejahte Imperativ — *El imperativo afirmativo*

Streng genommen hat der Imperativ im Spanischen nur zwei Formen: die zweite Person Singular und Plural.

a) Regelmäßige Bildung

tomar	toma	(tú)	comer	come	subir	sube
	tomad	(vosotros)		comed		subid

b) Unregelmäßige Bildung

poner	pon	venir	ven	tener	ten	ir	ve	ser	sé
	poned		venid		tened		id		sed

ver	ve	salir	sal	hacer	haz	decir	di
	ved		salid		haced		decid

c) Stellung der Personalpronomen beim bejahten Imperativ

Da**me** dos kilos de patatas.
Levánta**te** antes de las siete.
Lleva**dle** los periódicos ⇨ *Llevád**selos**.*

Beim bejahten Imperativ werden die Personal- und Reflexivpronomen an die Verbform angehängt.

Qued**a**os en casa.
Lav**a**os las manos ⇨ *Lav**á**oslas.*
Llev**a**os los libros ⇨ *Llev**á**oslos*

In der zweiten Person Plural entfällt die Imperativ-Endung **-d** vor dem Pronomen **-os**.

2. Der Komparativ — *La comparación*

El agua mineral	es **tan** cara **no** es **tan** cara	**como** la cerveza.

El agua mineral	es **más** cara **que** no es más cara que es **menos** cara **que** no es menos cara que	la cerveza.

Der Vergleich wird gebildet mit den Wendungen:

tan ... **como**	**más** ... **que**
no tan ... **como**	**menos** ... **que**

Gleichheit

Einige Adjektive haben neben der regelmäßigen auch eine unregelmäßige Form:

más bueno que	⇨	***mejor*** *que*	**más grande** que	⇨	***mayor*** *que*
más malo que	⇨	***peor*** *que*	**más pequeño** que	⇨	***menor*** *que*

3. Der Superlativ — *El superlativo*

Esta marca de café es **muy barata**.
Esta marca de café es **la más barata** (de todas).
Estas manzanas son **muy frescas**.
Estas manzanas son **las más frescas** (que tengo).
Este vino tinto es **muy bueno**.
Este vino tinto es **el mejor** (de todos).

Der Superlativ wird gebildet mit den Wendungen:

muy **+ Adjektiv**

el más	**+ Adjektiv**	el mejor/peor/mayor/menor
la más		la mejor/peor/mayor/menor
los más		los mejores/peores/mayores/menores
las más		las mejores/peores/mayores/menores

Der absolute Superlativ kann auch gebildet werden, indem man an den Stamm des Adjektivs die Endung **-ísimo** anhängt.

grande	⇨	*grand**ísimo***	El hipermercado es grandísimo.
bueno	⇨	*buen**ísimo***	Este vino es buenísimo.
rico	⇨	*riqu**ísimo***	Esta paella está riquísima.

4. *Pedir* und *oír*

pedir	pido	oír	oigo
	pides		oyes
	pide		oye
	pedimos		oímos
	pedís		oís
	piden		oyen

Wie **pedir** werden auch **servir** [dienen] und **repetir** [wiederholen] konjugiert.

11.3. Ejercicios

1. Corrija las frases.

1. Los sábados, los comercios cierran a las seis de la tarde.
2. Rosario vive con sus padres en una ciudad catalana.
3. Pamplona es la capital del País Vasco.
4. A Rosario le gusta comprar en los grandes supermercados.
5. Las manzanas de la tienda son de Lérida.
6. «El Burrito» es un vino de La Rioja.
7. Las naranjas son más caras que los plátanos.

2. Preguntas sobre el texto

1. ¿A qué hora cierran los comercios los sábados? — 2. ¿Dónde vive Rosario? — 3. ¿Dónde está Pamplona? — 4. ¿Por qué ha salido Rosario hoy por la mañana? — 5. ¿Qué ha hecho Rosario antes de salir de casa? — 6. ¿Por qué no va a hacer las compras a un hipermercado? — 7. ¿A qué hora ha llegado a la tienda? — 8. ¿Cuánto tiempo hace que Rosario conoce al comerciante? — 9. ¿Cuántas patatas compra Rosario? — 10. ¿A cómo va el kilo de plátanos? — 11. ¿Cómo explica el tendero que los plátanos son más caros que las naranjas? — 12. ¿Por qué no compra Rosario naranjas? — 13. ¿De dónde son las manzanas? — 14. ¿Por qué no compra Rosario una botella de Rioja? — 15. ¿Cuánto cuesta una botella grande de «El Burrito»? — 16. ¿Es «El Burrito» un vino de La Rioja? — 17. ¿Cuánto tiene que pagar Rosario por todo?

3. Transforme las frases empleando el imperativo.

Modelo: Tienes que leer el texto. ⇨ *Lee el texto.*

1. Tienes que hablar más despacio.
2. Tenéis que leer este artículo.
3. Tienes que informar a tus padres.
4. Tenéis que lavaros las manos.
5. Tenéis que darme una oportunidad.
6. Tenéis que llamarlo por teléfono.
7. Tienes que pagar los cafés.
8. Tenéis que explicarme lo que ha dicho.
9. Tienes que decirme la verdad.
10. Tienes que beberte la leche.
11. Tienes que prestarme el libro.
12. Tienes que sacarle el billete.
13. Tienes que leer la novela.
14. Tienes que invitarlo.
15. Tenéis que trabajar más.
16. Tienes que volver mañana.

4. Ordene las palabras.

1. caros — las — Los — más — naranjas. — no — plátanos — que — siempre — son
2. casa — en — examen. — para — porque — prepararse — que — que — quedar — Se — tienen — tienen — un
3. casa. — comprar — de — docena — en — huevos — más — No — porque — quiero — tenemos — todavía — una

4. allí — compra — descuento. — donde — en — hacen — la — le — librería — libros — los — Luis — Mercedes — porque — trabaja

5. Lectura

Lista de precios

Sopa	150 pts.	Vino de la casa	200 pts.
Tortilla	200 pts.	Rioja	350 pts.
Huevos fritos	100 pts.	Cerveza	150 pts.
Filete de ternera*	300 pts.	Agua mineral	90 pts.
Lomo de cerdo*	300 pts.	Kas	130 pts.
Paella (4 personas)	3000 pts.	Café	100 pts.
1 pollo*	350 pts.	Café con leche	130 pts.
1/2 pollo*	200 pts.	Cortado	100 pts.

* con patatas fritas

6. Compare los precios de los vinos.

Emplee los adjetivos «caro» y «barato».

Cariñena	260 pts.
Jumilla	90 pts.
Escorial	130 pts.
Alagón	100 pts.
Somontano	90 pts.
Soriano	110 pts.
Don Mendo	250 pts.

Ejemplo: *El Don Mendo es más barato que el Cariñena.*

7. Haga comparaciones.

1. aprender francés — aprender español — ser fácil
2. Madrid — ser — Toledo — grande
3. París — Los Angeles — ciudad — antiguo/a — ser
4. Juan — Luis — dinero — tener
5. el museo del Prado — el museo del Louvre — famoso — ser
6. el agua mineral — bueno/a — Kas — ser
7. en Madrid — coches — haber — en Huesca
8. en moto — en coche — ir — peligroso — ser
9. clases de informática — aburridas — clases de español — ser

8. Complete las frases.

1. El vendedor me (poner) dos kilos de plátanos. — 2. El kilo de patatas (costar) 80 pesetas. — 3. Los plátanos no me (gustar) mucho. — 4. ¿Cuánto le (deber) [nosotros]? — 5. Aquí (tener) [usted] la vuelta. — 6. [Ellos] no (querer) (hacer) nada. — 7. ¿(Poder) [vosotros] (volver) otro día? — 8. ¿Has (escribir) ya las cartas?

— 9. Ahora [yo] no (tener) tiempo porque (tener) que (salir). — 10. ¿Qué les has (decir)? — 11. ¿A qué hora (irse) [tú]? — 12. [Yo] (ir) a (llegar) con un poco de retraso. — 13. ¿(Ser) ustedes de Barcelona? — 14. ¿A cómo (ir) las manzanas?

9. Complete el diálogo.

Usted es el cliente y quiere comprar dos kilos de manzanas y dos botellas de vino.

Cliente: ...
Vendedor: ¡Buenos días! ¿Qué le pongo?
Cliente: ...
Vendedor: Estas manzanas son muy buenas.
Cliente: ...
Vendedor: El kilo cuesta 120 pesetas. Son pues 240 pesetas. ¿Desea algo más?
Cliente: ...
Vendedor: La botella vale 150 pesetas. ¿Qué más le pongo?
Cliente: ...
Vendedor: Entonces son 540 pesetas.
Cliente: ...
Vendedor: y 460 de vuelta.
Cliente: ...
Vendedor: ¡Adiós! y ¡Gracias, a usted!

10. Transforme las frases según el modelo.

Soria es una ciudad muy fría.
⇨ *Soria es la ciudad más fría de España.*

1. Badajoz es una provincia muy grande.
2. Cataluña y el País Vasco son regiones muy industrializadas.
3. Madrid es una población muy contaminada.
4. La Rioja es una comunidad muy pequeña.
5. El Ebro es un río muy caudaloso [wasserreich].
6. Galicia es una región muy verde.
7. El Tajo es un río muy largo.
8. Andalucía es una zona muy calurosa [heiß].
9. Cádiz es una población muy antigua.
10. Picasso es un pintor muy conocido.
11. Conchita Martínez y Arantxa Sánchez son muy buenas jugadoras de tenis.
12. Burgos no es una ciudad muy grande.
13. Montserrat Caballé es una soprano muy famosa.
14. El AVE es un tren muy rápido.
15. El clima de esta región es muy sano [gesund].
16. Este es un pueblo muy pintoresco.

11. Emplee el superlativo absoluto.

1. La comida ha sido barata.
2. Este pan es bueno.
3. Es un chico guapo [hübsch].
4. Este hotel es caro.
5. Los exámenes han sido difíciles.
6. Estos libros son interesantes.
7. Han sido unas vacaciones aburridas.
8. Es una chica lista [intelligent].
9. En Madrid hay edificios altos.
10. Ha estudiado poco.

12. Dictado preparado

Hipermercados y pequeños comercios

En nuestros días la inauguración de un centro comercial de gran tamaño ya no es una novedad. Grandes hipermercados hacen desaparecer, y no sólo en las grandes ciudades, a no pocos pequeños comercios.

Para el consumidor encontrar en un mismo lugar unos zapatos, cinco kilos de naranjas, un televisor o un CD de Sting ofrece grandes ventajas. También resulta atractivo y cómodo no tener problemas para aparcar el coche, poder comprar después de las ocho de la tarde – hora en la que cierra el comercio tradicional –, el sábado por la tarde o incluso el domingo.

Pero olvidamos, muchas veces, que comprar no es sólo una operación mercantil. El vendedor de fruta de la esquina puede aconsejarnos sobre la fruta que tiene, pues sabe si nos gusta verde o madura. Al mismo tiempo podemos comentar con él el tiempo que hace o las novedades del barrio. Comprar es también una forma de relacionarse socialmente.

Quizá por este motivo existen todavía tantos establecimientos familiares y mercados callejeros en los que comprar es, fundamentalmente, un placer.

13. Sopa de letras

La sopa de letras contiene al menos 16 palabras que tienen que ver con las compras. A ver si son capaces de encontrar 14 en diez minutos.

c	p	r	e	c	i	o	n	c	c	a	f	e	k
l	a	r	a	d	o	o	g	v	a	a	a	a	a
e	g	j	c	m	g	g	u	a	b	p	e	d	s
c	v	o	a	p	a	v	e	n	d	e	d	o	r
u	u	s	r	a	b	d	t	r	o	l	a	t	a
d	e	t	i	n	t	o	u	i	v	d	r	e	g
a	l	v	s	d	o	f	l	r	e	s	a	l	u
s	t	i	i	r	t	h	f	s	o	n	h	e	a
d	a	n	m	p	a	n	v	f	a	h	d	j	a
e	f	o	o	f	r	u	t	a	j	o	a	r	t

Expresiones útiles: De compras

¿Cuándo	abren		los comercios?
¿A qué hora	cierran		las tiendas?
¿Hasta qué hora tienen abierto			los bancos?
¿Están a estas horas		abiertos/as	las farmacias?
¿Están todavía			

¿Puede	ponerme	un kilo	de manzanas?
	darme		de tomates?
		un paquete	de detergente?
			de galletas?
			de arroz?
			de azúcar?
			de leche?
		una lata	de sardinas?
			de tomate?
			de espárragos?
		una botella	de leche?
			de vino?
			de vinagre?
			de aceite?
		una docena	de huevos?
		media docena	

¿Qué precio tienen		las manzanas?
¿A cómo van		las berenjenas?
¿Cuánto	valen	los higos?
	cuestan	los melones?

¿Cuánto	le debo?
	es?
	es por todo?
	tengo que darle?

¿Qué le debo?

Lección doce

12.1. Julio, un trabajador andaluz

La emigración es uno de los problemas más graves que tiene el Sur de España. Debido a la escasez de puestos de trabajo que existe en estas regiones, muchos de sus habitantes buscan ocupación en Cataluña, Madrid, el País Vasco e incluso, aunque actualmente menos, en el extranjero (sobre todo en los países más adelantados de la Unión Europea). Esto les ocasiona no pocos problemas de adaptación que, a veces, no son fáciles de solucionar. Julio, que ya lleva bastantes años en Barcelona, conversa con una periodista.

Periodista: ¿Cómo se llama usted?
Julio: Me llamo Julio Fernández.
Periodista: ¿Es usted andaluz, verdad?
Julio: Sí, ¿Cómo lo sabe?
Periodista: Lo he notado en su acento ¿Cuánto tiempo hace que trabaja usted en Barcelona?
Julio: Hace más de quince años.
Periodista: ¿Va a menudo a su pueblo?
Julio: No, sólo de vez en cuando. El viaje cuesta bastante dinero.
Periodista: ¿Está usted casado?
Julio: Sí, mi mujer es andaluza también. Tenemos tres hijos.
Periodista: ¿Cuántos años tienen?
Julio: El mayor, Carlos, ya tiene 20 años. Ahora hace la mili, en Canarias. Rosario tiene 18 y trabaja en una peluquería. La pequeña, Lurdes, va a cumplir los 13 la próxima semana y este curso termina EGB.
Periodista: Lurdes es pues de Barcelona.
Julio: Sí, eso es.
Periodista: ¿Qué profesión tiene usted?
Julio: Trabajo en la construcción.

Periodista: ¿Qué piensa de esta ciudad? ¿Le gusta?

Julio: Pues, la verdad, no demasiado. Aquí hay trabajo y pagan bien, pero la gente no es como nosotros. Sólo se piensa en trabajar, no se sabe disfrutar de la vida.
Además los catalanes son muy cerrados.

Periodista: ¿Habla usted catalán?

Julio: No, pero lo entiendo un poco.

Periodista: ¿No tiene amigos catalanes?

Julio: ... Mire usted, nosotros vivimos en Santa Coloma. Después de trabajar volvemos al barrio y allí la mayoría somos andaluces o extremeños. Con mis hijas es diferente. Ellas hablan perfectamente el catalán y quieren quedarse en Barcelona. Mi hijo mayor, en cambio, quiere irse. Al regresar de la mili quiere buscar trabajo en Sevilla o Málaga.

Periodista: ¿Por qué no se queda en Barcelona como sus hermanas?

Julio: La ciudad tampoco le gusta.

12.2. Gramática

1. Das Subjuntivo Präsens — *El presente de subjuntivo*

hablar	habl**e**	comer	com**a**	vivir	viv**a**
	habl**es**		com**as**		viv**as**
	habl**e**		com**a**		viv**a**
	habl**emos**		com**amos**		viv**amos**
	habl**éis**		com**áis**		viv**áis**
	habl**en**		com**an**		viv**an**

hacer ⇨ haga — decir ⇨ diga — tener ⇨ tenga
salir ⇨ salga — cerrar ⇨ cierre

Die Formen des Subjuntivo Präsens werden von der 1. Person Singular des Indikativs Präsens abgeleitet.

estar	***dar***	***ser***	***ver***	***ir***	***saber***	***haber*** *(Hilfsverb)*
esté	dé	sea	vea	vaya	sepa	haya
estés	des	seas	veas	vayas	sepas	hayas
esté	dé	sea	vea	vaya	sepa	haya
estemos	demos	seamos	veamos	vayamos	sepamos	hayamos
estéis	deis	seáis	veáis	vayáis	sepáis	hayáis
estén	den	sean	vean	vayan	sepan	hayan

Diese 7 Verben sind die wichtigsten Verben mit eigenen Unregelmäßigkeiten.

2. Die Anwendung des Subjuntivo I — *El empleo del subjuntivo*

Hable usted más despacio.
Vuelvan ustedes mañana.
Pensemos bien los que hacemos.

Die Formen des Subjuntivo werden für die Bildung der Höflichkeitsformen des Imperativs angewandt.

No **hables** tanto.
No **hable** (usted) tanto.
No **hablemos** tanto.
No **habléis** tanto.
No **hablen** (ustedes) tanto.

Für den verneinten Imperativ werden die Formen des Subjuntivo Präsens verwendet.

Quiero *que me acompañes.*
Me pide *que le ayude.*
Os deseamos *que paséis unas buenas vacaciones.*

Der Subjuntivo steht in dass-Sätzen (im Spanischen mit **que** *ohne Komma* eingeleitet), wenn der Hauptsatz keine reine Feststellung beinhaltet, sondern einen **Wunsch**, eine **Bitte**, einen **Befehl** ausdrückt.

Zu diesen Verben gehören unter anderem:

querer [wollen]	desear [wünschen]	pedir [bitten]
decir [sagen, befehlen]	esperar [warten]	mandar [befehlen]
ordenar [befehlen]	recomendar [empfehlen]	permitir [erlauben]
prohibir [verbieten]	exigir [verlangen]	advertir [warnen]

3. *Antes de / después de / al* + Infinitiv

Antes de salir de casa, Luisa desayuna.
Después de trabajar, hacemos las compras.
Al entrar en el autobús, he visto a tu hermano.

antes de / después de / al + Infinitiv dienen zur Verkürzung eines Temporalsatzes.

4. Datumsangabe — *La fecha*

¿A cuántos estamos?
Hoy estamos a 2 de octubre de 1997.
¿Qué día es hoy?
Hoy es el 2 de octubre de 1997.
¿Qué día llegáis?
Llegamos el 23 de diciembre.

Zur Datumsangabe werden die Grundzahlen verwendet.
Im Gegensatz zum Deutschen wird die Jahreszahl wie jede andere Zahl gelesen.

de vor Monat und Jahr

12.3. Ejercicios

1. Ordene los sinónimos.

volver — valer — tomar — tienda (f.) — tendero (m.) — región (f.) — pronunciación (f.) — problema (m.) — pequeña población — nación (f.) — listo/a — junto a — hablar de — hablar — habitar — falta (f.) — estar — entender — disponer de — desear — dar — creer — correctamente — amigo (m.)

acento (m.)	...	cerca de	...	coger	...
comerciante (m.)	...	comercio (m.)	...	compañero (m.)	...
comprender	...	conversar	...	costar	...
dificultad (f.)	...	discutir	...	escasez (f.)	...
país (m.)	...	pasar	...	pensar	...
perfectamente	...	preparado/a	...	pueblo (m.)	...
querer	...	regalar	...	regresar	...
tener	...	vivir	...	zona (f.)	...

2. Preguntas sobre el texto

1. ¿Cuál es uno de los problemas más graves de Andalucía? — 2. ¿Por qué tienen que emigrar muchos andaluces? — 3. ¿Adónde van a trabajar los andaluces que emigran? — 4. ¿Quién es Julio? — 5. ¿Cuánto tiempo lleva en Barcelona? — 6. ¿Por qué no va muchas veces a su pueblo? — 7. ¿Es la mujer de Julio catalana? — 8. ¿Cuántos hijos tiene Julio? — 9. ¿Qué nos dice el texto de sus hijos? — 10. ¿En qué ramo trabaja Julio? — 11. ¿Qué dice Julio de los catalanes? — 12. ¿Dónde vive Julio? — 13. ¿Son sus dos hijas andaluzas? — 14. ¿Qué quiere hacer el hijo de Julio después de la mili? — 15. ¿Por qué tienen las hijas de Julio menos problemas de adaptación que su padre?

3. Complete las frases.

1. [Ellos] (querer) (venir) a Barcelona.
2. [Nosotros] (pensar) en nuestras vacaciones.
3. Julio (entender) un poco el catalán.
4. ¿A qué hora (comenzar) [tú] a trabajar?
5. ¿(Querer) [vosotros] cerrar la puerta?
6. María Pilar nos (venir) a buscar.
7. Juanito y Alberto siempre (llegar) tarde.
8. [Yo] no te (recomendar) este restaurante.
9. ¿(Salir) [vosotros] esta tarde?
10. Juanita (sentarse) al lado de José.
11. [Ellos] no (pensar) (volver) antes del lunes.
12. ¿(Querer) [vosotros] (venir) con nosotros?
13. Cuando [él] (entrar) en la habitación, (encender) la luz.
14. Luis (perder) todo lo que le (dejar).

4. Forme preguntas a las que pueden corresponder las siguientes respuestas.

1. Julio vive en Santa Coloma. — 2. Me llamo Roberto. — 3. La falta de trabajo les ocasiona graves problemas. — 4. Esta chica trabaja de peluquera. — 5. Lurdes va a cumplir trece años. — 6. La capital de Costa Rica es San José. — 7. Su hermana se llama Sara. — 8. Sus hermanas quieren quedarse en Cataluña. — 9. Luis quiere buscar trabajo en Sevilla. — 10. Las manzanas son de Lérida. — 11. Manuel tiene que estar en la estación a las cuatro y cuarto. — 12. Mi padre es ingeniero. — 13. Han comprado el libro en la librería de la esquina. — 14. En la mesa hay cinco platos [Teller]. — 15. Julio lleva quince años en Cataluña. — 16. Rosario prepara el desayuno. — 17. El supermercado cierra a las ocho y cuarto.

5. Transforme las frases según el modelo.

Salgo del autobús. Veo a Luis.
⇨ *Al salir del autobús, veo a Luis.*
⇨ *Cuando salgo del autobús, veo a Luis.*

1. Entra. Cierra la puerta.
2. Hablo con Ana. Pierdo la paciencia.
3. Compro los periódicos. Veo a Juan Antonio.
4. He salido del autobús. He encontrado a Mario y a Marilú.
5. He repasado los apuntes. He visto una falta.
6. Hemos salido de casa. Hemos encontrado a tu hermano.
7. Hemos cambiado de tren. Hemos olvidado una maleta.
8. Ha vuelto. No ha encontrado la llave [Schlüssel].
9. Comenzamos. Tenemos dificultades [Schwierigkeiten].

6. Describa el horario de Elena.

7.00	[levantarse]
7.30	[desayunar]
8.30-13.30	[clases en la universidad]
13.30	[ir al restaurante]
14.00	[acabar de comer]
16.00	[ir a la biblioteca]
19.00	[pasearse por la ciudad]
20.00	[escuchar (hören) música]
21.00	[cenar]
21.30	[ordenar y repasar los apuntes]
23.00	[ver las noticias en la televisión]
23.30	[acostarse]

acuesta

7. Pregunte a sus compañeros.

A: — ¿A ver si sabes cuándo es mi cumpleaños?
B: — Vamos a ver. ¿En agosto?
A: — No, mucho antes.
B: — ¿En enero?
A: — Más tarde
B: — ¿En marzo?
A: — Un poco antes.
B: — ¿En febrero?
A: — Exacto. ¿Y qué día?
B: — ¿El 26?
A: — No, antes.
...

8. ¿Muy/mucho?

1. La nariz [Nase] del camarero es ... larga. muy
2. El señor Gómez ha comido ... . mucho
3. El camarero le ha servido ... bien. muy
4. El señor Gómez ha bebido ... vino. mucho
5. El señor Gómez come ... a menudo en el restaurante. muy
6. El camarero no es ... alto. muy
7. En la mesa hay ... platos. muchos
8. El importe de la cuenta es ... elevado. muy
9. El señor Gómez siempre tiene ... apetito. mucho
10. No hay ... botellas de vino vacías. muchas

9. Forme frases siguiendo los modelos.

a) *Tengo un bolígrafo*
⇨ *¿Necesitas un bolígrafo?*
⇨ *Toma el mío.*

1. Tenemos los libros.
¿Necesita usted los libros?
...

2. Tengo las llaves.
¿Necesitáis las llaves?
...

3. Tengo un casete.
¿Necesita usted un casete?
...

b) *Tienes una bicicleta*
⇨ *Necesito una bicicleta.*
⇨ *Préstamela.*

1. Tenéis un mapa.
Necesitamos un mapa.
...

2. Usted tiene un diccionario de inglés.
Necesito el diccionario.
...

3. Tenéis dos guitarras.
Necesitamos dos guitarras.
...

4. Tengo sellos [Briefmarken].
¿Necesitan ustedes sellos?
...

5. Tenemos una mesa.
¿Necesitas una mesa?
...

4. Ustedes tienen una cámara fotográfica.
Necesito una cámara fotográfica.
...

5. Tienes un paraguas.
Necesito un paraguas.
...

10. Transforme las frases empleando el imperativo.

Tienes que aprender catalán. ⇨ *Aprende catalán.*

1. Tienes que quedarte en Barcelona.
2. Tenéis que llamarme por teléfono.
3. Usted no tiene que hablar tanto.
4. Tienes que venir con nosotros.
5. Ustedes tienen que salir antes de las siete.
6. No tienes que hablar tan deprisa [schnell].
7. Tenéis que prestarnos el coche.
8. Se lo tienes que preguntar.
9. Tienes que reservar el billete.
10. Usted tiene que pagar las entradas.
11. Tenéis que traerme los libros.
12. Usted tiene que decir la verdad.
13. Tienes que saludar a estos señores.
14. Ustedes tienen que invitarlos a cenar.
15. Le tenéis que comprar el regalo.
16. Tienes que hacer todos los deberes.

11. Redacción

Andalucía — escasez — emigrar — adaptación — Julio — periodista — andaluz — Barcelona — notar — quince años — tres hijos — mujer — mili — construcción — pensar en trabajar — cerrados — hijas — catalanas — quedarse en Barcelona — Santa Coloma

12. Galgenmännchen (substantivos y verbos)

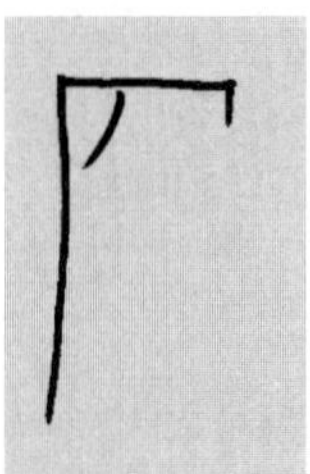

1. B _ _ _ _ _ _ _ _
2. o _ _ _ _ o _ _ _
3. t _ _ _ _ _ _
4. m _ _ _ _
5. i _ _ _ _ _ _ _ i _ _ _ _ _ _
6. e _ _ _ _ e _
7. m _ _ _ _ _
8. D _ _ _ _ _ _ _
9. v _ _ _ _ _ _ _ _
10. r _ _ r _ _ _ r
11. P _ _ _ _ _ _
12. r _ _ r _ _ _ r _ _
13. r _ _ _
14. c _ _ _ _ _ _
15. p _ _ _ _ _
16. c _ _ _ _ _ _ _ _

12.4. Una carta de Lima

Lima, 20 de julio de 1997

Estimado Klaus:

Hola, ¿cómo estás? Espero que estés muy bien.
Muchas gracias por tu carta.
Esta es la primera vez que yo escribo a alguien de Alemania. Deseo que no sea la última. Ojalá que pueda conocerte pronto.
Como no me conoces, quiero que sepas que mi nombre completo es Susana Rosas Lapuente. Vivo en Lima, tengo 17 años y soy estudiante del Colegio Ayacucho. El próximo año es mi último año en el colegio. Todavía no sé qué carrera voy a estudiar. Siempre he sido un poco perezosa para estudiar y a veces he pensado en ponerme a trabajar en lugar de continuar estudiando. Mis padres siempre me dicen que ellos desean que vaya a la universidad y que estudie lo que más me guste.
De mi familia te cuento que tengo un hermano de 14 años. Se llama Luis Manuel y va al mismo colegio que yo. Luis Manuel me toma el pelo, pero es muy simpático. Tengo también una hermana que es mayor que yo. Se llama Elcha. Ya tiene 23 años y estudia cuarto de medicina en la Universidad de San Marcos, aquí en Lima.
Bueno, ojalá que me respondas pronto. En tu carta me preguntas por la profesión de mis padres. Mi padre es profesor de inglés en un instituto de enseñanza media de Lima y mi madre trabaja en un jardín de infancia que está muy cerca de nuestra casa.
Por favor, mándame en la próxima carta una foto de tu familia y cuéntame algo de ella. Yo te adjunto una de la mía y una postal del Parque zoológico de Lima.

Hasta la próxima
Susana

1. Complete las frases empleando el subjuntivo.

1. Mi madre no quiere que [nosotros] (salir) esta tarde.
2. Espero que [tú] no me (volver) a decir que no tienes tiempo.
3. Susana pide a Klaus que le (enviar) una foto de su familia.
4. Deseamos que [tú] nos (acompañar).
5. Susana espera que Klaus (estar) bien.
6. No quiero que [tú] (trabajar) demasiado.
7. Me pide que [yo] (ir) a la estación, que (pasar) por un bar y que le (comprar) un bocadillo de jamón.

8. El profesor quiere que [nosotros] (estudiar) los vocablos [Vokabel] y (responder) las preguntas por escrito.
9. Te pido que [tú] me (decir) toda la verdad.
10. Dice que [nosotros] (cerrar) la puerta y (abrir) la ventana [Fenster].
11. Espero que [vosotros] (venir) puntualmente.
12. No quiere que [nosotros] (pagar) las cervezas.
13. Te deseamos que [tener] un buen viaje y que (llegar) bien a tu casa.
14. No quiero que [tú] me lo (repitas) tantas veces.
15. Me exige que le (devolver) el dinero antes del lunes.

2. Preguntas sobre el texto

1. ¿Dónde vive Susana? — 2. ¿A quién escribe Susana? — 3. ¿Es Klaus peruano? — 4. ¿Cuál es el nombre completo de Susana? — 5. ¿Cuántos años tiene? — 6. ¿En qué colegio estudia? — 7. ¿Tiene que ir todavía mucho tiempo al colegio? — 8. ¿Qué carrera quiere estudiar al acabar la escuela? — 9. ¿Es Susana hija única? — 10. ¿Cómo se llaman sus hermanos? — 11. ¿Qué hace su hermana? — 12. ¿Qué edad tienen los hermanos de Susana? — 13. ¿Qué manda Susana a Klaus en la carta? — 14. ¿Qué pide Susana a Klaus? — 15. ¿Qué leemos en esta carta de los padres de Susana?

Expresiones útiles: Correspondencia

Juan,	
Querido Juan,	
Estimado	señor López,
Apreciado	
Muy Sr. mío,	
Muy Sres. míos,	
Muy Sres. nuestros,	

Hemos recibido tu	grata/o	carta
Acabo de recibir tu	amable	
En contestación a su	carta	
Con referencia a su	pedido	
Acusamos recibo de su	demanda	
	escrito	

Por la presente le comunicamos a usted		que ...
Nos es grato	notificarle	
Nos complacemos en	participarle	

Lamentamos	de veras	no poder...
Sentimos	mucho	tenerle que comunicar...
Deploramos		
Desgraciadamente	no nos es posible ...	
Desafortunadamente	no podemos ...	
Infelizmente		

Esperando	que no tardes mucho en responderme		
	su	pronta	respuesta
		presta	

Un abrazo
Un cordial saludo
Cordialmente
Atentamente
Con un saludo atento
Aprovechamos esta oportunidad para saludarle atentamente
Esperando haberle complacido
Le saluda atentamente

Lección trece

13.1. Elena tiene visita

Elena es madrileña pero vive en Sevilla desde su infancia. Trabaja en un banco que dirige su padre y ha alquilado hace tres meses un apartamento en una zona muy céntrica de la capital de Andalucía. Hoy es sábado y ha podido dormir hasta las nueve y media. Son las once menos cuarto. Ya ha desayunado y está sentada en un sofá leyendo el periódico en la sala de estar. Suena el timbre. Elena se levanta del sofá y va a abrir la puerta. Es Jacinto, un buen amigo de Elena. Jacinto ha trabajado hasta finales de año con Elena y ahora dirige una filial en Cádiz.

La Giralda de Sevilla

Jacinto: ¡Hola Elena!
Elena: ¡Hola, Jacinto! ¡Vaya sorpresa! ¿Qué estás haciendo en Sevilla?
Jacinto: Estoy sólo de paso. Voy a Madrid. He salido esta mañana de Cádiz y al llegar aquí, a Sevilla, me he dado cuenta de que el coche no funciona bien. Ahora están reparándolo en un taller y aprovecho esta oportunidad para visitarte.
Elena: ¡Qué bien! Podemos almorzar juntos.
Jacinto: De acuerdo.

Jacinto deja la chaqueta en el recibidor y pasa a la sala de estar.

Jacinto: Mira, te he traído un CD de Paco de Lucía.
Elena: Fantástico. Precisamente durante casi toda la mañana he estado oyendo música de él por la radio.
Jacinto: ¿Te gusta?
Elena: Sí, muchísimo. Paco de Lucía es un gran músico.
Jacinto: ¿Dónde tienes el lector de CD?

Elena: En el comedor, encima del vídeo. Dame el CD, voy a ponerlo yo misma.

Elena pone a calentar algo precocinado en el microondas y prepara la mesa. Mientras comen se cuentan las últimas novedades; hace ya casi medio año que no se han visto.

Elena: Vas a tomar un café ¿verdad?
Jacinto: Sí, y una copita de coñac también.
Elena: ¿Te pones azúcar en el café?
Jacinto: Sí, un poco.
Elena: ¿Cuándo vuelves de Madrid?
Jacinto: Exactamente no lo sé todavía. Posiblemente el martes. Mañana voy a pasar el día con mi hermano y el lunes tengo que tomar parte en una reunión en la Central de nuestro banco.

Jacinto se levanta y mira por la ventana.

Jacinto: Vives en una calle muy bonita y además es céntrica.
Elena: Sí, estoy muy satisfecha. La Giralda está solamente a diez minutos de aquí.
Jacinto: Bueno, Elena, me voy. Se está haciendo tarde. Tengo que pasar por el taller para recoger el coche y tengo más de seis horas hasta Madrid.
Elena: Te deseo un buen viaje.
Jacinto: Gracias. ¡Hasta la próxima!
Elena: ¡Hasta la próxima!

13.2. Gramática

1. Das Gerundium — *El gerundio*

habl**ar**	⇨	habl**ando**	*Verben auf -**ar** bilden das Gerundium auf -**ando**.*
com**er**	⇨	com**iendo**	*Verben auf -**er** und -**ir** bilden es auf -**iendo**.*
viv**ir**	⇨	viv**iendo**	

Verben mit unregelmäßigem Gerundium

***a)* I *zwischen Vokalen wird zu* y**

construir	⇨	construyendo
leer	⇨	leyendo
oír	⇨	oyendo
caer	⇨	cayendo
ir	⇨	yendo

***b) Verbstamm* e *wird zu* i *bzw.* o *zu* u**

d**e**cir	⇨	d**i**ciendo	d**o**rmir	⇨	d**u**rmiendo
m**e**dir	⇨	m**i**diendo	m**o**rir	⇨	m**u**riendo
p**e**dir	⇨	p**i**diendo	p**o**der	⇨	p**u**diendo
r**e**ír	⇨	r**i**endo			
r**e**petir	⇨	rep**i**tiendo			
s**e**guir	⇨	s**i**guiendo			
s**e**ntir	⇨	s**i**ntiendo			
s**e**rvir	⇨	s**i**rviendo			
v**e**nir	⇨	v**i**niendo			

2. Gebrauch des Gerundiums I

Empleo del gerundio

Elena **está leyendo** el periódico.
El tren **está llegando**.
Están reparando el coche en el taller.
Están reparándolo en el taller.

Estar + Gerundium drückt eine sich gerade vollziehende Handlung aus. Die Objektpronomina stehen entweder vor der konjugierten Form der Verben oder nach dem Gerundium.

3. Kurzformen des Adjektivs

Apocopación del adjetivo

Elena vive en un **tercer** piso.
Paco de Lucía es un **gran** guitarrista.
Jacinto es un **buen** amigo de Elena.
Hoy hemos tenido un **mal** día.

malo	⇨	mal
bueno	⇨	buen
primero	⇨	primer
tercero	⇨	tercer
alguno	⇨	algún
ninguno	⇨	ningún
grande	⇨	gran

Diese Adjektive verlieren vor einem männlichen Substantiv das **-o**; grande (m. und w.) verliert die Silbe **-de**, wenn es vor einem Substantiv steht.

4. *Mientras* und *durante*

Mientras mi madre **prepara** la cena, mi padre ve la televisión. — *mientras (Konj.) + Verb*

Durante las vacaciones sólo he hablado español. — *durante (Präp.) + Substantiv*

5. *dirigir* und *seguir*

	Präs.Ind.	*Präs.Subj.*		*Präs.Ind.*	*Präs.Subj.*
dirigir	dirijo	dirija	seguir*	sigo	siga
	diriges	dirijas		sigues	sigas
	dirige	dirija		sigue	siga
	dirigimos	dirijamos		seguimos	sigamos
	dirigís	dirijáis		seguís	sigáis
	dirigen	dirijan		siguen	sigan

* Wie **seguir** werden unter anderem **conseguir** [erreichen] und **perseguir** [verfolgen] konjugiert.

13.3. Ejercicios

1. Preguntas sobre el texto

1. ¿En qué ciudad trabaja Elena? — 2. ¿Qué profesión tiene su padre? — 3. ¿Vive Elena en casa de sus padres? — 4. ¿Cuánto tiempo hace que vive en el apartamento? — 5. ¿Es Elena sevillana? — 6. ¿Por qué ha podido dormir hoy Elena hasta las nueve y media? — 7. ¿Qué está haciendo ahora Elena? — 8. ¿Por qué tiene que levantarse del sofá? — 9. ¿Quién va a visitar a Elena? — 10. ¿Dónde trabaja ahora Jacinto? — 11. ¿Dónde está Cádiz? — 12. ¿Es Cádiz la capital de Andalucía? — 13. ¿Por qué se conocen Jacinto y Elena? — 14. ¿Por qué ha parado Jacinto en Sevilla? — 15. ¿Qué ha comprado Jacinto para Elena? — 16. ¿Cuánto tiempo hace que no se han visto? — 17. ¿Por qué no va Jacinto a comer a un restaurante? — 18. ¿De qué hablan durante la comida? — 19. ¿Qué se toma Jacinto después de comer? — 20. ¿Qué tiene que hacer Jacinto en Madrid? — 21. ¿Cuándo piensa Jacinto volver de Madrid? — 22. ¿Dónde está el piso de Elena? — 23. ¿Qué tiene que hacer Jacinto todavía en Sevilla? — 24. ¿Cuántas horas de viaje tiene Jacinto de Sevilla a Madrid?

2. Transforme las frases según el modelo siguiente.

Juanita lava su ropa. ⇨ *Juanita está lavando su ropa.*

1. La familia Gómez cena. — 2. Elena escucha un CD de Paco de Lucía. — 3. Elena y Jacinto hablan de Sevilla. — 4. Reparan el coche. — 5. ¿Qué haces? — 6. El tren sale. — 7. Se hace tarde. — 8. ¿A quién esperáis? — 9. He comprado unos libros. — 10. Preparan los exámenes. — 11. Esperamos respuesta. — 12. Hemos celebrado su cumpleaños. — 13. Sus hermanos estudian en la Universidad de Zaragoza. — 14. Pasan unos días en el Balneario de Panticosa. — 15. Lee el periódico. — 16. Estudiamos español. — 17. Oímos la radio. — 18. Han pasado las vacaciones en Italia. — 19. El microondas aún funciona. — 20. El ordenador instala el nuevo programa.

3. Responda a las preguntas empleando «estar + gerundio» y reemplazando las palabras subrayadas por un pronombre.

1. ¿Habéis terminado la traducción?
   No, ...
2. ¿Se ducha alguien ahora?
   Sí, Pablito ...
3. ¿Has leído ya esta novela?
   No, ...
4. ¿Ha informado Luis a sus amigos?
   No, ...
5. ¿Se levanta Manuel de la cama?
   Sí, ...
6. ¿Le han dicho lo del accidente?
   No, ...
7. ¿Se ha tomado el niño la leche?
   No, ...
8. ¿Ya ha llegado el tren?
   No, ...
9. ¿Has escrito la carta a tus padres?
   Ahora, ...
10. ¿Han reparado ya el coche?
    Ahora, ...reparandolo

4. ¿Mientras o durante?

1. ... hago los deberes, escucho la radio.
2. ... la comida, han hablado de Sevilla.
3. ¿Qué haces ... todo el día?
4. ... come, no le gusta hablar.
5. ... cenan no miran la televisión.
6. ... las vacaciones no leemos ni una letra.
7. Voy a comprar unas cosas ... te duchas.
8. He escrito dos cartas ... mi tiempo libre.
9. ... preparáis las maletas, voy a buscar algo para beber.
10. ... todo el año sólo ha venido dos veces a verme.

5. Ponga un poco de orden.

1. Banco — del — director — donde — el — Elena — ella — en — es — padre — que — Sevilla. — Su — trabaja. — vive
2. a — a — al — bien — coche — de que — funciona — Jacinto — lo — llegar — lleva — no — se da cuenta — Sevilla — su — taller. — un — y
3. a — año — aprovecha — casi — con — Elena — ella. — ha — hablado — hace — Jacinto — la — medio — no — oportunidad — para — porque — que — visitar — ya

6. Escriba los adjetivos en la forma conveniente.

1. Roberto es un (bueno) amigo de Carlos y vive en un (pequeño) pueblo de la provincia de Cuenca. — 2. La calle donde vivimos es una calle muy (céntrico), pero en ella no hay casi (ningún) tienda. — 3. El verano es una (bueno) época para hacer (interesante) excursiones. — 4. Cuando hace (malo) tiempo nos quedamos en casa. — 5. Ha sido una (buena) oportunidad para hacerte una (breve) visita. — 6. Su tía es una (grande) escritora. Sus obras son (conocidísimo). — 7. Su hermano vive en el (primero) piso del edificio que está frente al hospital. — 8. Estas manzanas no son (bueno), todavía están muy (verde). — 9. (Grande) parte de la población de México vive en las (grande) ciudades. — 10.Me han regalado un (bueno) CD de un pianista muy (conocido).

7. Ponga las frases en el pasado.

1. Elena vive desde su infancia en Sevilla. — 2. Desayuna a las nueve y oye música hasta las once. — 3. Se levanta del sillón y abre la puerta. — 4. Jacinto deja su coche en el taller y va a ver a su amiga Elena. — 5. Le trae un CD de Paco de Lucía. — 6. Elena prepara la comida y pone la mesa. — 7. Jacinto va a pasar dos días en Madrid. — 8. Se va a las cuatro de la tarde. — 9. No tiene que coger el autobús. — 10. Llega a Madrid antes de las once de la noche.

8. Redacción

Exponga en unas ocho líneas lo que el texto nos dice de Jacinto.

13.4. Andalucía

Andalucía, que por su extensión es la Comunidad Autónoma mayor de España, se encuentra en el Sur de la Península Ibérica.

Andalucía es una región eminentemente rural. En gran parte de Andalucía la tierra es pobre y llueve poco, además la propiedad agrícola está muy mal repartida. Existen grandes fincas, llamadas latifundios, que pertenecen a un solo dueño. Por eso, la mayoría de los campesinos andaluces son simples obreros que trabajan en los campos de los señores latifundistas. Muchos obreros andaluces no tienen trabajo fijo: solamente tienen trabajo en determinadas épocas del año. El turismo, sobre todo en la Costa del Sol (Málaga), da trabajo a muchos andaluces durante los meses de verano.

Esta situación laboral del obrero andaluz, unida a la creciente mecanización del campo y al monocultivo del olivo en algunas zonas como Jaén ha sido la causa de una fuerte emigración. En los últimos cuarenta años Andalucía se ha convertido en el principal foco de emigración de España. A partir de los años sesenta la emigración andaluza no se ha limitado a Madrid y a las regiones industriales del Norte de España (Cataluña y País Vasco), sino que ha ampliado su radio de acción hasta diversos países de Europa – Francia, Alemania, Suiza y Bélgica.

Actualmente el número de personas que emigran ha disminuido. Muchísimos andaluces se han quedado definitivamente en Madrid y en el norte de España, pero también son numerosos los que vuelven de una Europa a la que no han querido o no han podido adaptarse.

Superficie: 87.000 km^2
Población: 7.000.000 hab.
Densidad: 78 hab./ km^2

En Andalucía hay una gran riqueza y variedad de monumentos de todas las épocas, pero tienen especial interés los de origen musulmán, como la Mezquita de Córdoba, la Alhambra de Granada y la Giralda de Sevilla.

1. Escriba y traduzca los substantivos que corresponden a los siguientes verbos.

adaptarse	ampliar	aumentar	buscar	causar
contratar	crecer	cultivar	dificultar	disminuir
emigrar	esforzarse	existir	huir	limitar
llover	mecanizar	permanecer	pertenecer	producir
repartir	salir	soñar	volver	interesar

2. Preguntas sobre el texto

1. ¿Dónde está Andalucía? — 2. ¿Cuál es la capital de la Comunidad Autónoma de Andalucía? — 3. ¿Conoce usted otras ciudades andaluzas? — 4. ¿Hay en Andalucía mucha industria? — 5. ¿De qué viven principalmente los andaluces? — 6. ¿Por qué no producen mucho las tierras andaluzas? — 7. ¿Qué es un latifundio? — 8. ¿En qué sectores trabajan sobre todo los andaluces? — 9. ¿Por qué no tienen numerosos trabajadores andaluces un lugar de trabajo fijo? — 10. ¿En qué provincia está la Costa del Sol? — 11. ¿Qué dificultades lleva consigo la industria turística para muchas de las personas que trabajan en los hoteles? — 12. ¿Qué se cultiva principalmente en Jaén? — 13. ¿Qué consecuencias tiene la mecanización agrícola para los andaluces que trabajan en el campo? — 14. ¿A qué regiones españolas emigran los habitantes de Andalucía? — 15. ¿Por qué emigran a estas regiones? — 16. ¿Emigran los andaluces solamente a Madrid y al Norte de España? — 17. ¿Por qué no se quedan muchos andaluces en los países centroeuropeos?

3. Poesía

Andaluces de Jaén (Miguel Hernández)

Andaluces de Jaén.
Aceituneros altivos,
decidme en el alma, ¿Quién,
quién levantó los olivos?
Andaluces de Jaén.
Andaluces de Jaén.

No los levantó la nada,
ni el dinero, ni el señor,
sino la tierra callada,
el trabajo y el sudor.

Unidos al agua pura
y a los planetas unidos
los tres dieron la hermosura
de los troncos retorcidos.
Andaluces de Jaén.

Andaluces de Jaén.
Aceituneros altivos,
decidme en el alma, ¿De quién,
de quién son esos olivos?
Andaluces de Jaén.
Andaluces de Jaén.

Cuántos siglos de aceituna,
los pies y las manos presos,
sol a sol, luna a luna,
pesan sobre vuestros huesos.

Jaén, levántate brava
sobre tus piedras lunares,
no vayas a ser esclava
con todos tus olivares.
Andaluces de Jaén.

Expresiones útiles: Andaluces

Emigración estacional. Andaluces en la época de las vendimias

muchos	andaluces	tienen que
numerosos	habitantes de Andalucía	deben
no pocos		se ven obligados a
gran cantidad de		

abandonar	sus tierras
dejar	sus pueblos
	su región
	sus familias
	las zonas rurales

la injusta repartición de la tierra	es una de las causas por las que
la falta de trabajo fijo	es el motivo por el cual
la mecanización de la agricultura	es la razón por la que

muchos	habitantes	buscan trabajo en	Madrid
	jóvenes	se van a	el País Vasco
	obreros	se trasladan a	Cataluña
	trabajadores		el extranjero

en Centroeuropa	se adaptan fácilmente	ya que ...
en el norte de España	tienen dificultades de adaptación	porque ...
en la capital de la nación	tienen problemas	dado que ...

Lección catorce

14.1. ¿Vamos al concierto?

Felipe está leyendo el periódico en su habitación. Tiene puesto el compacto. Ricardo, un amigo suyo, entra en la habitación.

Ricardo: ¿Qué estás oyendo?
Felipe: «El sombrero de tres picos»
Ricardo: ¿Es una composición de Falla, verdad?
Felipe: Sí. ¿Conoces la música de Falla?
Ricardo: No demasiado. De él sólo conozco «El amor brujo».
Felipe: Es quizá su obra más conocida.
Ricardo: A mí, me gusta más Albéniz o Granados. Los dos han compuesto sobre todo para piano.
Felipe: Sí. Falla, en cambio, para orquesta. Por cierto. ¿Sabes que mañana tocará la pianista Alicia de Larrocha en el Ateneo?
Ricardo: Sí. Lo he leído esta mañana en el periódico. He leído que interpretará obras de Granados.
Felipe: ¿Piensas ir al concierto?
Ricardo: ¡Naturalmente! Una cosa así no me la pierdo nunca. Alicia es una de las mejores intérpretes de Granados. Mañana iré a buscar las entradas.
Felipe: Precisamente hoy tengo que ir a buscar unos libros a casa de Marcos, un compañero de estudios. Tú ya lo conoces. Marcos vive cerca del Ateneo. Si quieres puedo sacar una entrada para ti. Tengo que comprarla también para mí. Es mejor adquirirlas hoy. Ya sabes que cuando toca Alicia las entradas se agotan rápidamente.
Ricardo: Te lo agradezco mucho pero no es necesario. He reservado la mía y la de mi hermana esta mañana por teléfono.
Felipe: ¿Quiere ir tu hermana Antonia también al concierto?
Ricardo: Sí. Ya te he dicho que también he reservado una entrada para ella. ¿Cogerás tu coche para ir al Ateneo?
Felipe: Sí. A esas horas de la tarde la gente vuelve a casa y el metro está muy lleno.
Ricardo: En este caso Antonia y yo iremos contigo. ¿A qué hora podremos pasar por aquí?
Felipe: A las siete. ¿Te parece bien?
Ricardo: De acuerdo. A las siete estaremos aquí.

14.2. Gramática

1. Das Futur I — *El futuro simple*

a) Regelmäßige Bildung

hablar	hablar**é**	comer	comer**é**	vivir	vivir**é**
	hablar**ás**		comer**ás**		vivir**ás**
	hablar**á**		comer**á**		vivir**á**
	hablar**emos**		comer**emos**		vivir**emos**
	hablar**éis**		comer**éis**		vivir**éis**
	hablar**án**		comer**án**		vivir**án**

Regelmäßige Verben bilden das Futur mit dem Infinitv + Endungen.
Alle Verben haben dieselben Endungen.

b) Unregelmäßige Bildung

decir	⇨	*diré*	haber	⇨	*habré*	poner	⇨	*pondré*
hacer	⇨	*haré*	caber	⇨	*cabré*	tener	⇨	*tendré*
			poder	⇨	*podré*	venir	⇨	*vendré*
			saber	⇨	*sabré*	salir	⇨	*saldré*
			querer	⇨	*querré*			

2. Personalpronomen nach Präpositionen — *Formas tónicas*

Han preguntado por	*mí*
	ti
	él/ella/usted
	nosotros/as
	vosotros/as
	ellos/ellas/ustedes

Roberto quiere hablar **contigo**.
¿Quieres salir **conmigo**?
Roberto no está contento **consigo** mismo.
¿Por qué no hablas **con él**?
Podrías cenar con **nosotros**.

Entre tú y yo **no** ha habido nunca problemas.

Mit der Präposition con entstehen drei besondere Formen: **conmigo**, **contigo**, **consigo**.

Nach der Präposition **entre** wird die Nominativform angewandt.

14.3. Ejercicios

1. Preguntas sobre el texto

1. ¿Dónde está Felipe? — 2. ¿Qué hace en su habitación? — 3. ¿Quién entra en su habitación? — 4. ¿Quién es Ricardo? — 5. ¿Qué música está oyendo Felipe? — 6. ¿De quién es «El sombrero de tres picos»? — 7. ¿Conoce Ricardo la música de Falla? — 8. ¿Ha compuesto Falla muchas obras para piano? — 9. ¿Quién es Alicia de Larrocha? — 10. ¿Dónde dará Alicia de Larrocha mañana un concierto? — 11. ¿Cuándo quiere Ricardo sacar las entradas para el concierto? — 12. ¿Quién es Marcos? — 13. ¿Dónde vive Marcos? — 14. ¿Por qué quiere Felipe comprar ya hoy las entradas? — 15. ¿Quién es Antonia? — 16. ¿Cogerá Felipe el metro para ir al concierto? — 17. ¿Cómo quieren ir Ricardo y Antonia al Ateneo? — 18. ¿A qué hora quieren salir mañana de casa de Felipe?

2. Ponga las frases en futuro.

1. Compro el periódico. — 2. Cenamos a las diez. — 3. ¿Coges las flores? — 4. Pienso en ti. — 5. ¿Sacas las entradas para nosotros? — 6. Voy a ver a un amigo mío. — 7. Antonia y Pablo no van al concierto. — 8. ¿Cuándo volvéis? — 9. Tienes que preguntarle por la dirección. — 10. ¿Puede usted acompañarnos? — 11. Ellos van conmigo. — 12. Se llevan la cámara. — 13. Este concierto no me lo pierdo. — 14. Las entradas se agotan rápidamente. — 15. No quieren salir con vosotros. — 16. Salimos antes de cenar. — 17. Hago los deberes después de comer. — 18. Hay que trabajar más. — 19. ¿Puedes venir con nosotros? — 20. La población urbana aumenta constantemente. — 21. Salen mañana, se quedan dos días en Barcelona y vuelven el viernes por la tarde.

3. ¿Ser o estar?

Bruno pasa por casa de Anke

Bruno: ¡Hola!
Anke: ¡Hola! ¿Cómo ... ?
Bruno: Bien. ¿Qué haces?
Anke: ... preparando la clase de español. ... repasando un texto para aprender el empleo de «ser» y «estar». ... un texto bastante difícil. Yo ... un poco preocupada porque no lo entiendo bien.
Bruno: ... importante dominar bien el empleo de estos verbos. Pero yo no ... aquí para hablar de esto. He pensado que podemos ir a tomar unas copas. ... más interesante.
Anke: ... de acuerdo. Ya ... harta [satt] de romperme la cabeza con estos verbos. Además ahora ya ... demasiado tarde para repasar el empleo de verbos. Ya ... más de las ocho. Podemos ir al «Apex».
Bruno Yo ... totalmente de acuerdo. ¿Vamos en tu coche?

Anke: No. No ... posible. El coche ... en el taller. ... averiado. Podemos ir a pie. El local no ... muy lejos.

Bruno: ¿El Apex? Seguramente que ... Felipe.

Anke: ¿Felipe? ¿Quién ... Felipe?

Bruno ... un amigo mío. Felipe ... peruano y ... estudiando filología románica en la universidad. Con él podrás hablar de tus problemas sobre el «ser» y el «estar».

Anke: De acuerdo. ... una buena idea. Aprender español de esta manera ... más agradable que romperse la cabeza con los libros.

Bruno: Y con un poco de líquido [Flüssigkeit] ... incluso más fácil. ¿... lista?

Anke: ¡Vamos!

4. Transforme las frases según el modelo.

Me acuerdo de Montserrat. ⇨ *Me acuerdo de ella.*

1. Juan me ha traído un CD. El CD es para ... .
2. Andrés y yo hemos venido juntos. Andrés ha venido ... .
3. Pienso mucho en Ana y Pablito. Pienso mucho ... .
4. Te he comprado un regalo. Es un regalo [Geschenk] ... .
5. Os hemos sacado las entradas. Hemos sacado las entradas ... .
6. Mis padres no me entienden. Están siempre contra [gegen] ... .
7. ¿Vas al cine? Puedo ir ... .
8. El libro es para Ricardo. No es ... .
9. Les sacaré las entradas. Sacaré las entradas ... .
10. Ha venido tu amigo Roberto. Ha preguntado ... .
11. Juan nos ha traído un buen diccionario. El diccionario es ... .
12. Llama por teléfono a tu hermana. Quiere hablar ... .
13. No llamamos a Ricardo. El no quiere salir ... .
14. Si no llegas a tiempo saldremos ... .

5. Ordene los sinónimos.

adquirir — al lado de — amigo — complicado/a — conocer bien — contento/a — dar las gracias — desear — diario — distribuir — estudiar — famoso/a — gustar — interpretar — ir con — obra — ocupado/a — palabra — principalmente — quedarse — responder — solamente — uso — zona

acompañar	...	agradar	...	agradecer	...
aprender	...	cerca	...	compañero	...
composición	...	comprar	...	conocido/a	...
contestar	...	difícil	...	dominar	...
empleo	...	lleno/a	...	periódico	...
permanecer	...	querer	...	región	...
repartir	...	satisfecho/a	...	sobre todo	...
tocar	...	únicamente	...	vocablo	...

6. Traducción

1. Hier habe ich meine Fotos. Ich werde sie euch morgen zeigen. — 2. Sie haben von dir gesprochen. — 3. Kannst du nicht auf mich warten? — 4. Das ist nicht für dich, das ist für mich. — 5. Wo ist das Geld? – Du hast es ihm gegeben. — 6. Ich muss mit dir reden. — 7. Ich werde es dir morgen erklären. — 8. Warum trinkst du nicht ein Glas mit mir? — 9. Er erklärt es ihr nicht. — 10. Kennst du diese Geschichte? – Ja, er hat sie uns oft erzählt. — 11. Die Blumen sind sehr schön. Ich habe sie ihr geschenkt. — 12. Was hat er gesagt? Kannst du es mir sagen? — 13. Wo ist das Haus? Können Sie es mir zeigen? — 14. Möchten Sie mit uns kommen? — 15. Henry weiß nicht, wo das Postamt (los correos) ist. Kannst du es ihm zeigen? — 16. Was ist in dieser Tasche? Kannst du es mir sagen? — 17. Habt ihr Fotos gemacht? Könnt ihr sie mir nicht zeigen? — 18. Er spricht oft mit sich selbst. —19. Zwischen dir und ihm hat es nie Probleme gegeben. — 20. Wir sprechen gerade von ihm. — 21. Don Laureano spricht oft mit uns.

7. Repaso del subjuntivo

Ponga las frases en la forma negativa.

1. Ven antes de las ocho. — 2. Abrid las ventanas. — 3. Díselo. — 4. Cómpreme el periódico. — 5. Cierra la puerta. — 6. Pregúntenselo. — 7. Pon la maleta encima de la mesa. — 8. Llamadlo por teléfono antes de las diez. — 9. Paga los cafés. — 10. Dígale por qué he venido. — 11. Resérvame la entrada. — 12. Haced los ejercicios de la página veintitrés.

8. Canción

Malagueña

Qué bonitos ojos tienes
debajo de esas dos cejas.
Ellos me quieren mirar,
pero si tú no los dejas,
ni siquiera parpadear ...

Si por pobre me desprecias,
yo te concedo razón.
Yo no te ofrezco riquezas,
te ofrezco mi corazón
a cambio de mi pobreza.

Malagueña salerosa,
besar tus labios quisiera,
y decirte niña hermosa
que eres linda y hechicera
como el candor de una rosa.

14.4. «Anglos» contra «hispanos»

Es bastante conocido que en Estados Unidos el español es el segundo idioma. Menos conocida es la lucha que actualmente tiene lugar en el suelo norteamericano entre los llamados «hispanos» y los «anglos».

En algunas zonas del oeste de los EE UU el español es la lengua «materna» de muchos de sus habitantes. Todavía hoy en Nuevo México, Arizona, Texas y hasta en California se encuentra gente que ha nacido en Estados Unidos y que sólamente habla español. Por otra parte, en nuestros días, en ciudades como Nueva York, Miami, San Francisco y Los Angeles, pero también en Chicago los inmigrados de habla hispana constituyen un grupo muy importante. Cada día hay más «anglos» que están interesados en aprender español. Saber español es, en Estados Unidos, algo muy importante, pues existen más de veinte millones de norteamericanos de origen hispano a los que se puede llegar mejor en castellano que en inglés. Pero no todo son rosas en la convivencia de estos dos grupos.

Los hispanos son pequeños, ruidosos, desordenados, vagos, peligrosos. No se esfuerzan en hablar inglés. No cuidan sus jardines. No conocen las reglas de comportamiento en sociedad y no es bueno tenerlos por vecinos. Tienen muchos hijos y trabajan poco; por este motivo son pobres y viven del auxilio social. Así ven a los hispanos los anglos.

¿Y cómo son los anglos? Los anglos son aburridos y poco amistosos. Ignoran todo lo que no ocurre en América. Son pueriles e ingenuos en todos los campos, pero sobre todo en materia política. La mujer «angla» no tiene inconveniente en poner los cuernos a su marido y los hombres lo toleran porque no son «muy morales» en la cosa del sexo. Son despiadados con los ancianos y con los niños. Viven obsesionados por las reglas y son «fríos» e incapaces de amar apasionadamente y esto los lleva a la soledad, a la tristeza y frecuentemente al alcoholismo. Así ven los hispanos a los anglos.

¿Cómo y cuándo terminará esta sorda lucha entre anglos e hispanos? El cómo no es difícil de prever: los prejuicios étnicos se terminarán en la cama. Es un viejo remedio que siempre da buen resultado. La exogamia es lo que, en nuestro mundo, ha puesto, pone y pondrá fin a las luchas étnicas. Las razas se mezclarán y esta mezcla oscurecerá un poco la piel de los anglos y hará un poco más blanca la de los hispanos. El cuándo – en cambio – es más difícil de precisar. Los guetos hispanos en EE UU crecen día a día con la llegada de nuevos inmigrantes y esto retrasa la esperada exogamia.

En los Estados Unidos viven aproximadamente veinte millones de personas de origen hispano. Según un estudio reciente, la minoría hispana está creciendo tres veces más deprisa que el resto de la nación, de tal modo que, para el año 2020, doce de cada cien residentes de los Estados Unidos serán hispanos.

Ejercicios

1. Escriba los contrarios de las siguientes expresiones.

1. Muchas personas saben que el español es el segundo idioma de los EE UU.
2. Algunos habitantes son pequeños, ruidosos, desordenados y peligrosos.
3. Ignoran todo lo que no ocurre en América.
4. La lucha comienza.
5. El número de hispanos crece día a día.
6. El aumento del número de inmigrantes retrasa la mezcla étnica.
7. Tienen muchos hijos, trabajan poco y gastan todo lo que ganan.
8. Muchos anglos quieren aprender español.
9. La lucha entre anglos e hispanos ha terminado.

2. Ponga las frases en el pasado.

1. ¿Qué disco estás oyendo? — 2. Pablito nos reserva las entradas por teléfono. — 3. La lucha entre «anglos» e «hispanos» no termina. — 4. Ricardo no quiere ir al concierto. — 5. Su tío vive obsesionado por las reglas. — 6. Felipe me dice que no puede venir. — 7. Una pianista muy conocida da un concierto en el Ateneo. — 8. Este señor es profesor de mi hermano. — 9. La exogamia pone fin a las luchas étnicas. — 10. Este remedio no da resultado. — 11. Ricardo escribe una carta a su amigo. — 12. Nos dice que no puede terminar de escribir la carta. — 13. Muchos «anglos» no están interesados en aprender castellano. — 14. Tienen que volver a casa. — 15. No sé decírselo. — 16. No quiero hablarte de esto. — 17. Tenemos que comprar dos sellos. — 18. ¿Hacéis los deberes? — 19. Los «guetos» crecen muy rápidamente. — 20. Elena no les abre la puerta.

3. Cuestiones sobre el texto

1. Defina los términos «anglos» e «hispanos».
2. ¿Cuál es el segundo idioma más hablado en los EE UU?
3. ¿En qué Estados existe todavía hoy el español como lengua materna?
4. Algunos «anglos» están en la actualidad muy interesados en aprender español.
   Explique por qué.
5. ¿Qué prejuicios tienen algunos «anglos» con respecto a los «hispanos»?
6. ¿De qué acusan los «hispanos» a la mujer «angla»?
7. ¿Están, en opinión de los «hispanos», muy interesados los «anglos» en saber lo que pasa en el mundo?
8. ¿Cómo cree el autor que se solucionará el conflicto étnico entre «anglos» e «hispanos»?
9. El autor piensa que en la actualidad no se puede esperar una solución rápida de este problema.
   ¿Cómo justifica su opinión?

Lección quince

15.1. Jaime y Pilar

Jaime y Pilar son compañeros de estudios. Estudian biología y ya se conocen desde el primer curso. Los dos estudian en la universidad de Zaragoza desde hace tres años. A veces salen juntos. Hoy es sábado y Jaime quiere ir a ver una película de Buñuel. Los dos son de Zaragoza y viven en casa de sus padres. Jaime ha marcado el número de teléfono de Pilar. Le responde el señor Sauras, el padre de Pilar.

Jaime: (Al teléfono) ¡Soy Jaime! Querría hablar con Pilar.

Sr. Sauras: Pilar ha salido con su madre después de comer, pero me parece que ya han vuelto. Un momento.

Pilar: ¿Dígame?

Jaime: Pilar, soy Jaime.

Pilar: ¡Hola, Jaime! ¿Qué hay?

Jaime: Te llamo para decirte que hoy ponen una película de Buñuel en el cine Goya y quiero ir a verla. ¿Quieres venir conmigo?

Pilar: Me gustaría muchísimo poder acompañarte, pero no puedo.

Jaime: ¿Por qué?

Pilar: Esta noche tengo que cuidar a unos niños.

Jaime: ¿A qué niños?

Pilar: Me acaba de llamar la esposa del señor Hernández. Esta noche tiene que hacer una visita a unos conocidos con su marido y quiere que vaya a cuidar a sus hijos. Yo ya me he quedado otras veces con ellos. Tú también conoces a sus padres. Son nuestros vecinos que viven en el tercero.

Jaime: Piénsatelo bien. Es una película muy buena y es el último día que la ponen. Yo en tu lugar iría al cine, hablaría con los padres y les daría cualquier excusa.

Pilar: No es posible. Prefiero ir a cuidar a los niños. Así podré ganarme un poco de dinero.

Jaime: ¿Cuánto te pagan?

Pilar: Quinientas pesetas a la hora. No es mucho, pero es algo.

Jaime: ¡Qué lástima! Ahora mismo acabo de comprar las entradas.

Pilar: Lo siento mucho, Jaime; esta vez tendrás que ir sin mí.

Jaime: Bueno, se lo voy a decir a Matilde. Seguramente querrá venir.

Pilar: ¿A Matilde?

Jaime: Sí, las películas de Buñuel le gustan mucho.

Pilar: Mira Jaime, acabo de pensármelo mejor. Llamaré a los señores Hernández y les diré que no puedo ir... Por cierto, ¿Sabes tú si Matilde tendría interés en ir a casa de los Hernández? Puedes preguntárselo. Dile que sólo tendría que cuidar a dos niños, que se acuestan muy pronto y que mientras están en la cama ella podría leer, ver la televisión o incluso dormir.

Jaime: ¡Claro! Se lo diré con mucho gusto. Además seguro que acepta. A ella, le encantan los niños.

Bueno. ¿A qué hora quedamos?

Pilar: Llama a Matilde y vienes. Así todavía podemos tomar algo antes de ir al cine.

Jaime: ¡Estupendo! Paso en seguida con el coche a recogerte.

15.2. Gramática

1. Das Konditional I — *El condicional simple*

a) Regelmäßige Formen

dar	dar**ía**	comer	comer**ía**	escribir	escribir**ía**
	dar**ías**		comer**ías**		escribir**ías**
	dar**ía**		comer**ía**		escribir**ía**
	dar**íamos**		comer**íamos**		escribir**íamos**
	dar**íais**		comer**íais**		escribir**íais**
	dar**ían**		comer**ían**		escribir**ían**

b) Unregelmäßige Formen

caber	⇨	**cabría**	querer	⇨	**querría**	decir	⇨	**diría**
saber	⇨	**sabría**	haber	⇨	**habría**	salir	⇨	**saldría**
hacer	⇨	**haría**	tener	⇨	**tendría**	poder	⇨	**podría**
valer	⇨	**valdría**	poner	⇨	**pondría**	venir	⇨	**vendría**

Yo hablaría con sus padres. — *Ich würde mit seinen Eltern sprechen.*

¿Podría decirme qué hora es? — *Könnten Sie mir bitte sagen, wie spät es ist?*

Das Konditional drückt die Eventualität einer Handlung oder eines Zustands aus. Es kann auch eine höfliche Bitte ausdrücken.

2. *Sentir*

Präsens Ind.	*Präsens Subj.*	*Gerundium*
siento	sienta	sintiendo
sientes	sientas	
siente	sienta	
sentimos	sintamos	
sentís	sintáis	
sienten	sientan	

Zu dieser Gruppe gehören unter anderem:

advertir [warnen]
disentir [anderer Meinung sein]
desmentir [dementieren]
divertirse [sich amüsieren]
requerir [erfordern]
asentir [zustimmen]
mentir [lügen]
preferir [vorziehen]
presentir [ahnen]
referirse a [sich beziehen auf]

3. Nahe Zukunft und nahe Vergangenheit II

Te voy a preparar un bocadillo.
Voy a prepara**rte** un bocadillo.
Se acaba de levantar.
Acaba de levanta**rse**.

Die unbetonten Objektpronomina (bzw. Reflexivpromina) können entweder vor die konjugierte Form des Verbes gestellt oder nach dem Infinitiv angehängt werden.

4. *Vor* und *seit*

Vor

antes de / hace drücken einen Zeitpunkt aus.

Me he levantado **antes de** las siete.
Ich bin vor sieben aufgestanden.
Ha llegado **hace** una hora.
Er kam vor einer Stunde.

Seit

desde/hace ... que/desde hace drücken einen Zeitraum aus.

Estoy aquí **desde** las ocho.
Ich bin seit acht Uhr hier.
Hace dos horas **que** te espero.
Ich warte seit zwei Stunden auf dich.
Vive en Madrid **desde hace** cinco años.
Er wohnt seit fünf Jahren in Madrid.

15.3. Ejercicios

1. Ponga las frases en pretérito perfecto, en futuro y condicional.

Ejemplo: Hago los deberes.
⇨ *He hecho los deberes.*
⇨ *Haré los deberes.*
⇨ *Haría los deberes.*

1. Hablo con Antonio.
2. Vemos la televisión.
3. Va a la escuela.
4. Le escribo una carta.
5. No digo nada a nadie.
6. Tiene que ir al médico.
7. Visitamos a un amigo.
8. Vamos en bicicleta.
9. Se pone nervioso [nervös].
10. No sé qué decir.
11. Oigo las noticias.
12. La película no les gusta.
13. Dicen que no pueden venir.
14. Sacan las entradas.
15. Lees el periódico.
16. Me quedo en casa.
17. Llama a la señora Hernández.
18. Vuelven muy tarde.
19. Ponemos la radio.
20. Quieren salir de excursión.
21. Salimos a las tres.

2. Preguntas sobre el texto

1. ¿Qué estudia Pilar? — 2. ¿Dónde estudia? — 3. ¿Ha alquilado Pilar un piso en Zaragoza? — 4. ¿Quién es Jaime? — 5. ¿De dónde es Jaime? — 6. ¿Por qué ha llamado Jaime a Pilar? — 7. ¿Le ha respondido Pilar? — 8. ¿Por qué no puede acompañar Pilar a Jaime? — 9. ¿Quién es la señora Hernández? — 10. ¿Qué quieren hacer los Hernández esta noche? — 11. ¿Cuánto le pagan los Hernández a Pilar por cuidar a los niños? — 12. ¿Va a ir Jaime al cine solo? — 13. ¿Está Pilar de acuerdo con la idea de Jaime? — 14. ¿Qué pregunta Pilar a Jaime? — 15. ¿Por qué piensa Jaime que Matilde aceptará? — 16. ¿Qué quieren hacer Jaime y Pilar antes de ir al cine?

3. Corrija las frases.

1. Pilar y Jaime van al Cine Goya en bicicleta.
2. Jaime y Pilar estudian derecho: él en Salamanca, ella en Madrid.
3. Pilar es de un pueblo de Teruel y ha alquilado un piso en Zaragoza.
4. Cuando Pilar se queda a cuidar a los niños de los Hernández no le dan nada.
5. Jaime quiere ir a un concierto de rock e invita a su amiga Matilde.
6. Pilar no quiere ir a ver la película de Buñuel porque tiene que preparar un examen.
7. Jaime no sabe si Matilde aceptará la proposición.
8. Jaime aún tiene que ir a comprar las entradas.

4. Yo haría lo contrario.

Ejemplo: Carmen va a Sevilla en coche. ⇨ *Yo no iría en coche.*

1. Manuel se queda en casa toda la tarde.
2. Luis toma mucho café.
3. El espera a Luis todas las tardes.
4. Roberto se lo dice a Matilde.
5. Pilar les da una excusa.
6. Hace todo lo que le dicen.
7. Susana visita a sus tíos.
8. Elena pone la mesa.
9. Roberto invita a todos sus amigos.
10. Luis tiene mucha paciencia.
11. Andrés no compra las entradas.
12. El sale todas las tardes.

5. ¿Desde / desde hace / hace / antes de?

1. Aprendo a tocar la guitarra ... tres meses.
2. Ya ... mucho tiempo que no lo he visto.
3. Ellos viven en este pueblo ... tres años.
4. Han estado esperándote ... las tres de la tarde.
5. La película ha comenzado ... cinco minutos.
6. Han desayunado ... salir.
7. Su padre trabaja en esta empresa ... muchos años.
8. Hemos salido de casa ... mediodía.

6. Complete las frases.

1. ... [tú] la puerta que (porque) ... un poco de viento [Wind].	*cerrar — hacer*
2. [Yo] lo ... mucho, pero no ... acompañarte.	*sentir — poder*
3. Muchas veces Manuel no ... lo que	*pensar — decir*
4. Si [vosotros] ..., me lo	*salir — decir*
5. Nuestras clases ... a las ocho y ... a las cuatro de la tarde.	*empezar — terminar*
6. Ellos ... que ... la semana próxima.	*pensar — volver*
7. [Yo] lo ... algunas veces, pero no ... nunca con él.	*ver — hablar*
8. Luis ... sentarse porque ... muy cansado.	*querer — estar*
9. Las entradas ... más de 1600 pesetas.	*costar*
10. [Yo] ... que tú no ... razón.	*presentir — tener*
11. [Yo] ... ... más tarde.	*preferir — volver*
12. Rosario no ... al cine, ... quedarse en casa.	*ir — preferir*
13. Alberto no ... ningún concierto.	*perderse*

7. Forme el futuro próximo y el pasado reciente.

1. Carmen compra un billete. — 2. Pilar y Roberto salen. — 3. Luis se levanta. — 4. Jaime llama por teléfono a Pilar. — 5. Pilar sale con su madre. — 6. Se lo digo. — 7. Les envío un FAX. — 8. Los Ramírez salen de paseo. — 9. Roberto tiene algunos problemas. — 10. La señora Lac nos prepara una buena paella. — 11. Carmen termina sus estudios. — 12. Los llevo al parque con mi coche. — 13. Nosotros preparamos todo lo necesario. — 14. María nos lo pregunta. — 15. Sus amigos le ayudan. — 16. Vienen de la playa. — 17. Me lavo los dientes. — 18. Le llama por teléfono. — 19. Entran en casa de Pedrito. — 20. Escribimos una redacción.

El río Ebro a su paso por la catedral del Pilar.

8. Ordene las palabras.

1. al — amiga — cine — con — Esta — ir — Jaime — noche, — Pilar. — quiere — su
2. a — a cuidar — de — el — en — ir — los — niños — Pilar — que — que — quiere — salir — tercero. — tienen — unos — vecinos — viven — y que
3. Buñuel. — comprado — de — día que — el — entradas — es — ha — hoy — Jaime — la — las — película — ponen — porque — último — ya
4. 500 — a — a — Cuando — cuida — hora. — la — los — niños, — pesetas — Pilar — recibe
5. casa — de — de — en — en — estudia — Jaime — la — medicina — no — padres. — sus — universidad — vive — y — Zaragoza
6. comer, — de — de — después — ha — ha — La — madre — pero — Pilar — salido — vuelto. — ya
7. con — con — de — esta — hablar — Hernández — la — los — niños. — no — Pilar — porque — que — quedarse — quiere — señora — tarde — tiene
8. A — Buñuel. — de — gustan — las — le — Matilde — mucho — películas

9. Redacción

Jaime — Zaragoza — Buñuel — marcar — Pilar — cuidar — niños — los Hernández — visitar — 500 pesetas — excusa — Matilde — pensarlo mejor — preguntar

15.4. Buenos Aires

Las Madres de la Plaza de Mayo. Madres exigiendo informaciones sobre el paradero de sus hijos desaparecidos.

A orillas del Río de la Plata se alza la gigantesca ciudad de Buenos Aires. Esta ciudad tiene más de 10 millones de habitantes; es pues la mayor ciudad hispanoamericana después de Ciudad de México (20 millones de habitantes). Alrededor de un tercio de los 32 millones de habitantes de Argentina vive en la capital. Buenos Aires es el centro cultural, político y económico de la nación.

Se dice que el porteño (así se llama en Argentina a los habitantes de Buenos Aires) es un gran amante de la música. El porteño está orgulloso de su Teatro Colón, una de las salas de ópera más famosas del mundo. Buenos Aires es también la ciudad del tango.

Argentina ha acogido a emigrantes de los más variados países, pero predominantemente a italianos y españoles; por este motivo, la ciudad de Buenos Aires tiene un marcado carácter europeo. La población indígena no es tan escasa como se cree. En las zonas argentinas que limitan con Perú y Paraguay viven hoy más de cien mil indios que han conservado sus lenguas y costumbres.

En Buenos Aires, como en Córdoba, Rosario y otras ciudades argentinas, existe el serio problema del barraquismo. Estas zonas de las ciudades, habitadas por las clases más pobres de la población, que se han trasladado del campo a la ciudad en busca de trabajo y bienestar, se llaman en la Argentina «villas miseria».

La represión política de las juntas militares en los años setenta y comienzos de los ochenta y las dificultades económicas después de la instauración de la democracia en 1983 han motivado la emigración de muchos argentinos al extranjero.

La Argentina de nuestros días se va consolidando política y económicamente. Su exportación de ganado vacuno aumenta progresivamente sobre todo a partir de la crisis de las *vacas locas* [BSE] inglesas.

Argentina
Extensión: 2.791.000 km^2
Límites: al norte con Bolivia y Paraguay; al este con Brasil, Uruguay y el océano Atlántico; al sur y al oeste con Chile.
Población: 32.000.000 h. Densidad: 11,6 h. / km^2; Capital: Buenos Aires. Ciudades importantes: Córdoba, Rosario, Mendoza, La Plata
Forma de Gobierno: república
Idioma: español; Moneda: peso
Renta per cápita: 2.640 dólares

Preguntas sobre el texto

1. ¿Cuál es el río que pasa por Buenos Aires?
2. ¿Es Buenos Aires, por el número de habitantes, la mayor ciudad de América Latina?
3. ¿Cuántos habitantes tiene Buenos Aires?
4. ¿Cuántos habitantes viven en el resto del País?
5. ¿Qué nombre se les da a los habitantes de Buenos Aires?
6. ¿De qué están orgullosos los habitantes de Buenos Aires?
7. ¿Por qué tiene Argentina un marcado carácter europeo?
8. ¿Existen en Argentina tribus [Stämme] indígenas?
9. ¿Qué son las «villas miseria»?
10. ¿Por qué se trasladan los campesinos a las grandes ciudades?
11. ¿Por qué han emigrado muchos argentinos al extranjero?
12. ¿Desde cuándo se puede decir que Argentina es un estado democrático?
13. ¿Qué dice el texto de la Argentina actual?

Buenos Aires (Un tango argentino)

Buenos Aires conoce
mi aturdida ginebra,
el silbido más mío,
mi gastado camino ...
Buenos Aires recuerda
mi ventana despierta,
mis bolsillos vacíos,
mi esperanza de a pie.
Buenos Aires conoce
mi mujer y mi noche,
mi café y mi cigarro,
mi comida y mi diario.
Buenos Aires me tiene apretado
a su nombre,
atrapado en sus calles,
ambulando de a pie.

Refugio de mis largas madrugadas,
abrigo de mi verso y de mi sino.
Su cielo de gorrión, su luna triste
son cosas que también viven conmigo.
Esquinas de las cuadras de mi vida,
guarida de mis sueños más absurdos,
embarcadero gris de mi ambición de luz,
secreta latitud de mi canción.

Inventor del misterio,
bandoneón gigantesco,
Buenos Aires escucha mi silencio
y mi lucha.
El recuerda conmigo las monedas azules
y me presta el olvido de su ir y venir.
Sus gorriones sin techo, su cintura de río
son también algo mío,
yo también los respiro.
Buenos Aires es un duende,
una copa de vino,
ese amigo sin nombre
que se encuentra al azar.

Rubén y Raúl Garello

Expresiones útiles: Cine

en	un cine	ponen	una película
	una sala de cine	pasan	una cinta
	un cinema	proyectan	un filme

interesante
excelente
entretenido/a
instructivo/a
extraordinario/a

una película	policiaca
	de espionaje
	documental
	cómica
	de aventuras
	de ciencia ficción
	de amor
	erótica
	pornográfica

comprar	las entradas	para	una película
sacar	los billetes		la sesión de tarde
reservar	los tiques		la sesión de noche
pagar			
abonar			

una película	en versión original
	con subtítulos

el protagonista es un	artista	muy conocido
	actor	de mucha fama
	cómico	de fama mundial
		extraordinario

Lección dieciséis

16.1. A Nuria le gusta viajar

1ª parte

A Nuria le gusta mucho viajar. Durante el pasado verano visitó Galicia. Nuria viajó por todo el país gallego, a veces en tren, a veces en auto-stop. El paisaje le agradó muchísimo. En Galicia, el campo está siempre verde, y la costa gallega es, para Nuria, la más bonita de España. Pero a Nuria no le interesó únicamente el paisaje. A ella le interesaron también las costumbres, formas de vida y problemas de la población gallega.

Galicia es un país con tradiciones muy antiguas. Nuria conoció algunas de ellas gracias a las fiestas populares. En Santiago de Compostela, un simpático estudiante le enseñó la ciudad. Nuria descubrió estrechas y encantadoras calles y la simpatía de sus habitantes. Los dos visitaron también la catedral y pasaron mucho tiempo en las tabernas de la ciudad. Nuria bebió allí Ribeiro y comió empanada gallega pero también preguntó mucho y se enteró de muchas cosas de Galicia. Ahora Nuria sabe que el campo gallego es rico pero que está poco desarrollado, que muchos gallegos viven de la pesca pero que no todos pueden encontrar trabajo, pues hay poca industria. Muchos gallegos han tenido y tienen que emigrar a las zonas más industrializadas de España, a América o a Centroeuropa.

2ª parte

Nuria y su amiga Teresa no se han visto desde hace mucho tiempo. Quieren ir juntas a un concierto de rock. Han comprado las entradas con antelación y, como todavía les queda tiempo, toman asiento en la terraza de un bar cercano.

Nuria: No nos hemos visto desde el año pasado, desde aquel día en el que celebramos el cumpleaños de Vicente.

Teresa: Sí, hace casi un año. ¿Qué hiciste el verano pasado? ¿Fuiste de vacaciones?

Nuria: Sí, Javier y yo estuvimos en Galicia.

Teresa: ¿Os gustó?

Nuria: Sí, muchísimo. Fuimos a La Coruña en tren. Allí permanecimos una semana. Visitamos la ciudad y sus alrededores. También comimos mucho marisco. Ya sabes que allí el marisco es muy bueno. Después fuimos a dedo hasta Santiago de Compostela.

Teresa: ¿Tuvisteis suerte?

Nuria: Sí, nos fue muy bien. Una pareja de León nos llevó directamente a Santiago. Javier se fue en tren a Orense a visitar a unos familiares y

yo me quedé unos días en Santiago. Es la ciudad que más me gustó. ¿La conoces?

Teresa: Sí, estuve allí hace dos años con Ricardo y Jorge. Jorge se compró en Santiago una gaita.

Nuria: ¿Una gaita? ¿Sabe tocar Jorge la gaita?

Teresa: ¡Qué va! No tiene ni idea. Afortunadamente desde que la compró apenas la ha tocado. Cuando la toca, tenemos que salir todos a pasear. Es horrible.

Nuria: En algunas fiestas gallegas vi tocar también la gaita. A mí me gustó mucho.

Teresa: Es natural. A mí también me gusta, pero una cosa es tocar la gaita de verdad y otra como la toca Jorge.

Nuria: En aquellas fiestas probé también el vino Ribeiro. Es muy diferente a los vinos de las otras partes de España.

Teresa: Piensa que en Galicia hace poco sol y esto se nota también en el vino.

Nuria: Sí claro, eso pensé cuando lo bebí por primera vez.

Teresa: Y luego, ¿qué más visitasteis?

Nuria: Javier volvió a Santiago y fuimos a Vigo, también a dedo. Esta vez no tuvimos tanta suerte. Nos colocamos en la salida de la población y esperamos allí más de dos horas, desde las nueve de la mañana hasta las once, más o menos. Finalmente nos cogieron unos estudiantes de Santiago. Desgraciadamente nos dejaron en Villagarcía de Arosa que está a unos 40 kilómetros de Santiago. Allí almorzamos y paseamos un poco por la ciudad. Después, para llegar a Vigo todavía tardamos cuatro horas, ¡imagínate! En Vigo nos quedamos unos días y luego tomamos el tren para volver.

Teresa: Así todo fue bien, ¿verdad?
Nuria: Sí, tengo muchas ganas de volver.
Teresa: Yo también. Ya hace tiempo que quiero ir a Santiago para visitar a unos amigos. El próximo verano podríamos ir juntas. Ya hablaremos.
Nuria: ¡De acuerdo!

16.2. Gramática

1. Das Indefinido — *El pretérito indefinido*

a) Regelmäßige Formen

hablar	habl**é**	comer	com**í**	vivir	viv**í**
	habl**aste**		com**iste**		viv**iste**
	habl**ó**		com**ió**		viv**ió**
	habl**amos**		com**imos**		viv**imos**
	habl**asteis**		com**isteis**		viv**isteis**
	habl**aron**		com**ieron**		viv**ieron**

b) Verben mit orthografischen Veränderungen

c ⇨ **qu**	z ⇨ **c**	g ⇨ **gu**
comunicar ⇨ comuni**qu**é	utilizar ⇨ utili**c**é	pagar ⇨ pa**gu**é

c) Unregelmäßige Formen

dar	di	decir	dije	estar	estuve	haber	hube	hacer	hice
	diste		dijiste		estuviste		hubiste		hiciste
	dio		dijo		estuvo		hubo		hizo
	dimos		dijimos		estuvimos		hubimos		hicimos
	disteis		dijisteis		estuvisteis		hubisteis		hicisteis
	dieron		dijeron		estuvieron		hubieron		hicieron

ir	fui	poder	pude	poner	puse	querer	quise	saber	supe
	fuiste		pudiste		pusiste		quisiste		supiste
	fue		pudo		puso		quiso		supo
	fuimos		pudimos		pusimos		quisimos		supimos
	fuisteis		pudisteis		pusisteis		quisisteis		supisteis
	fueron		pudieron		pusieron		quisieron		supieron

ser	fui	tener	tuve	traer	traje	venir	vine	andar	anduve
	fuiste		tuviste		trajiste		viniste		anduviste
	fue		tuvo		trajo		vino		anduvo
	fuimos		tuvimos		trajimos		vinimos		anduvimos
	fuisteis		tuvisteis		trajisteis		vinisteis		anduvisteis
	fueron		tuvieron		trajeron		vinieron		anduvieron

2. Die Verwendung des Indefinido *El empleo del indefinido*

Das Indefinido wird gebraucht:

→ bei der Darstellung von punktuellen Tätigkeiten und Handlungen, die zu einem bestimmten Zeitpunkt stattfanden.
Llegaron ayer a las 8 de la tarde.

→ bei der Darstellung von Tätigkeiten und Handlungen, die in einem abgeschlossenen Zeitraum der Vergangenheit beendet worden sind.
Estuvo un mes en Madrid.

→ bei der Darstellung von Handlungen und Tätigkeiten, die aufeinander folgen und sich zeitlich gegenseitig abschließen.
Llegó, cenó y se fue a dormir.

3. Hervorhebung des Objekts

Han comprado **las entradas** con antelación. ⇨ ***Las entradas, las*** *han comprado con antelación.*

Me gusta mucho oír la gaita. ⇨ ***A mí, me*** *gusta mucho oír la gaita.*

Un estudiante le enseñó **la ciudad**. ⇨ ***La ciudad,*** *se* ***la*** *enseñó un estudiante.*

Direkte und indirekte Objekte (Substantiv oder Pronomen) können hervorgehoben werden, indem man sie an den Satzanfang stellt. Die entsprechenden unbetonten Pronominalformen des hervorgehobenen Teils müssen zusätzlich im Satz stehen.

4. Futur II und Konditional II Bildung *Futuro y condicional compuestos Formas*

Futur II (futuro compuesto)			Konditional II (condicional compuesto)	
comer	habré	comido	habría	comido
	habrás	comido	habrías	comido
	habrá	comido	habría	comido
	habremos	comido	habríamos	comido
	habréis	comido	habríais	comido
	habrán	comido	habrían	comido

Das Futur II und das Konditional II werden aus dem **Futur I** bzw. **Konditional I** von ***haber*** und dem **Partizip** des jeweiligen Verbes gebildet.

16.3. Ejercicios

1. Preguntas sobre el texto (1ª parte)

1. ¿Dónde estuvo Nuria el verano pasado? — 2. ¿Cómo viajó por el País Gallego? — 3. ¿Cuál es para Nuria la costa más bonita de España? — 4. ¿Por qué se interesó Nuria? — 5. ¿Quién le enseñó la ciudad de Santiago? — 6. ¿Qué visitó Nuria con el estudiante? — 7. ¿Qué bebió Nuria en las tabernas? — 8. ¿Qué es una taberna? — 9. ¿Por qué se enteró Nuria de muchas cosas de Galicia? — 10. ¿De qué viven muchos gallegos? — 11. ¿Por qué tienen que emigrar algunos habitantes de Galicia? — 12. ¿Dónde está Galicia? — 13. ¿Qué lenguas hablan los gallegos? — 14 ¿Cuál es la capital de Galicia?

2. Emplee el indefinido.

1. Ayer el autobús (llegar) muy tarde. — 2. [Nosotros] te (esperar) hasta las doce de la noche. — 3. Durante la comida [ellos] no (beber) ni una gota [Tropfen] de vino. — 4. [Ella] (vivir) en aquella casa durante muchos años. (Pasar) en ella casi la mitad de su vida. — 5. [Yo] (mandar) un FAX para reservar dos habitaciones. — 6. [Tú] (pasar) por delante de nuestra casa, pero no (entrar). — 7. Cuando el tren (parar) en la estación de Pamplona, [yo] (bajar), (entrar) en el bar de la estación y (tomar) una cerveza. — 8. Tú no (entender) lo que ellos te (preguntar). — 9. La fiesta (durar) hasta las tres de la mañana. — 10. [Yo] no (poder) solucionar todos los asuntos y (quedarse) tres días en Madrid. — 11. El otro día Pedro nos (invitar) a cenar. Nos (dar) una buena cena. — 12. [Ellas] (entrar) en el banco y (cambiar) marcos en pesetas. Después (volver) a casa, (comer) y (salir) a dar un paseo. (Volver) bastante tarde. — 13. ¿(levantarse) [tú] ayer muy temprano? — 14. [Yo] (llegar) a Barcelona a las ocho de la noche, (tomar) una habitación en un hotel y (acostarse) bastante pronto. Al día siguiente (alquilar) un coche para ir a Lérida. En Lérida me (encontrar) con un amigo y (pasar) el fin de semana en un pueblo del Pirineo leridano.

3. Complete las frases.

a — bonita — clima — encuentran — están — muy — seguros — su — tienen — viaje — viven

1. El ... gallego es ... fresco. Por este motivo los campos gallegos ... siempre verdes.
2. Muchos gallegos ... de la pesca.
3. Los gallegos están ... de que ... costa es la más ... de España.
4. Algunos habitantes de Galicia ... que emigrar porque en su tierra no ... trabajo.
5. Nuria fue ... La Coruña en tren y continuó el ... en auto-stop hasta Santiago.

4. Preguntas sobre el texto (2ª parte)

1. ¿Adónde quiere ir Nuria? — 2. ¿Quiere ir Nuria sola al concierto de rock? — 3. ¿Quién es Teresa? — 4. ¿Por qué no tienen que ir a buscar las entradas? — 5. ¿Adónde van Nuria y Teresa antes de ir al concierto? — 6. ¿Cuánto tiempo hace

que Vicente celebró su cumpleaños? — 7. ¿Dónde estuvieron Nuria y Javier durante el verano? — 8. ¿Cómo fueron a La Coruña? — 9. ¿Cuánto tiempo estuvieron en La Coruña? — 10. ¿Dónde fueron después? — 11. ¿Fueron a Santiago de Compostela en tren? — 12. ¿Ha estado Teresa en Santiago de Compostela? — 13. ¿Quién es Jorge? — 14. ¿Qué se compró Jorge en Santiago? — 15. ¿Qué otra ciudad gallega visitaron Nuria y Javier? — 16. ¿Cómo fueron de Santiago de Compostela a Vigo? — 17. ¿Cuánto tiempo tuvieron que esperar en la carretera? — 18. ¿Quién los cogió? — 19. ¿Los llevaron hasta Vigo? — 20. ¿A cuántos kilómetros está Arosa de Vigo? — 21. ¿Cuánto tiempo tardaron en llegar de Arosa a Vigo?

5. Complete las frases empleando el indefinido donde haga falta.

1. Ayer [yo] (ir) al cine.
2. ¿(Estar) ustedes el verano pasado en la Costa Brava? Nosotros (ir) a la Costa Cantábrica.
3. El sábado pasado [yo] (salir) con Manuel. [Nosotros] (pasear) dos horas por la ciudad, (entrar) en un bar para (tomar) un refresco y (volver) a casa a las diez y media.
4. El año pasado, Mariano no (ir) de vacaciones.
5. Felipe II (ser) un rey [König] español.
6. Ayer [yo] (ponerse) a (estudiar) a las 3 de la tarde y (terminar) pasadas las siete.
7. ¿Por qué no (ir) [tú] al médico?
8. No [yo] (acordarse) [sich erinnern] de decírselo.
9. ¿Qué (hacer) [vosotros] el verano pasado?
10. La semana pasada una conocida pianista (dar) un concierto en el Ateneo. (Interpretar) obras de Granados y de Falla. El público (ser) muy numeroso y (aplaudir) [Beifall klatschen] mucho.
11. Ella no me (querer) (dar) su número de teléfono.
12. [Yo] no te (venir) a (ver) porque no (tener) tiempo. (Estar) ayudando toda la tarde a mi padre.
13. Anteayer [nosotros] no (estar) en el concierto porque (tener) que ir a (acompañar) a unos conocidos.
14. Hace dos días [yo] (estar) en su casa.

6. Transforme las frases.

Modelo: *Ellos van a la montaña.* ⇨ *A ellos les gusta mucho ir a la montaña.*

1. Escucho música.	... me gusta la música.
2. Ella come pescado.	... le gusta el pescado.
3. Viajamos en tren.	... nos gusta viajar en tren.
4. Leéis novelas.	... os gusta leer novelas.
5. Ves la televisión.	... te gusta la televisión.
6. Antonio no va al cine.	... no le gusta ir al cine.
7. Toco la guitarra.	... me gusta tocar la guitarra.

8.	María canta.	... le gusta cantar.
9.	Carlos no habla mucho.	... no le gusta mucho hablar.
10.	Ustedes toman aire fresco.	... les gusta tomar aire fresco.
11.	No me gusta llegar tarde.	... no me gusta llegar tarde.
12.	Gil y Lola van a las tascas.	... les gusta ir a las tascas.
13.	Estudias poco.	... te gusta poco estudiar.

7. Ponga de relieve las palabras subrayadas.

1. No me gusta el pescado. — 2. No le hemos preguntado. — 3. Me ha dicho que no puede venir. — 4. Sus padres no le han querido comprar la televisión. — 5. Ya tengo preparada la maleta. — 6. Ha aparcado el coche cerca de tu casa. — 7. No ha regalado nada a Martina. — 8. No he visto a Javier. — 9. Te he comprado dos discos. — 10. No nos han invitado. — 11. No he visto a Carmen. — 12. No os quieren invitar. — 13. Antonio nos ha pagado los cafés. — 14. No se lo hemos comunicado.

8. Ordene las frases.

1. No la he visto desde el día
2. Nuria y Teresa se sentaron en la terraza de un bar
3. Estuvieron en las tabernas de Santiago.
4. Muchos gallegos tienen que emigrar
5. En Galicia no hace mucho sol.
6. Cuando Jorge toca la gaita,
7. Ramón tiene una guitarra,
8. Teresa quiere ir a Orense
9. Nuria estuvo en Galicia
10. Se colocaron en la salida de la ciudad

a) y tuvieron que esperar más de tres horas.
b) en el que celebramos su cumpleaños.
c) Esto se nota en los vinos.
d) y probó el Ribeiro y las empanadas.
e) sus amigos tienen que salir a pasear.
f) pero no la toca muy bien.
g) para tomar un café.
h) para visitar a unos amigos.
i) En ellas bebieron Ribeiro.
j) porque en Galicia no encuentran trabajo.

9. Ponga las frases en el futuro.

1. Bruno y Anke van al «Apex» en el coche de Anke. — 2. En el «Apex» está seguramente Felipe. — 3. Juan ha terminado sus estudios a finales de junio. — 4. Compran un libro y se lo llevan a Carmen porque Carmen celebra su cumpleaños. — 5. [Nosotros] salimos a las dos de la tarde y volvemos a las diez de la noche. Pasamos toda la tarde en casa de unos amigos. — 6. Ya hemos salido antes de

Un puerto de la costa gallega *Foto: dpa*

las cinco de la mañana. — 7. Me dice que no tiene tiempo. — 8. Jacinto sale de Cádiz a las cuatro y llega a Sevilla a las seis de la tarde. Hace el viaje en dos horas. — 9. Tengo que llevar el coche al garaje antes de las siete porque después ya han cerrado. — 10. No puedo llegar a tiempo porque tengo que pasar por casa de un amigo.

10. Traducción

1. In den kleinen Gaststätten von Santiago de Compostela kann man empanada essen und Ribeiro trinken.
2. Wenn Maite Klavier spielt, müssen wir das Haus verlassen.
3. Ich war vor vielen Jahren in Lugo.
4. Ich esse gerne Fisch.
5. Vorige Woche habe ich einen Brief von deiner Schwester bekommen.
6. Für mich ist die galicische Küste die schönste Küste Spaniens.
7. Sie sind eine Woche in La Coruña geblieben, dann sind sie nach Santiago gefahren.
8. Wir haben vor einem Monat den Geburtstag meines Vaters gefeiert.
9. Wir konnten nicht zusammen nach Orense fahren, weil meine Frau krank wurde.
10. Viele Einwohner von Galicien müssen das Land verlassen, weil sie in Galicien keine Arbeit finden können.
11. Ich wollte nach Pontevedra per Anhalter fahren und habe kein Glück gehabt. Ich habe an der Straße fünf Stunden warten müssen.
12. Juan hat seinen Freund Roberto seit zwei Jahren nicht mehr gesehen.

11. Redacción

Cuente el viaje que Nuria hizo a Galicia.

16.4 Galicia

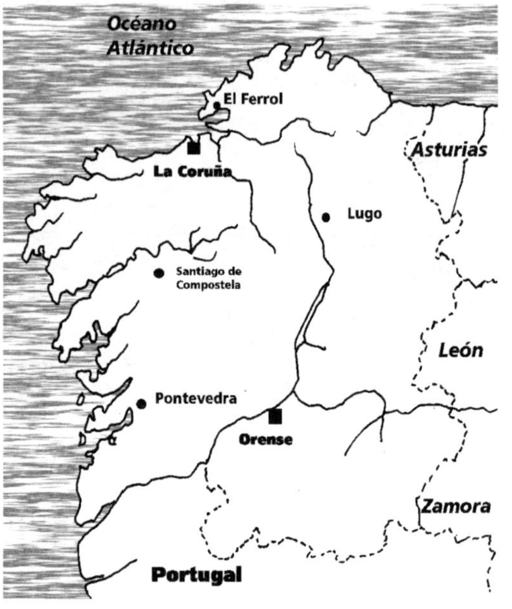

Galicia se encuentra en el noroeste de la Península Ibérica y al norte de Portugal. Es una de las regiones más bellas de España. Numerosos prados y bosques configuran el paisaje gallego. Sus playas y sobre todo sus rías, brazos de mar que se adentran en la tierra, dejan en el viajero un recuerdo inolvidable.

El pueblo gallego vive principalmente de la agricultura, aunque la pesca y la industria pesquera son también muy importantes. El País Gallego está muy poco industrializado.

La tradición afirma que bajo la Catedral de Santiago de Compostela se encuentran los restos mortales del Apóstol Santiago. Durante la Edad Media Santiago fue uno de los principales centros de peregrinación de la cristiandad. La ruta que lleva a la tumba del Apóstol recibe el nombre de «Camino de Santiago». Por esta ruta vinieron y vienen a pie, o por otros medios, numerosos peregrinos de toda Europa. La cultura española se benefició mucho del llamado «Camino de Santiago». A lo largo de esta ruta se extendieron y desenvolvieron corrientes culturales y dos nuevos estilos arquitectónicos: el románico y el gótico.

Una de las dos lenguas oficiales de Galicia es el gallego, lengua melodiosa y suave que está estrechamente relacionada con el portugués. Los poetas medievales de la corte castellana utilizaron frecuentemente esta lengua. El gallego se consideró durante bastante tiempo como lengua de incultos. El pueblo gallego ha redescubierto en los últimos años su cultura y su lengua. Hablar gallego ya no es considerado hoy como falta de cultura.

Nombres oficiales:
Galicia y Galiza
Lenguas oficiales:
Castellano y gallego
4 provincias: La Coruña, Lugo, Orense y Pontevedra
Superficie: 29.434 km^2
Habitantes: 2.753.000
Municipios más importantes:
Vigo (260.000 h.),
La Coruña (232.000 h.),
Orense (96.000 h.),
Santiago de Compostela (93.000 h.),
El Ferrol (91.000 h.),
Pontevedra (65.000)
Capital: Santiago de Compostela

Una poesía gallega

gallego	*portugués*	*castellano*
Vendéronll'os bois,	venderam-lhe os bois,	Le vendieron los bueyes,
vendéronll'as vacas	venderam-lhe as vacas,	le vendieron las vacas,
o pote d'o caldo	o pote do caldo	el caldero del cocido
y a manta d'a cama.	e a manta da cama.	y la manta de la cama.
Vendéronll'o carro	venderam-lhe o carro	Le vendieron el carro
y as leiras que tiña,	e as leiras que tinha,	y las huertas que tenía
deixárono soyo	deixaram-no só	lo dejaron sólo
c'o á roupa vestida.	com a roupa vestida.	con la ropa vestida.
Pedir no m'é dado,	Pedir não me é dado	No quiero mendigar,
eu vou pol-o mundo	eu vou pelo mundo,	me voy por el mundo
pra ver de ganalo.	para ganhá-lo.	para procurar ganarlo.
Galiça está pobre,	Galiza está pobre	Galicia está pobre,
y a Habana me vou ...	e a Havana me vou ...	a la Habana me voy ...
Adiós, adiós, prendas	Adeus,adeus, prendas	Adiós, adiós, prendas
d'o meu coraçon.	do meu coração.	de mi corazón.

Rosalia de Castro

Preguntas sobre el texto

1. ¿Dónde está Galicia?
2. ¿Qué es lo que más impresiona a los viajeros que visitan Galicia?
3. ¿Qué es una ría?
4. ¿De qué viven principalmente los gallegos?
5. ¿Qué dice la tradición religiosa gallega con respecto al apóstol Santiago?
6. ¿Qué es el «Camino de Santiago»?
7. ¿Por qué se benefició la cultura española del «Camino de Santiago»?
8. ¿Qué lenguas se hablan en Galicia?
9. ¿Con qué lengua está muy emparentado el gallego?
10. ¿Por qué no se habló hasta hace algunos años mucho el gallego?
11. ¿Se puede decir que actualmente hablar gallego es un signo de incultura?
12. ¿Qué ciudades conoce usted de Galicia?

17.1. Pablo nos habla de su infancia

Cuando yo era pequeño, vivíamos en un pueblo no muy grande de la provincia de Huesca (Aragón) que estaba a 39 kilómetros de la capital de la provincia. En el pueblo sólo tenían coche el médico y un par de ricos. Cuando teníamos que ir a la ciudad, íbamos a pie o nos llevaban en mula hasta un pueblo vecino por el que pasaba el autobús. Un tío mío, que era tendero, tenía una furgoneta y a veces, si tenía tiempo, nos llevaba a la ciudad, sobre todo, cuando se celebraban fiestas o había ferias. La vida entonces era muy diferente. No había televisión y en mi casa no teníamos radio. Cuando no había escuela, me pasaba los días jugando con otros chicos o ayudaba a mi madre en los trabajos de casa: daba de comer a los animales, hacía las compras, iba a buscar agua a la fuente, porque entonces no teníamos agua corriente.

A mí lo que más me gustaba era ir con mi padre al campo. Me llevaba muy pocas veces. Decía que mientras trabajaba no podía ocuparse de mí. Pero esto no era necesario pues, cuando yo iba con él, apenas me movía de su lado. No me cansaba nunca de contemplar el lento caminar de las mulas que araban la tierra. De vez en cuando mi padre paraba y me pedía la bota que teníamos a la sombra en la orilla del río. Yo la iba a buscar corriendo y se la daba sin esperar las gracias. Hacia las seis de la tarde dejaba mi padre el trabajo y nos sentábamos un rato a la orilla del arroyo para merendar. Mi padre era un hombre muy retraído y normalmente hablaba poco. No obstante, a estas horas de la tarde, terminado ya el trabajo, hablaba casi sin parar. Conversaba conmigo tan sólo en estas ocasiones. Ignoro el motivo. En casa él casi nunca hablaba. En todo caso, estos momentos eran los más felices de mi vida.

A eso de las siete recogíamos las cosas y volvíamos al pueblo caminando por un estrecho camino. Al llegar a casa dábamos de comer a las caballerías. Después cenábamos y antes de ir a la cama, me entretenía un buen rato jugando con mi hermano pequeño. Mientras, mi padre, que si hacía frío se ponía junto al fuego, se sumergía con el porrón a su lado en su mutismo habitual.

17.2. Gramática

1. Das Imperfekt — *El pretérito imperfecto*

a) Regelmäßige Formen

cant**ar**	cant**aba**	com**er**	com**ía**	escribir	escrib**ía**
	cant**abas**		com**ías**		escrib**ías**
	cant**aba**		com**ía**		escrib**ía**
	cant**ábamos**		com**íamos**		escrib**íamos**
	cant**abais**		com**íais**		escrib**íais**
	cant**aban**		com**ían**		escrib**ían**

b) Unregelmäßige Formen

ser	era	ir	iba	ver	veía
	eras		ibas		veías
	era		iba		veía
	éramos		íbamos		veíamos
	erais		ibais		veíais
	eran		iban		veían

2. Die Verwendung des Imperfekt — *El empleo del imperfecto*

Das Imperfekt wird gebraucht:

→ bei der Darstellung von Tätigkeiten und Handlungen, die sich in der Vergangenheit regelmäßig wiederholen.
Mi abuelo iba al café todas las tardes.
Después de comer daban un paseo.

→ bei der Darstellung von Zuständen, die in der Vergangenheit nicht als abgeschlossen betrachtet werden.
Eran las siete de la tarde y hacía mucho frío.
En mi casa no teníamos televisión.

3. Das Plusquamperfekt — *El pretério pluscuamperfecto*

Das Plusquamperfekt wird aus dem **Imperfekt** von ***haber*** und dem **Partizip** des jeweiligen Verbes gebildet.

hablar	había	hablado	decir	⇨	había dicho
	habías	hablado	poner	⇨	había puesto
	había	hablado	...		
	habíamos	hablado			
	habíais	hablado			
	habían	hablado			

Das Plusquamperfekt bezeichnet ein Geschehen, das zeitlich vor einem anderen Geschehen in der Vergangenheit liegt.
Cuando Pedro llegó a casa, su hermano ya había salido.

4. ¿*Si* oder *cuando*?

***Cuando** hace los deberes, no oye música.*
***Cuando** volvíamos del campo, estábamos muy cansados.*
***Cuando** comenzaba a llover, volvíamos a casa.*
***Cuando** venga Pablo, le dices que he salido.*

***Si** puedo te ayudaré.*
***Si** quieres puedes acompañarme.*

Si und **cuando** lassen sich beide mit «wenn» übersetzen.
Si steht, wenn es sich um einen Bedingungssatz handelt. (wenn = falls)
Cuando steht, wenn es sich um einen Temporalsatz handelt; wenn = sobald, immer wenn. Nach **cuando** steht der Subjuntivo, wenn eine Handlung in der Zukunft liegt.

5. Gerundium II

*Me pasaba los días **jugando**.*
*Iba **corriendo** a buscar la bota.*
*Volvía **caminando** por un estrecho camino.*
*Me entretenía **jugando**.*

El gerundio II

Das Gerundium kann die Art und Weise der Handlung ausdrücken.

La cucaracha

La cucaracha, la cucaracha
ya no puede caminar
porque no tiene, porque le falta
mariguana que fumar.

Con las barbas de Carranza
voy a hacer una toquilla
pa(ra) ponérsela al sombrero
del general Francisco Villa.

Ya se van los carrancistas,
ya se van haciendo bola
porque viene Pancho Villa
y les estira la cola.

Se murió la cucaracha,
ya la llevan a enterrar
entre cuatro zopilotes
y un ratón de sacristán.

La cucaracha, la cucaracha
ya no puede caminar
porque no tiene, porque le falta
mariguana que fumar.

17.3. Ejercicios

1. Preguntas sobre el texto

1. ¿Vivía Pablo cuando era pequeño en una ciudad? — 2. ¿Estaba su pueblo cerca de la capital de la provincia? — 3. ¿Había en su pueblo muchos coches? — 4. ¿Por qué tenían que ir al pueblo vecino cuando querían ir a la ciudad? — 5. ¿Cómo iban al pueblo vecino? — 6. ¿Qué tenía un tío de Pablo? — 7. ¿Qué profesión tenía su tío? — 8. ¿Cuándo los llevaba su tío a la ciudad? — 9. ¿Por qué era la vida durante la infancia de Pablo diferente a la de ahora? — 10. ¿Qué hacía Pablo cuando no tenía escuela? — 11. ¿Qué era lo que más le gustaba a Pablo? — 12. ¿Por qué no lo llevaba su padre muchas veces al campo? — 13. ¿Qué le pedía su padre a veces cuando estaban en el campo? — 14. ¿Dónde dejaban la bota? — 15. ¿A qué hora paraba su padre de trabajar? — 16. ¿Qué hacían después de parar de trabajar? — 17. ¿Era su padre una persona muy habladora? — 18. ¿A qué hora volvían al pueblo? — 19. ¿Qué hacían cuando llegaban a casa? — 20. ¿Iba Pablo a la cama cuando terminaba de cenar? — 21. ¿Qué hacía su padre después de cenar?

2. Complete las frases y fundamente el empleo del tiempo elegido.

1. ¿Cuánto tiempo (estar) [tú] en Francia? — 2. [Yo] (llegar) a casa después de las dos de la noche. — 3. Su hermano (vivir) tres años en París. — 4. [Yo] (pagar) más de veinte marcos por esta novela. — 5. Ayer [nosotros] (pasar) por casa de Juan. — 6. Colón (descubrir) América en 1492. — 7. La semana pasada [yo] (hablar) por teléfono con Marisa. [Ella] me (preguntar) si [tú] aún (estar) en Madrid. — 8. El domingo [yo] (volver) a casa a la una de la mañana. Mi padre me (esperar) viendo la televisión. Mi madre ya (estar) en la cama. — 9. El verano pasado [nosotros] (ir) de vacaciones a Galicia. (Estar) dos días en Santiago y después (pasar) una semana en la playa. — 10. Cuando [yo] (ser) pequeño [nosotros] no (tener) televisión. Los domingos por la tarde [yo] (ir) a casa de un tío rico y (ver) con mis primos los programas infantiles. — 11. Aquel sábado Pilar no (ir) al cine con Jaime porque los señores Hernández, que (vivir) en el segundo piso de su casa, (tener) que salir y Pilar (querer) ganarse algunas pesetas cuidando a los niños de sus vecinos. — 12. Ayer Petra (salir) para el trabajo a las siete de la mañana y (volver) a las cuatro de la tarde. A la cinco de la tarde (tomar) el autobús para (dar) una vuelta por la ciudad y (encontrarse) con Pilar. Las dos amigas (se pasear) dos horas por la ciudad y antes de volver a casa (entrar) en un bar para tomar un refresco porque (hacer) mucho calor. — 13. El martes [yo] (ir) al centro de la ciudad porque (tener) que comprar unos libros. — 14. [Yo] no te (venir) a ver porque no (tener) tiempo.

3. Ponga un poco de orden.

1. 40 — a — ciudad — cuando — de — El — el — en — era — estaba — kilómetros — la — más próxima. — niño, — pueblo — que — unos — vivía, — yo

2. a — autobús. — ciudad, — Cuando — en — furgoneta, — ir — la — llevaba — mi — ningún — no — nos — pasaba — por — porque — pueblo — que — su — tendero — teníamos — un
3. A — al — campo — con — días — en — escuela. — gustaba — ir — los — me — mi — mí, — mucho — no — padre — que — teníamos
4. A — a — a — allí — arroyo. — bota. — de — del — íbamos — la — la — la — las — merendar — Mi — orilla — padre — seis — tarde — tenía
5. cenar — con — de — Después — entretenía — era — hermano, — más — me — mi — pequeño — que — que — yo.

4. La señora Enriqueta

La señora Enriqueta (hacer) cada día lo mismo. (Levantarse) a las siete. Después de lavarse, (tomarse) un café con leche y (salir) para oír misa [die Messe besuchen]. (Ir) a pie porque la iglesia no (estar) muy lejos de su casa. En la iglesia no (haber) más de seis o siete personas. Siempre (ser) las mismas. La misa (durar) escasamente media hora.

Cuando (salir) de la iglesia (ir) a comprar lo que (necesitar) para el día, no (ser) demasiado, pues (ser) una persona bastante austera [sparsam]. No (tener) mucho dinero, pero lo (administrar) tan bien que nadie la (tener) por una mujer necesitada [bedürftig].

Por la tarde (reunirse) a veces con algunas amigas de su misma edad. (Jugar) al dominó y entre traguito [kleiner Schluck] y traguito de anís (comentar) los últimos acontecimientos que (haber) tenido lugar en el barrio. Así, monótonamente, (pasar) los días, los meses, los años, la vida.

a) Ponga el texto en el presente.
b) Escriba la narración en el pasado.
c) Cierre el libro y cuente la historia.

5. ¿Si o cuando?

1. ... quieres que te ayude, tienes que decírmelo.
2. ... hace buen tiempo, damos un paseo.
3. ... viene puntual, podremos terminar el trabajo antes de cenar.
4. ... llegues, puedes llamarme por teléfono.
5. ... lees más lentamente, entenderemos lo que dices.
6. ... no encuentran trabajo, emigran a las zonas industrializadas del norte.
7. ... vas al centro de la ciudad, puedes traerme el ABC.
8. ... salió de casa, se olvidó de cerrar la puerta.
9. ... no entiende español, no le podré explicar dónde está el museo.
10. ... salió del trabajo, se encontró con un amigo.
11. ... tienes el libro, me lo puedes prestar.
12. ... volvamos de vacaciones, compraremos un nuevo coche.
13. ... los Gómez tienen que hacer una visita, llaman a Pilar.
14. Juan me ha preguntado ... podía pasar por su casa.
15. ... yo era pequeño, en mi pueblo sólo había dos coches.

6. Transforme las frases empleando el gerundio.

Modelo: [Manuel] volver a casa — correr ⇨ Manuel vuelve a casa corriendo.

1. [Maite] estar en casa — oír música
2. [El] entretenerse — jugar con su hermano
3. [Ellos] volver a casa — cantar
4. [El] ayudar a su madre — dar de comer a los animales
5. [Ellos] pasar la tarde — ver la televisión
6. [El] va a buscar la bota — correr
7. [Ellos] volver a casa — caminar por una senda [Pfad]
8. [El] dar la bota a su padre — esperar las gracias
9. [Tú] pasarse las mañanas — leer
10. [El] pasarse la tarde — dormir
11. [Ellos] cenar — oír la radio
12. [Yo] esperar el autobús — leer el periódico
13. [Ellos] conocerse — estar en Madrid
14. [Ella] estar en su habitación — estudiar español

7. Ponga el texto en el pasado.

Son las nueve de la tarde. Montserrat y Ana, su amiga, están en un bar de las Ramblas, han tomado ya un aperitivo y quieren ir a casa de los Gómez porque la señora Gómez las ha invitado a cenar. Los Gómez son una familia de su pueblo y ya hace diez años que viven en Barcelona. A las nueve y diez salen del bar y van a la estación del metro. Sacan los billetes y a las nueve y media ya se encuentran en casa de los Gómez. La señora Gómez ha preparado una paella magnífica. Antes de comenzar a cenar, hablan del pueblo y de los niños de los Gómez. La señora Gómez les explica que los dos mayores van al Instituto y que los dos pequeños están haciendo EGB. A las diez, llaman a la puerta. La señora Gómez abre la puerta. Es el señor Gómez que vuelve del trabajo. Ha terminado de trabajar a las nueve y media porque ha hecho dos horas extraordinarias. A las diez y cuarto comienzan a cenar y a las once y media ya han terminado. Después de la cena conversan un poco y el señor Gómez lleva a Montserrat y a Ana a la residencia en la que viven, que está a veinte minutos de la casa de los Gómez. Pasada la media noche, las dos amigas llegan a su residencia, ven las noticias en la televisión, conversan un poco y se van a la cama.

a) Subraye el texto con tres colores:
   azul: Zustände und Ereignisse, die als abgeschlossen betrachtet werden
   verde: Zustände, die als nicht abgeschlossen betrachtet werden
   rojo: Vorzeitigkeit in der Vergangenheit
b) Ponga el texto en el pasado.

17.4. El campo español

La agricultura en España ha experimentado importantes cambios en los últimos decenios. Ya no es, como en tiempos pasados, el sector que da trabajo a más población activa, ni que proporciona el porcentaje mayor de las exportaciones. La agricultura se ha desenvuelto muchísimo en los últimos años, pero sus rendimientos no son todavía satisfactorios. Las condiciones ecológicas y climatológicas (tierras erosionadas y falta de agua), con frecuencia, son desfavorables. Pero los auténticos problemas del campo español son de tipo humano y social.

La desigual distribución de la propiedad rural perjudica grandemente a la agricultura. En Galicia y parte de la meseta del Duero la propiedad es tan pequeña que el agricultor apenas produce lo suficiente para poder subsistir él y su familia. En la generación que le sigue, si sus dos o tres hijos deciden quedarse en casa, dispondrá de la mitad o el tercio de la tierra que poseía su padre. El minifundismo (nombre que se da a este tipo de posesión de la tierra) se convierte en una agricultura de pura subsistencia, de métodos y cultivos anticuados y, como consecuencia, de muy baja productividad. El problema del minifundio no tiene fácil solución. Sólo la decisión libre y voluntaria de los propietarios de dejar la actividad agrícola y dedicarse, normalmente fuera de su región, a actividades más productivas y lucrativas puede solucionar el problema.

Por otra parte, en el Sur de España, principalmente en Andalucía, las fincas son extremamente grandes: El latifundismo (se da el nombre de latifundio a propiedades mayores de 200 hectáreas) también tiene aspectos muy negativos: Existencia de grandes zonas que sólo producen pastos, empleo de una mano de obra que solamente tiene trabajo durante una época del año, absentismo (hoy cada vez menor) de los propietarios que viven en Madrid o en las capitales de provincia. Los problemas del latifundio se podrían resolver evitando la excesiva concentración de la propiedad y asegurando al campesino formas de participación real y responsable en la explotación y rendimientos de la tierra.

El campo español necesita, sin duda, una urgente reforma agraria. La distribución de la propiedad tiene que ser más racional y más justa. Sin embargo, no debemos olvidar que el mero incremento de la producción no puede solucionar a la larga el problema agrícola en una Europa en la que gran parte de lo que se produce se almacena y, con mucha frecuencia, posteriormente se tira al mar.

1. Consulte el diccionario y escriba los verbos que corresponden a los siguientes substantivos.

almacén (m.)	...	cambio (m.)	...	concentración (f.)	...
cultivo (m.)	...	decisión (f.)	...	dedicación (f.)	...
distribución (f.)	...	empleo (m.)	...	esfuerzo (m.)	...
existencia (f.)	...	explotación (f.)	...	exportación (f.)	...
falta (f.)	...	incremento (m.)	...	logro (m.)	...
opinión (f.)	...	participación (f.)	...	población (f.)	...
posesión (f.)	...	producción (f.)	...	reforma (f.)	...
rendimiento (m.)	...	solución (f.)	...	subsistencia (f.)	...

2. Cuestiones sobre el texto

1. ¿Por qué no tiene la agricultura en la actualidad la importancia que tuvo en otro tiempo?
2. ¿Qué factores negativos condicionan la producción agrícola española?
3. ¿A qué se llama minifundismo?
4. ¿En qué zonas abunda el minifundismo?
5. ¿Dónde ve el autor una solución para el minifundismo?
6. ¿Qué se entiende por latifundismo?
7. ¿Cuáles son los aspectos negativos del latifundismo?
8. ¿Cuáles pueden ser en su opinión las ventajas de una agricultura latifundista?
9. ¿Cómo se podrían resolver los problemas actuales del latifundismo?
10. ¿Por qué es el autor un poco pesimista por lo que se refiere al incremento de la producción agrícola en Europa?

Un pueblo casi abandonado

A un pueblo abandonado

Se me ha roto en el alma la tristeza
al mirar hoy un pueblo de Castilla
donde las casas de escudos y arcilla
desmoronan al viento su belleza.

Sabía del dolor y la pobreza
de esta gente que fue surco y semilla.
La que un lejano ayer dio por gavilla
un solar, una fe y una nobleza.

Vagando por sus calles, hoy desiertas,
con las ventanas ciegas y las puertas
rechinando los goznes, he sentido
que era el quieto reloj del campanario
un corazón vacío y solitario
dando al aire su último latido.

Antonio Rodríguez Lanillo

18.1. La Guerra Civil española

Inmediatamente después del triunfo del Frente Popular en las elecciones del 1936 se forma una conspiración de las derechas. Tanto la burguesía como el ejército no están de acuerdo con la política anticlerical y revolucionaria de la Segunda República. Varios generales, entre ellos Francisco Franco, deciden evitar lo que ellos llaman «desencadenamiento de un movimiento revolucionario popular».

La frase de Dolores Ibarruri (La Pasionaria) «No pasarán», fue la bandera de combate de los defensores del Madrid sitiado.

El 18 de julio de 1936 comenzó la Guerra Civil Española. Tras el levantamiento militar contra la Segunda República, el territorio español quedó dividido en dos bandos: La zona republicana (*los rojos*, de tendencia socialista): Cataluña, Castilla la Vieja (hoy parte de Castilla y León), Valencia y la zona nacionalista (*los nacionales,* de tendencia conservadora): Galicia, Castilla la Nueva (actualmente Castilla-La Mancha) y Navarra.

A pesar de la declaración de no intervención por parte de la mayoría de los Gobiernos extranjeros, la Guerra Civil Española se convertiría en un preámbulo de lo que después sería la Segunda Guerra Mundial. Los nacionales recibirían apoyo de la dictadura italiana y sobre todo de la Alemania nazi. La Unión Soviética, México y socialistas de otros países, sobre todo disidentes alemanes e italianos (Brigadas Internacionales) apoyarían abiertamente a los republicanos. Francia simpatizó más con los republicanos que con los nacionales.

La guerra duró tres años. En ella los nacionales tomaron casi siempre la iniciativa militar y esto es lo que les llevaría finalmente a la victoria. Lo que explica la superioridad militar del bando de Franco es en primer lugar la mejor preparación del ejército nacionalista: mejor material bélico, mayor capacitación de los mandos militares y mayor eficiencia de la ayuda del extranjero.

Hitler tuvo y aprovechó la oportunidad de probar en el suelo español sus armas y la estrategia aérea para la destrucción de ciudades como lo haría en Guernica. La falta de organización y disciplina, los enfrentamientos internos sobre todo entre anarquistas y comunistas, así como el casi nulo apoyo concreto por parte de los aliados socialistas (México) y comunistas (Rusia) impidieron a los republicanos presentar un frente sólido y eficiente.

La Guerra terminó en el mes de abril de 1939 y en España se abrió un período de dictadura que se extendería durante cuarenta años. La Dictadura militar suprimió los partidos políticos, prohibió toda actividad política y sindical, anuló la libertad de expresión y de reunión, oprimió cruelmente todo tipo de movimientos democráticos y las tendencias nacionalistas en el País Vasco, Cataluña y Galicia. Numerosos demócratas y liberales tuvieron que seguir el doloroso camino del exilio para conservar su libertad.

Afortunadamente la España de nuestros días ha logrado en sus veinte años de democracia superar casi totalmente el abismo que separó a las dos Españas de la guerra y los crueles antagonismos que el general Franco logró mantener casi hasta el día de su muerte.

1902 -1931:	***Alfonso XIII (Rey de España)***
1931-1936:	***Segunda República***
1936-1939:	***Guerra Civil***
1939-1975:	***Dictadura Franquista***
1975:	***Juan Carlos es nombrado Rey de España***
1978:	***Promulgación de la Constitución Española***
1986:	***Entrada de España en la Comunidad Europea***

18.2. Gramática

1. Zukunft in der Vergangenheit — Futuro en el pasado

Juan me dijo que vendría.
Los nacionales recibirían apoyo de la dictadura italiana.

Durch das Konditional wird die *Zukunft in der Vergangenheit ausgedrückt.*

2. Adverbien auf -mente

inmediato	⇨	inmediata	⇨	*inmediatamente*
claro	⇨	clara	⇨	*claramente*
fácil	⇨	fácil	⇨	*fácilmente*

Von den meisten Adjektiven kann im Spanischen ein Adverb abgeleitet werden, indem an die Form des Femininum Singular die Endung -**mente** angehängt wird.

3. Betonung der Wörter II — *Acentuación de las palabras II*

si	[ob, wenn]	sí	[ja]	se	[sich]	sé	[ich weiß]
de	[von]	dé	[ich/er möge geben]	el	[der]	él	[er]
te	[dir/dich]	té	[Tee]	mi	[mein]	mí	[mir/mich]
mas	[aber]	más	[mehr]	aun	[sogar]	aún	[noch]

Eine Anzahl einsilbiger Wörter wird mit Akzent geschrieben, um sie von gleich lautenden Wörter mit anderer Bedeutung unterscheiden zu können.

María	país	comía	continúo
día	tía	comíamos	reúne

Bei Diphthongen wird der Akzent gesetzt, wenn der schwache Vokal betont werden soll.

¿*Quién* ha llamado?	Dime *quién* ha llamado.
¿*Dónde* vive su hermano?	No sé *qué* hacer.

Alle Fragewörter tragen einen Akzent, auch in der indirekten Frage.

18.3. Ejercicios

1. Forme y traduzca con la ayuda del diccionario los contrarios de las siguientes palabras.

afortunadamente	antagonismo	apoyar
aprovechar	burguesía	comenzar
conservar	contra	derecha
después	destruir	división
evitar	mayor	mejor
organización	prohibir	separar
siempre	superioridad	victoria

2. Transforme la frases según el modelo.

Juan irá al cine. ⇨ *Carlos me dijo que Juan iría al cine.*

1. Mañana habrá poca gente en el mercado. María me dijo ayer ...
2. El próximo fin de semana hará mucho calor. En la televisión dijeron ayer ...
3. Tomaremos el tren de las once. Carlos dijo ...
4. La película os gustará. Pilar me aseguró [versicherte] ...
5. María vendrá está tarde. Su hermano dijo ...
6. Repararán el coche antes de las ocho. El mecánico me había dicho ...
7. Cogeremos el tren de las siete. Roberto dijo ...
8. Nos llamará antes de salir. Anita me dijo ...
9. Saldremos después de comer. Angel me dijo ...
10. Vendré a eso de las ocho. Roberto había dicho ...
11. No podremos acompañaros. Magda nos dijo ...
12. Pensaré en vosotros. Rebeca me aseguró ...

3. Ponga las palabras en su lugar.

apoyar — conservadora — conspiración — de — declararon — desencadenamiento — destrucción — dictadura — duró — e — elecciones — en — en el — entró — Guernica — instauró — mejor — nacional — parte — porque — que — rojo — salvaguardar

1. La ... de derechas se formó poco después ... las ... de 1936.
2. La mayor ... de los Gobiernos extranjeros ... que no intervendrían ... el conflicto español.
3. Los nacionales eran de tendencia ... y querían evitar el ... de un movimiento revolucionario popular.
4. Los mandos del bando ... estaban ... preparados que los del bando ... .
5. Hitler bombardeó ... para probar sus métodos estratégicos en la ... de ciudades.
6. Durante la ... de Franco no había partidos políticos ... él los había prohibido.
7. Algunos intelectuales españoles tuvieron ... salir de España para ... su libertad.

8. La dictadura que Franco ... después de la guerra ... casi 40 años.
9. Disidentes alemanes ... italianos se trasladaron a España para ... a los rojos.
10. España ... en la Comunidad Europea ... año 1986.

4. Defina con la ayuda del diccionario cuatro de los siguientes términos.

anarquismo (m.)	antagonismo (m.)	burguesía (f.)
comunismo (m.)	Constitución (f.)	Comunidad Europea (f.)
conspiración (f.)	dictadura (f.)	disidente (m.f.)
estrategia (f.)	exilio (m.)	frente popular (m.)
guerra civil (f.)	monarquía (f.)	política anticlerical (f.)
proletariado (m.)	república (f.)	sindicato (m.)

5. Preguntas sobre el texto

1. ¿En qué elecciones ganó el Frente Popular? — 2. ¿Cómo reaccionaron las derechas? — 3. ¿Por qué no estaban de acuerdo ni la burguesía ni el ejército con la política de la Segunda República? — 4. ¿Qué día comenzó la Guerra Civil Española? — 5. ¿Quiénes eran los *rojos*? — 6. ¿Qué regiones pertenecían al principio de la guerra a la *zona nacional*? — 7. ¿De quiénes recibieron apoyo los *nacionales*? — 8. ¿Quiénes apoyaron a los *rojos*? — 9. ¿Cuánto tiempo duró la guerra? — 10. ¿Qué factores explican la superioridad militar de los *nacionales*? — 11. ¿Qué oportunidad brindó a Hitler la Guerra Civil Española? — 12. ¿Cuáles son las tres causas que explican la inferioridad militar de los *rojos*? — 13. ¿En qué día terminó la guerra española? — 14. ¿Qué régimen político se estableció después de la Guerra Civil? — 15. ¿De qué instrumentos de represión se sirvió la dictadura? — 16. ¿Qué tuvieron que hacer algunos españoles para conservar su libertad? — 17. ¿Cuándo acabó la dictadura? — 18. Explique la evolución política de España tras la dictadura. — 19. ¿Qué sabe usted de Juan Carlos? — 20. ¿Cuándo entró España en la Comunidad Europea?

6. ¿Muy o mucho?

1. La dictadura franquista fue ... dura y se extendió durante ... tiempo. — 2. Nuestro profesor de español habla ... y ... deprisa. — 3. Los mandos militares del ejército franquista estaban ... bien preparados y tomaron ... veces la iniciativa. — 4. No tardan ... en aprender a leer correctamente. — 5. Tiene ... compañeros, pero los conoce ... poco. — 6. Los nacionales recibieron ... apoyo de la dictadura italiana. — 7. No se interesan ... por este tipo de problemas. — 8. La dictadura se sirvió de ... y ... duros instrumentos de represión. — 9. Esta tarde hace ... buen tiempo. — 10. Este señor ha pasado ... tiempo fuera de España. — 11. Don Roberto es una persona ... amable. — 12. Pascual no tiene ... amigos.

7. Traducción o lectura comentada

Alocución de Franco (17.7.1936)

Españoles: a cuantos sentís el santo amor a España, a los que en las filas del Ejército y la Armada habéis hecho profesión de fe en el servicio de la Patria, a cuantos jurastéis defenderla de sus enemigos hasta perder la vida, la Nación os llama a su defensa. La situación de España es cada vez más crítica, la anarquía reina en la mayoría de sus campos y pueblos; autoridades de renombre presiden y fomentan las revueltas a tiro de pistola y ametralladoras. Huelgas revolucionarias de todo orden paralizan la vida de la Nación, arruinan y destruyen sus fuentes de riqueza y crean una situación de hambre que lanzará a la desesperación a los hombres trabajadores. Los monumentos y tesoros artísticos son objeto del más enconado ataque de las hordas revolucionarias, que obedecen la consigna que reciben de las directivas extranjeras. Los más graves delitos se cometen en las ciudades y los campos mientras las fuerzas del orden público permanecen acuarteladas. El Ejército, la Marina y demás institutos armados son blancos de los más soeces y calumniosos ataques precisamente por aquellos que deberían velar por su prestigio. La Constitución sufre un eclipse total; ni igualdad ante la Ley; ni libertad, aherrojada por la tiranía; ni fraternidad, cuando el odio y el crimen han sustituido al mutuo respeto; ni unidad de la Patria amenazada; ni integridad, ni defensa de nuestra frontera, cuando en el corazón de España se escuchan las emisoras extranjeras anunciar la destrucción y reparto de nuestro suelo.

Al espíritu revolucionario e inconsciente de las masas engañadas y explotadas por los agentes soviéticos se ocultan las sangrientas realidades de aquel régimen que sacrificó para su existencia 25.000.000 de personas, se unen la malicia y negligencia de autoridades de todas las clases, que amparadas en un poder claudicante, carecen de la autoridad y prestigio para imponer el orden en el imperio de la libertad y la justicia.

En estos momentos es España entera la que se levanta para pedir y exigir paz, fraternidad y justicia en todas las regiones. El Ejército, la Marina y el orden público se lanzan a defender a la Patria. El espíritu de odio y venganza no tiene albergue en nuestro pecho. Queremos alcanzar la paz interior de España y su anhelada grandeza haciendo reales en nuestra Patria por primera vez y en este orden, la trilogía, fraternidad, libertad e igualdad.

Españoles, ¡¡¡Viva España!!! ¡¡¡Viva el honrado pueblo español!!!

EL GENERAL FRANCO

(Texto abreviado y ligeramente adaptado)

8. Sola en la estación de metro

Ponga el texto en el pasado.

Ana tiene 16 años y vive en Madrid, en un piso que no está lejos de la estación de metro «Moncloa». Ha estado enferma un par de días y quiere llamar por teléfono a su amiga Salas para saber los deberes que les han puesto. Como el teléfono de sus padres no funciona desde hace un par de días va a un bar. A Ana no le gusta llamar por teléfono en los bares, pero ... . Cuando entra en el bar se da cuenta de que el teléfono está ocupado. Espera cinco, diez minutos y al final se decide a ir a la estación de metro. Son las ocho menos cuarto y por la calle hay muy poca gente. En la estación de metro encuentra una cabina vacía. Marca el número de Salas y comienza a hablar con ella. Su amiga le dice los deberes que les han puesto y continúan hablando. De pronto Ana oye un ruido. Junto a la cabina telefónica hay un tipo raro que no deja de mirarla. ¿Qué puede querer?...
(Continúe la narración.)

9. Ponga los acentos donde haga falta.

Don Juan Carlos de Borbon
Don Juan Carlos de Borbon, rey de España con el nombre de Juan Carlos I, es hijo de don Juan de Borbon y doña Maria de las Mercedes, condes de Barcelona. Su padre era hijo y heredero de Alfonso XIII, el ultimo rey español.
El conde de Barcelona no era el hijo mayor de Alfonso XIII. Esta condicion recaia en el principe Alfonso, que murio, y luego en el principe Jaime, a quien por orden sucesorio debia corresponder la condicion de heredero. Su sordomudez y su matrimonio le llevaron a ser excluido de la linea sucesoria por renuncia expresa e incapacidad fisica.
Don Juan Carlos nacio en Roma. Paso los primeros años de su infancia en Estoril (Portugal), sede del exilio de su familia. Despues regreso a España para educarse y prepararse para asumir sus responsabilidades historicas. Hoy es el rey amado por su pueblo y admirado en todo el mundo por haber impulsado el proceso de democratizacion en España.

10. Temas de redacción

1. ¿Quién fue Franco?
2. Explique las causas y las consecuencias de la Guerra Civil Española.

Mamita mía (Canto popular en la España Roja)

*Los cuatro generales**
¡Mamita mía!
que se han alzado.
Para la Nochebuena
serán ahorcados.

Madrid, qué bien resistes
¡Mamita mía! los bombardeos.
De todas bombas se ríen
¡Mamita mía!
los madrileños.

* Los cuatro generales fueron Franco, Mola, Varela y Queipo de Llano.

Expresiones útiles: Guerra Civil

Enfrentamiento:

bando de Franco	bando republicano
generales (militares)	Gobierno (elegido democráticamente)
tradicionalistas	progresistas
zona nacional	zona republicana
los nacionales	los rojos
defensores de la religión	partidarios del laicismo político
guerra = cruzada	anticlericales

Aceptación:

zonas rurales y burguesía	zonas industriales y trabajadores
(Andalucía, Castilla, Galicia	(Madrid, Cataluña, País Vasco)
Navarra)	

Participación extranjera:

apoyo de las dictaduras	apoyo de las Brigadas Internacionales
italiana y alemana	disidentes alemanes e italianos
países del Eje (Roma-Berlín)	Rusia y México
ayuda eficiente	ayuda ineficiente

Causas de la victoria:	***causas de la derrota:***
— buena preparación del ejército	— ejército sin preparación
disponen de buen material bélico	Rusia no envió el material bélico que
buena preparación militar	había prometido
— acuerdo interno de los dirigentes	— desacuerdo interno (comunistas
— frente sólido	y anarquistas)
— ayuda eficaz de los aliados	— ayuda casi ineficaz de los aliados

Dictadura:

— cuarenta años de duración
— supresión de la libertad de pensamiento y reunión
— persecución de todo tipo de oposición política
— opresión de los movimientos nacionalistas y de las lenguas regionales
— muchos intelectuales tienen que abandonar su patria

18.4. El drama de Batuco

Batuco es un pueblo chileno que se encuentra a unos veinticinco kilómetros de Santiago de Chile. Batuco vive principalmente de la agricultura. En los fértiles campos de Batuco se cultivan en la actualidad casi únicamente cebollas, tomates, verduras, porotos y algo de fruta. Batuco exporta prácticamente todo lo que produce. Las cebollas van a Norteamérica y a Europa, los tomates: unos a Santiago, otros a la fábrica de conservas y los porotos a Santiago y otras ciudades sudamericanas. Un kilo de porotos es más caro en un supermercado de Batuco que en Santiago de Chile. Todo producto agrícola que se puede vender va a Santiago y desde Santiago una parte vuelve a Batuco.

Los trabajadores del campo no poseen las tierras que cultivan. Trabajan para empresas exportadoras. A muchos habitantes de Batuco el campo sólo les ofrece trabajo en la época de la recolección. En este corto período pueden ganar hasta 1000 pesos semanales. Con este dinero se puede vivir, pero el trabajo se acaba al final de la recolección. Después de la cosecha muchos obreros tienen que buscar trabajo en otro sitio y las posibilidades de encontrarlo son escasas. Algunos trabajan en las obras sin contrato, sin seguro social y por poco dinero. Si se protesta se pierde el trabajo. A los patrones no les es difícil encontrar a alguien que está dispuesto a hacer el mismo trabajo por menos dinero.

Los tomates, los porotos, la mejor fruta y las cebollas de Batuco viajarán a Santiago, a Estados Unidos, a Brasil, a Europa y algunas toneladas volverán a los supermercados de Batuco para alimentar a los trabajadores de Batuco y enriquecer a las empresas exportadoras. Batuco y sus cebollas no son un caso único en el continente americano.

1. Ejercicios de léxico

Escriba los substantivos que corresponden a los siguientes verbos.

alimentar	...	asegurar	...	buscar	...
comprar	...	conservar	...	contratar	...
cosechar	...	cultivar	...	disponer	...
enriquecerse	...	exportar	...	ganar	...
ofrecer	...	poblar	...	poseer	...
producir	...	protestar	...	trabajar	...
vender	...	viajar	...	vivir	...
volver	...	importar	...	fabricar	...

2. Preguntas sobre el texto

1. ¿En qué país sudamericano se encuentra Batuco?
2. ¿Cuál es la capital de Chile?
3. ¿Cuántos kilómetros hay de Batuco a Santiago de Chile?

Batuco no es un caso único en el continente americano. En Colombia y Nicaragua, por ejemplo, se produce café para exportarlo a Estados Unidos y a Europa. El mísero salario que reciben los jornaleros en los cafetales garantiza los precios competitivos a los que se puede ofrecer el producto en los países desarrollados.

4. ¿De qué viven principalmente los habitantes de Batuco?
5. ¿Qué se cultiva en los campos de Batuco?
6. ¿Adónde exporta Batuco las cebollas?
7. ¿Por qué es más caro un kilo de porotos en Batuco que en Santiago de Chile?
8. ¿Quiénes son los propietarios de las tierras de Batuco?
9. ¿En qué época del año trabajan muchos habitantes en el campo?
10. ¿Qué tienen que hacer muchos obreros de Batuco después de la recolección?
11. ¿Dónde encuentran algunos obreros trabajo?
12. ¿Por qué no pueden protestar los que trabajan en las obras?
13. ¿Quién se enriquece con los productos de Batuco?
14. ¿Por qué dice el autor que Batuco no es un caso único en el continente sudamericano?

19.1. El viento Zonda

Gilanco era un indio fuerte, el más fuerte y ágil de su tribu. Sus vigorosas piernas no se cansaban nunca de correr y andar por los llanos y las montañas. Sabía saltar, sigiloso como el puma, sabía esconderse y disparar las flechas sin fallar jamás. Los dioses habían sido muy generosos con él. Todos los indios de su tribu le admiraban porque era el mejor de todos los cazadores.

Cuando Gilanco quería distraerse, se iba a la montaña con algunos compañeros, subía a las cumbres más altas y recorría los desfiladeros matando a todos los animales que salían a su paso. No tenía piedad ni siquiera con las crías, que todos los indios respetaban. Todos, todos los animales huían cuando lo divisaban, pues conocían su crueldad. Corría tras ellos como el viento tras las hojas secas. Y, como el viento, arrasaba todo a su paso. Eso disgustaba mucho a Yastay, el dios protector de los animales, sobre todo porque Gilanco no cazaba para satisfacer su hambre, sino por el gusto de destruir.

Un día, después de extinguir una familia entera de guanacos, se acostó a dormir la siesta bajo un gran árbol. Ya estaba en el primer sueño cuando su fino oído escuchó un leve rumor de pasos.

—¿Quién anda por ahí? —gritó irritado—. ¿Quién se atreve a interrumpir mi siesta?

Nadie contestó. De pronto sintió un ruido muy seco y brusco.

Era Yastay. Gilanco lo sabía muy bien. Sólo el dios que protege a los animales se anunciaba de esta manera.

Gilanco, el valiente y cruel Gilanco que mataba sin miedo y sin piedad, se estremeció.

Yastay estaba frente a él. Lo miraba fijamente y su mirada era dura y directa: como las flechas de Gilanco. Y, por primera vez en su vida, Gilanco tuvo miedo verdadero. Quiso huir, pero no pudo. Quiso gritar, pero su lengua se quedó inmóvil. Gilanco temblaba como temblaban los indefensos animales cuando él se les acercaba. Y el dios, por fin, habló:

—Escucha, Gilanco: Es mi último aviso. Pachamama y yo no estamos de acuerdo con tu comportamiento destructor. Pachamama está triste y muy enojada. ¡Deja a los animales en paz! Si continúas destruyendo vidas, recibirás un terrible castigo de Pachamama. Utiliza tus dones para el bien de tu tribu y no para exterminar a los hijos de tu madre Pachamama.

Y diciendo esto, desapareció.

Gilanco se inquietó porque sabía que Pachamama era muy dura cuando castigaba. Pero poco le duró su preocupación, poco tardó en volver a hostigar y exterminar a los animales, aumentando cada vez su crueldad.

Pocos días después, Gilanco oteó una cría de guanaco no lejos de él. Tomó una flecha y se la lanzó. La flecha que había arrojado se quedó suspendida en el aire. Una voz tronó en las montañas.

Gilanco sabía quién era. Era Pachamama. Tuvo miedo y miró para todos lados.

—¿Dónde estás?, ¿dónde estás? —preguntaba Gilanco desesperado.

No podía verla porque enormes nubarrones de polvo arenoso empezaron a surgir de pronto como brotados del mismo fondo de la tierra.

Sólo escuchó una voz:

—¡Gilanco! Has tenido tu oportunidad y sigues siendo cruel.

La polvareda empezó a girar y girar en un remolino asfixiante.

Los pocos compañeros de Gilanco se escondieron aterrados, pero Gilanco quedó encerrado en el remolino.

—¡Gilanco! ¡Gilanco! —le gritaban.

La polvareda arenosa se había convertido en un viento furioso que lo envolvía y lo arrastraba con fuerza incontenible.

—¡Gilanco! ¡Gilanco!

El viento caliente se alejaba veloz arrasando todo a su paso.

¡Gilanco! ¡Gilanco!

Gilanco ya no estaba. A lo lejos se oía su voz como un silbido largo y quejumbroso, atravesando distancias, haciendo temblar los ranchos.

Había nacido el viento Zonda. El cálido y a veces furioso viento del Norte.

19.2. Gramática

1. Verben auf -uir

	Präsens Ind.	*Präsens Subj.*	*Pret. indefinido*	*Gerundium*
construir	construyo	construya	construí	construyendo
	costruyes	construyas	cosntruiste	
	construye	construya	construyó	
	construimos	construyamos	construimos	
	construís	construyáis	construisteis	
	construyen	construyan	construyeron	

destruir [zerstören]
huir de [fliehen vor]
sustituir [ersetzen]
distribuir [verteilen]
influir [beeinflussen]

2. Gerundium III

El gerundio III

El tren **está llegando**.
Der Zug kommt gerade an.
Gilanco **continúa matando** los animales.
Gilanco tötet die Tiere weiter.

estar + gerundio drückt einen Vorgang aus, der gerade stattfindet.
seguir/continuar + gerundio drückt eine sich fortsetzende Handlung aus. [weiter]

Paseaban **hablando** del tiempo.
Sie gingen spazieren und sprachen vom Wetter.
Saliendo del autobús encontré a Carmen.
Als ich den Bus verließ, traf ich Carmen.

Das Gerundium kann zwei Handlungen verbinden, die im Deutschen mit **und** verbunden werden. Es kann anstelle von Nebensätzen stehen.

3. *Poder* und *saber*

Heike ya **sabe** hablar español.
Heike kann schon Spanisch.
Gilanco **sabía** disparar las flechas.
Gilanco konnte die Pfeile abschießen.

Juanito no **puede** acompañarte porque por la tarde tiene clase.
Juanito kann dich nicht begleiten, weil er nachmittags Unterricht hat.
Gilanco **no pudo** huir.
Gilanco konnte nicht fliehen.

Das deutsche Verb **können** wird im Spanischen wiedergegeben durch:
saber + infintivo zum Ausdruck einer gelernten Tätigkeit
poder + infinitivo zum Ausdruck eines von äußeren Umständen abhängigen Könnens.

19.3. Ejercicios

1. Preguntas sobre el texto

1. ¿Quién era Gilanco? — 2. ¿Por qué no se cansaba de correr? — 3. ¿Por qué lo admiraban los indios de su tribu? — 4. ¿Adónde iba cuando quería distraerse? — 5. ¿Qué hacía con los animales que encontraba? — 6. ¿Quién es Yastay? — 7. ¿Por qué no estaba Yastay de acuerdo con la conducta de Gilanco? — 8. ¿Qué había hecho Gilanco un día antes de acostarse a dormir la siesta? — 9. ¿Quién interrumpió su siesta? — 10. ¿Qué le dijo Yastay a Gilanco? — 11. ¿Dejó Gilanco de matar a los animales? — 12. ¿Qué quería hacer Gilanco cuando se le apareció Pachamama? — 13. ¿Qué le dijo Pachamama a Gilanco? — 14. ¿Veía Gilanco a Pachamama? — 15. ¿Qué hicieron los compañeros de Gilanco cuando se le apareció Pachamama? — 16. ¿Cómo castigó Pachamama a Gilanco?

2. Ponga en el presente.

1. Gilanco era el indio más fuerte de toda su tribu y sabía disparar las flechas sin fallar jamás. Los dioses habían sido muy generosos con él. — 2. Cuando salía de caza mataba a todos los animales que salían a su paso. Eso no podía consentirlo Yastay. — 3. Yastay estaba muy disgustado con el comportamiento de Gilanco porque éste no mataba a los animales para alimentarse, sino por el placer que le producía destruir. — 4. El cruel Gilanco tuvo miedo cuando Yastay se le apareció. — 5. Yastay le dijo que si continuaba matando a los animales recibiría un terrible castigo de Pachamama. — 6. Gilanco se quedó muy preocupado porque sabía que los castigos de Pachamama eran muy duros. — 7. Un día cuando ya había lanzado una flecha para matar una cría de guanaco oyó una voz atronadora que le dijo que, como no había cambiado de conducta y seguía matando a los animales, iba a recibir un terrible castigo. — 8. Pachamama convirtió a Gilanco en el viento Zonda, un viento muy caliente que a veces se convierte en huracán y arrasa todo a su paso.

3. Complete las frases.

1. En este barrio (querer) (construir) una nueva escuela. — 2. El clima (influir) mucho en las costumbres y tradiciones de las regiones. — 3. Las clases (comenzar) a las ocho de la mañana y (terminar) a la una y cuarto de la tarde. — 4. La aviación alemana (destruir) Guernica en muy pocas horas. — 5. Nuestra escuela (contar) con más de setecientos alumnos. — 6. Mi hermana me (decir) que mañana no (poder) (ir) a tu casa. — 7. El profesor (distribuir) los libros entre los alumnos. — 8. Yo no (hacer) la comida, la comida la (hacer) mi madre. — 9. Si [tú] (tener) tiempo, (poder) acompañarnos. — 10. [Yo] casi no (conocer) a su hermano, porque él (huir) de las personas. — 11. El camarero (decir) que los cafés (costar) trescientas pesetas. — 12. [Yo] hoy no (salir), porque no (tener) tiempo. — 13. [Yo] te (agradecer) mucho tu visita. — 14. Ella (decir) que (soñar) [träumen] todas las noches. — 15. Los ladrones [Räuber] entraron en el banco y (huir) con diecisiete millones de pesetas. — 16. Cuando los animales (divisar) a Gilanco (huir) de él. — 17. [Yo] no (oír) lo que [tú] (decir).

4. Traducción ¿Poder o saber?

1. Er kann noch nicht Auto fahren. — 2. Er kann nicht fahren, weil er zuviel getrunken hat. — 3. Kannst du mir dieses Buch geben? — 4. Kannst du diese Übersetzung machen? — 5. Sie kann viele Geschichten (erzählen). — 6. Wann können Sie nach Zaragoza kommen? — 7. Können Sie tanzen? — 8. Geht nicht so schnell! Wir können nicht folgen. — 9. Was kann ich für Sie tun? — 10. Er kann gut Spanisch. — 11. Wir können nicht schlafen; man macht zuviel Lärm. — 12. Er kann nicht kommen, weil er viel zu tun hat. — 13. Kannst du Fahrrad fahren?

5. Transforme las frases empleando el gerundio.

1. Gilanco no cesa [hört auf] de matar a los animales. — 2. Estuvo en Francia tres meses y trabajó durante ese tiempo. — 3. Pedro llegó. Nosotros cenábamos. — 4. Su hermana aún vive en Madrid y viene todos los veranos a su pueblo a pasar las vacaciones. — 5. Sale todas las noches. — 6. Gilanco corre por el bosque y mata a los animales. — 7. Todavía tiene aquel coche que se compró hace doce años. — 8. No ha dejado de fumar. — 9. Aún trabaja para la misma empresa. — 10. Llegué. Martín escribía una carta. — 11. Duerme toda la mañana. — 12. Todavía trabaja con su padre. — 13. Estaban en París y se conocieron. — 14. Se queda en su casa y ve la televisión. — 15. El avión aterriza [landet] en este momento. — 16. La madre está en la cocina y prepara la mesa.

6. Repaso del subjuntivo.

Complete las frases con las formas convenientes

1. Pachamama no quiere que Gilanco (maltratar) a los animales. — 2. Espero que [vosotros] no (llegar) tarde. — 3. Me pide que [yo] (ir) a su casa y le (ayudar) a hacer los deberes. — 4. Jacinto quiere (pasar) tres días en Madrid. — 5. ¿Me permite que

le (hacer) una pregunta? — 6. Su hermano dice que (tener) mucho que hacer y que no (poder) acompañarnos. — 7. Yastay exige que Gilanco (respetar) la vida de los animales. — 8. Te deseo que (tener) un buen viaje y que (pasar) unas buenas vacaciones. — 9. Su padre no les permite que (volver) después de las doce de la noche. — 10. Nuestro profesor nos dice que (estudiar) bien las formas del subjuntivo y que (aprender) los textos de la lección once. — 11. Le recomiendan que (comer) menos, que (ver) menos televisión y que (hacer) más deporte. — 12. Dile que (pasar) por aquí antes del sábado.

7. Ponga un poco de orden.

1. y — una gran — un — tenía — robusto — para — muy — indio — habilidad — Gilanco — flechas. — era — disparar
2. a — animales, — aproximaba — con — cruel — Cuando — el — ellos. — éstos — Gilanco — huían — indígena — los — podía — porque — que — sabían — se — ser — muy
3. a — acuerdo — animales — cazaba — con — conducta — de — de — de — el — el — estaba — Gilanco — hambre, — indio — la — los — matar. — no — no — para — placer — por — porque — que — sabía — satisfacer — simplemente — sino — su — Yastay
4. Yastay — una — si — seguía — que, — Pachamama — muy — matando — los — lo — (le) — Gilanco — forma — dura. — dijo — de — castigaría — animales, — a — a
5. a — a — amenaza — animales. — caso — continuó — de — exterminando — Gilanco — hizo — la — los — no — y — Yastay

8. Redacción

1. Haga una breve descripción de Gilanco.
2. Exponga las reacciones de Yastay y Pachamana frente al comportamiento de Gilanco.

9. ¿Imperfecto/pluscuamperfecto o indefinido?

1.	... un domingo por la mañana,	*ser*
	como de costumbre la señora Allué ... el periódico.	*leer*
2.	Su marido ... preparando el desayuno en la cocina.	*estar*
	Los domingos ... juntos.	*desayunan*
3.	La señora Allué ... un anuncio.	*descubrir*
	«Restaurante el Portillo desde hoy cocina española-griega.»	
	Los señores Allué ... 10 años en Grecia y la señora	*vivir*
	Allué ... a la esposa del propietario del	*conocer*
	restaurante, una griega que ya ...	*llevar*
	muchísimos años en España.	

4. De pronto la señora Allué ... una idea.	*tener*
... a su marido ir a comer a «el Portillo».	*proponer*
Su marido ... la invitación.	*aceptar*
5. Después del desayuno ... dos horas por el centro	*pasearse*
de la ciudad. ... un tiempo magnífico.	*hacer*
6. A la una y cuarto los señores Allué ... un taxi.	*tomar*
Unos veinte minutos después ya ... en el	*estar*
restaurante.	
7. Las mesas del restaurante ... ocupadas.	*estar*
Después de buscar y tomarse un refresco en la barra,	
... sentarse en una mesa de la terraza que ... libre.	*poder — estar*
8. El señor y la señora Allué ... el segundo	*pedir*
un refresco y ... pensándose el menú que ...	*estar, ir*
a pedir, cuando un camarero ... a su mesa	*aproximarse*
y les ... que por cuál menú ...	*preguntar, decidirse*

(*Continúe usted mismo la historia.*)

19.4. Los Aztecas

La base de la civilización azteca fue la agricultura. El maíz, el frijol y el chile fueron el fundamento del desarrollo de las grandes culturas mesoamericanas. Estas plantas fueron también el sustento básico de los mexicas. La producción agrícola mexica permitía no solamente satisfacer todas las necesidades de la capital Tenochtitlán, una ciudad que contaba con más de 300.000 habitantes y del resto de las comunidades aztecas; una buena parte de sus cosechas se vendía a las tribus vecinas.

Sabemos que existía una distribución del trabajo en razón del sexo: el hombre trabajaba en las tareas agrícolas, en la producción artesanal y en el comercio. La mujer tenía que hacer los trabajos de la casa y educar a los niños.

Los aztecas no conocían la propiedad privada de la tierra. La propiedad de la tierra era de tres tipos:

— Aristócrata: tierras del Estado – único propietario real – que ponía a disposición de los nobles guerreros estas tierras. Las tierras no las trabajaban ellos mismos, las trabajaban los *mayeque*, «los que tienen brazos».

— Pública: tierras que también pertenecían al Estado y se cultivaban comunalmente para pagar el tributo. Lo producido se transportaba a la capital para alimentar a los que residían y vivían en el palacio, al ejército y a los sacerdotes.

— Comunal: tierras del calpulli (poblado). Todo mexica que nacía en un calpulli tenía derecho al cultivo de esas tierras. La comunidad entregaba al hombre que se casaba una parcela, que cultivaba durante toda su vida sin título de propiedad. Cuando moría o era incapaz de cultivarla, la parcela volvía a ser propiedad de la comunidad y se entregaba a un nuevo cabeza de familia.

Reconstrucción de Tenochtitlán, la capital de los aztecas

El gobierno de la nación mexica lo ejercía el gran Tlatloani, que aunque en un principio fue hereditario, posteriormente lo elegirían los nobles. El gran Tlatloani declaraba las guerras, promulgaba las leyes y era el máximo juez.

La ciudad de Tenochtitlán fue un ejemplo de organización urbana. Su extensión y la cantidad de habitantes – 300.000 – sorprendieron a los primeros conquistadores españoles. Un avanzado sistema sanitario, superior al de la Europa de aquellos tiempos, hacía posible la recolección de los excrementos para ser aplicados a la agricultura. Los españoles estaban admirados de las letrinas públicas a lo largo de las calzadas. Esto contrastaba con el caos urbano de las ciudades medievales europeas, infestadas por las pestes. La ciudad estaba exactamente planificada; en el centro se encontraban los templos, palacios y los mercados. Los barrios, que rodeaban al centro, estaban comunicados con el centro, e indirectamente entre sí, con limpias y excelentemente transitables calzadas.

Preguntas sobre el texto

1. ¿De qué vivían principalmente los aztecas? — 2. ¿Cuáles eran los principales productos que cultivaban? — 3. ¿Cuál era la capital del Imperio Azteca? — 4. ¿Cuántos habitantes tenía la capital? — 5. ¿Qué hacían los aztecas con los productos que cultivaban? — 6. ¿Quién era responsable en la sociedad azteca de los trabajos de la casa y la educación de los niños? — 7. ¿Qué trabajos realizaban los hombres? — 8. ¿Cuántos tipos de propiedad de la tierra conocían los aztecas? — 9. ¿Quién era el verdadero propietario de la «propiedad aristócrata»? — 10. ¿Quiénes se beneficiaban de la «propiedad aristócrata»? — 11. ¿Trabajaban los nobles las tierras? — 12. ¿A quién pertenecía la «propiedad pública»? — 13. ¿Quién cultivaba la «propiedad pública»? — 14. ¿Se beneficiaban las comunidades del cultivo de la «propiedad pública»? — 15. ¿De qué se alimentaban las comunidades rurales? — 16. ¿Podían entregar los padres las parcelas que trabajaban a sus hijos? — 17. ¿Quién era el Tlatloani? — 18. ¿Cuáles eran sus derechos?

20.1. Una receta culinaria

Eino es un chico finlandés que habla perfectamente español y que está pasando unos días en casa de Javier y Carmen. Javier y Carmen lo conocen desde hace ya bastante tiempo. Eino estuvo matriculado un año en la universidad de Salamanca y se hizo amigo de ellos cuando estudiaban farmacia. El joven matrimonio español pasó una semana en casa de Eino el verano pasado y ahora se alegran de que Eino haya venido a visitarlos a Logroño, aprovechando un largo fin de semana de su estancia en Madrid.

Javier: Eino, hoy Carmen y yo deseamos que comas algo de esta tierra. En las cantinas de la universidad de Salamanca me parece que nunca nos dieron tortillas de patata.

Carmen: Vamos a prepararte una tortilla de patata riojana.

Eino: ¡Fantástico! ¿Es posible que yo colabore de alguna forma? ¿Ya habéis comprado todo lo necesario? Porque vosotros siempre habéis sido un poquito despistados.

Javier: No necesitamos muchas cosas: huevos, patatas ...

Carmen: ¡Y cebollas! Para la tortilla riojana lo más importante son las cebollas.

Javier: ¡No exageres mujer! Creo que las cebollas son importantes. Pero no creo que lo sean tanto como los huevos ... ¿Dónde has visto tú una tortilla sin huevos?

Eino: ¡Venga, venga! No discutamos tanto que yo ya empiezo a tener hambre. ¿Qué puedo hacer?

Javier: Mirar y esperar a que la hayamos hecho.

Carmen: ¡Javier! El quiere hacer algo también. (a Eino) Puedes pelar las patatas, pero no cojas demasiadas.

Mientras Eino pela las patatas, Javier pone la sartén en el fuego. Las patatas se fríen con bastante aceite.

Javier: Ahora es necesario que cortemos las patatas en trocitos bien pequeños.

Carmen: ¡Eh Javier! Antes de cortarlas es preciso que las limpies.

Javier: Ah sí, se me olvidaba.

Eino: Las patatas ya están cortadas, ¿dónde las pongo?

Carmen: En la sartén, pero vigila bien. Hay que sacarlas antes de que se hayan quemado.

Javier acaba de pelar las cebollas.

Carmen: Javier, ¡no llores tanto! (A Eino) Cuando Javier pela cebollas es un verdadero drama.

Javier: (Riendo y secándose las lágrimas de los ojos) Bueno, la cebolla ya está lista.

Eino: ¿Hay que ponerla con las patatas?

Javier: Sí, se puede freír junto con las patatas, pero hay que ponerla en la sartén más tarde que las patatas. La cebolla se fríe más deprisa. No obstante, ahora ya se puede poner. Hazlo tú mismo; mientras, prepararé la ensalada.

Eino: ¿Utilizáis siempre aceite para freír?

Carmen: Algunas cosas las frío con manteca, pero la mayoría de las veces utilizamos aceite. Lo normal en España es que se utilice aceite de oliva.

Javier: Lo malo es que en los últimos años el aceite ha subido mucho de precio.

Carmen: Ya he batido los huevos. (A Eino) Puedes sacar el aceite de la sartén. Pero no lo saques todo, se tiene que dejar un poquito.

Javier: Ahora se ponen los huevos batidos en la sartén, con las patatas y la cebolla.

Carmen: No te olvides de la sal.

Javier: Ya lo sé. No quiero que Eino tenga que comer la primera tortilla riojana de su vida sosa. Ya la he puesto. (A Eino) ¿Ves? Cuando una parte de la tortilla ya está hecha se le da la vuelta.

Carmen: Bueno, la tortilla ya está lista. Javier, ¿Tenemos vino?

Javier: ¡Por supuesto! He traído un vino que compré en el pueblo de Carlos. Es un Rioja poco conocido, pero muy bueno.

Eino: ¡Tortilla! Tiene un dorado magnífico. ¿Comenzamos?

Carmen y Javier: ¡Pues claro!

Eino: ¡Que aproveche!

20.2. Gramática

1. Das Subjuntivo Perfekt — *El Pretérito perfecto de subjuntivo*

tomar	haya tomado	comer	haya comido	escribir	haya escrito
	hayas tomado		hayas comido		hayas escrito
	haya tomado		haya comido		haya escrito
	hayamos tomado		hayamos comido		hayamos escrito
	hayáis tomado		hayáis comido		hayáis escrito
	hayan tomado		hayan comido		hayan escrito

2. Der Gebrauch des Subjuntivo II

Subjuntivo steht in dass-Sätzen

Javier y Carmen se alegran de que Eino los visite.
→ nach Ausdrücken der Gefühlsäußerung.(1)

Es necesario que cortes las patatas.
Lo normal es que se utilice aceite de oliva.
→ nach den meisten unpersönlichen Ausdrücken.(2)

No creo que tenga razón.
→ nach Verben des Sprechens und Denkens in verneinter Form.(3)

(1) me alegro de que [ich freue mich, dass]
estoy contento de que [ich bin froh, dass]
siento que [ich bedauere, dass]
temo que [ich fürchte, dass]
es una lástima que [es ist schade, dass]
me sorprende que [es überrascht mich, dass]
me agrada que [es gefällt mir, dass]
perdone (usted) que [verzeihen Sie, dass]
me fastidia que [es ärgert mich, dass]
detesto que [ich verabscheue, dass]

(2) es posible que [es ist möglich, dass]
es imposible que [es ist unmöglich, dass]
es lógico que [es ist logisch, dass]
es normal que [es ist normal, dass]
es importante que [es ist wichtig, dass]
es necesario que [es ist notwendig, dass]
es fácil que [es ist leicht möglich, dass]
es peor que [es ist schlimmer, dass]
es mejor que [es ist besser, dass]
es triste que [es ist traurig, dass]
es maravilloso que [es ist wunderbar, dass]
es probable que [es ist wahrscheinlich, dass]

(3) no creo que [ich glaube nicht, dass]
no pienso que [ich denke nicht, dass]
no digo que [ich sage nicht, dass]
no aseguro que [ich behaupte nicht, dass]

3. Reír*

	Präsens Ind.	*Präsens Subj.*	*Indefinido*	*Gerundium*
reír	río	ría	reí	riendo
	ríes	rías	reíste	
	ríe	ría	rió	
	reímos	riamos	reímos	
	reís	riáis	reísteis	
	ríen	rían	rieron	

* sonreír [lächeln], freír [braten]

20.3. Ejercicios

1. Preguntas sobre el texto

1. ¿Es Eino un chico español? — 2. ¿Dónde está ahora Eino? — 3. ¿Desde cuándo se conocen el joven matrimonio y Eino? — 4. ¿Va a quedarse Eino mucho tiempo en Logroño? — 5. ¿Sabe usted dónde está Logroño? — 6. ¿Qué le quieren preparar Carmen y Javier? — 7. ¿Por qué le quieren hacer una tortilla? — 8. ¿Qué dice Eino a Javier y a Carmen? — 9. ¿Qué se necesita para hacer una tortilla? — 10. ¿Qué es para Carmen lo más importante? — 11. ¿Comparte [teilt] Javier la opinión de Carmen? — 12. ¿Por qué no tiene Eino muchas ganas de discutir? — 13. ¿Les ayuda Eino a preparar la tortilla? — 14. ¿Qué hace Javier mientras Eino pela las patatas? — 15. ¿Cómo se fríen las patatas? — 16. ¿Qué hay que hacer con las patatas antes de cortarlas? — 17. ¿Cómo se cortan las patatas? — 18. ¿Qué ha pelado Javier? — 19. ¿Dónde hay que poner la cebolla? — 20. ¿Por qué hay que ponerla más tarde que las patatas? — 21. ¿Quién pone la cebolla en la sartén? — 22. ¿Con qué se fríe normalmente en España? — 23. ¿Qué hay que poner al final en la sartén? — 24. ¿Por qué hay que poner sal? — 25. ¿Qué hay que hacer con la tortilla cuando la parte de abajo ya está frita? — 26. ¿Qué beben con la tortilla? — 27. ¿Es un vino de supermercado?

2. Transforme las frases en imperativos negativos.

Modelo: No tienes que venir tan tarde: ⇨ *No vengas tan tarde.*

1. No tenéis que hablar tanto. — 2. No tienes que tomar el taxi. — 3. Ustedes no tienen que comenzar antes de las 8 de la mañana. — 4. No tienes que pagar los cafés. — 5. No tenéis que poner tanta sal. — 6. No tienes que ser tan agresivo. — 7. [Usted] no tiene que decir siempre todo lo que piensa. — 8. No tenemos que trabajar tanto. — 9. [Ustedes] no tienen que ir a pie. — 10. No tenéis que pronunciar tan de prisa. — 11. No tienes que comer tanto. — 12. [Ustedes] no tienen que quedarse de pie. — 13. No tienes que traerlo antes del lunes. — 14. No tienes que copiar de tu vecino. — 15. [Usted] no tiene que repetirme siempre lo mismo. — 16. No tienes que preguntar al vecino. — 17. No tenéis que poner el tocadiscos tan alto. — 18. No tienes que pedirle el coche. — 19. No tenéis que gastar tanto dinero. — 20. No me lo tienes que decir.

3. Complete las frases.

1. Quiero que [vosotros] me (esperar).
2. Le pediré el dinero cuando [él] (volver).
3. Deseamos que [ellos] (volver) pronto.
4. Os suplico [flehen] que [vosotros] (trabajar) mejor.
5. Te ordeno que [tú] me (decir) toda la verdad.
6. Le han prohibido que [él] (salir) esta noche.
7. Le ruego que [usted] me (traer) un café.

8. Os pido que [vosotros] me (dar) vuestra opinión.
9. Les he dicho que [ellos] (quitarse) los zapatos [Schuhe].
10. No tolera nunca que [nosotros] (llegar) tarde.
11. Te aconsejo que [tú] (trabajar) un poco más.
12. Es probable que [ellos] (llegar) esta tarde.
13. Siento mucho que [tú] no (poder) acompañarnos.
14. Me sorprende mucho que [él] no (estar) en casa.
15. Espero que los ejercicios no (ser) muy difíciles.

4. Ponga los verbos en las formas convenientes.

1. ¿Por qué (reírse) [tú]? — 2. ¿Cómo se (freír) la carne [Fleisch]? — 3. Son unas chicas que siempre (sonreír). — 4. ¿Ya me has (freír) los huevos? — 5. Ayer Pedrito se enojó [ärgerte sich] porque sus amigos (reírse) de él. — 6. Cuando la miré [ella] me (sonreír). — 7. Anoche [nosotros] nos (reír) mucho. — 8. ¿Cómo quieres que [yo] (freír) las berenjenas [Auberginen]? — 9. No tolero que [vosotros] os (reír) de mí. — 10. ¡(sonreír) [usted], por favor! — 11. Estamos (freír) el pescado. — 12. No te puedes (reír) de tus compañeros. — 13. Cuando se lo he dicho ha (sonreír). — 14. En mi casa comemos poco, pero (reírse) mucho.

5. Forme frases empleando el gerundio.

Modelo: Trabajaremos juntos. Nos conoceremos.
⇨ *Trabajando juntos nos conoceremos.*

1. Estudian mucho. Aprobarán el examen. — 2. Fui al concierto. Encontré a Fermín. — 3. Viajamos en auto-stop. Se conoce mucha gente. — 4. Hacen teatro. Recorren todo el mundo. — 5. Ella trabaja. Ella es feliz. — 6. Está enfermo. No puede trabajar. — 7. Bailaron. Disfrutaron mucho. — 8. Se lee. Se aprende mucho. — 9. Hará deporte. Se mantendrá en forma. — 10. Uno se enoja. No se consigue nada. — 11. Hablamos. Resolvemos los problemas.

6. Escriba los substantivos que corresponden a los siguientes verbos.

beber	...	colaborar	...	comenzar	...
confiar	...	conocer	...	cortar	...
demostrar	...	desear	...	discutir	...
dudar	...	esperar	...	exagerar	...
intentar	...	lamentar	...	limpiar	...
mandar	...	necesitar	...	ofrecer	...
opinar	...	ordenar	...	preparar	...
probar	...	prohibir	...	reír	...
rogar	...	sentir	...	sonreír	...
sorprender	...	subir	...	temer	...

7. ¿Ser o estar?

1. ¿Me puede decir dónde ... la catedral? — 2. Eso no ... permitido. — 3. Su hermana ... casada con un periodista alemán. — 4. La tortilla ya ... en la mesa. — 5. Este ... el pueblo en el que [nosotros] ... las últimas vacaciones. — 6. Esta mañana el autobús ... lleno. — 7. Javier y Carmen conocieron a Eino cuando ... en Salamanca. — 8. La biblioteca ... cerrada por las tardes. — 9. Estos chicos ... muy simpáticos, pero hoy ... inaguantables [unerträglich]. — 10. El padre de Julio ... enfermo el mes pasado. — 11. ¿Quién ... esta señora? — 12. Roberto no vino porque ... enfermo. — 13. ¿De dónde ... Macario? — Debe ... extremeño. — 14. Esta señora ... de Madrid y ... de profesora en un pueblo de la provincia de Soria. — 15. Don Roberto ... una persona muy amable. — 16. ¿En qué mes ... [nosotros]? — 17. La tortilla ... muy buena. — 18. Esta señora ... de bastante edad, pero ... muy joven. — 19. Pedro ... ayer bastante nervioso porque no sabía el resultado de los exámenes. — 20. Rosario ... enferma desde hace más de un mes.

8. Traduzca las frases siguientes.

1. Ich freue mich, dass du hier bist. — 2. Ich glaube nicht, dass er schon 18 Jahre alt ist. — 3. Es überrascht mich, dass er noch nicht gekommen ist. — 4. Ich freue mich, dass du so gut spanisch sprichst. — 5. Der Arzt hat ihm gesagt, dass er zu rauchen aufhören soll. — 6. Ich bedauere sehr, dass Sie auf mich haben warten müssen. — 7. Es ist schade, dass Sie sie nicht eingeladen haben. — 8. Es ist besser, dass du nach Hause gehst. — 9. Ich bedauere, dass du nicht gekommen bist. — 10. Darf ich Ihnen etwas sagen? — 11. Es ist möglich, dass er noch zu Hause ist. — 12. Ich danke dir, dass du uns geholfen hast. — 13. Ich glaube nicht, dass er dich verstanden hat. — 14. Es ist unwahrscheinlich, dass er heute kommt. — 15. Ich freue mich, dass du an uns gedacht hast.

9. Redacción

Explique con sus propias palabras cómo se hace una tortilla.

Una buena idea

1.
cambiar de piso — plancha (f.)
cable (m.) — tener hambre

2.
inteligente — enchufar
huevo frito — contento

Expresiones útiles: En la cocina

cubiertos	el cuchillo	cocinar
	el tenedor	freír
	la cuchara	cocer
	la cucharilla (f.) de café	pelar
	el cucharón (m.)	asar
	la pala (f.) de tarta	hervir
		fregar
vajilla	el plato	batir
	la fuente	moler
	la taza	lavar
	el vaso	escobar
	la vinagrera	aclarar
	el azucarero	secar
	el salero	

electrodomésticos	el microondas	alimentos	la carne
	la cafetera		el pescado
	el frigorífico		las patatas
	el lavavajilla		el arroz
	la olla a presión		el tomate
	la aspiradora		el pimiento
	la batidora		las judías
	la freidora		la harina
	el fogón eléctrico / de gas		la zanahoria

condimentos	la sal	utensilios	la sartén
	el aceite		la olla
	el vinagre		la perola
	el azúcar		la cacerola
	las especias		la parrilla
	el azafrán		la paellera
	el clavo		la bandeja
	el perejil		la tijera
	la pimienta		el abrelatas
	la mostaza		el sacacorchos
	el ajo		

Tres recetas españolas

Paella valenciana	
1 kg. de pollo 1/2 kg. de conejo 1/4 litro de aceite 3 dientes de ajos perejil 150 grs. de judías blancas 150 grs. de habas 1 pimiento verde 3 tomates 600 grs. de arroz 1/4 litro de agua azafrán pimiento molido sal	Limpiar el pollo y el conejo, y trocearlos a octavos. Limpiar, asimismo, las verduras y trocearlas menudamente. En un mortero, majar el ajo y el perejil. Reservar. Poner aceite en una paellera. Cuando esté caliente agregar el pollo y el conejo, y freír hasta que estén dorados. Añadir el pimiento, las habas y la judías.Cuando estén un poco rehogadas, agregar el majado, el pimiento rojo y el tomate pelado y troceado finamente. Remover con una cuchara de madera o una espumadera, picando los ingredientes para que todo se sofría y añadir el agua. Dejar hervir 15 minutos a fuego moderado. Seguidamente echar el arroz y dejar hervir durante 20 minutos, removiendo sólo con las asas de la paellera, nunca con la espumadera. Cuando hayan pasado los 20-25 minutos (según el tipo de arroz), retirar del fuego, cubrir con un paño y dejar reposar 5 minutos.
Calamares a la andaluza	
1 1/2 kg. de calamares 1/4 kg. de harina 1 litro de aceite sal limón	Limpiar los calamares con varias aguas, extrayendo la cabeza, las tripas, los tentáculos y las barbas. Del mismo modo retirar el espadón, que es ese «hueso» blanco, fácil de extraer, del cuerpo del calamar. Limpiar otra vez con agua fría. Cortar el cuerpo en aros de como un centímetro de grosor. Salarlos y enharinarlos. Sacudir el exceso de harina. Poner aceite abundante en una sartén y calentar a fuego vivo. Echar los aros en él. Se sirven bien calientes. Se retiran rápidamente para que no se endurezcan. Se escurren de aceite en un escurridor o en papel de cocina. Se sirven bien calientes con cuartos de limón.
Crema asturiana	
12 yemas de huevo 1 cuartillo de leche 1/4 kg. de azúcar molido	Se separan las claras de las yemas, que se van colocando en un bol. Se añade el azúcar y se mezcla hasta que quede una pasta homogénea. Verter en un recipiente y colocarlo al baño María, sin dejar de remover con una cuchara de madera. La mezcla irá espesando poco a poco y cuando esté tan espesa que agarre la cuchara de madera se retira del baño María, se vierte en una fuente honda. Para servir puede rociarse una cucharadita de agua de azahar por encima para dar un sabor exquisito e inconfundible.

G. Aparicio

20.4. Venezuela

Venezuela significa pequeña Venecia. El navegador florentino Américo Vespucio, de quien recibió su nombre el Nuevo Continente, dio al país este nombre, pues un pequeño poblado indígena, edificado en parte sobre el agua, le recordó la bella ciudad del Adriático.

A causa de las grandes diferencias climáticas, la vegetación de Venezuela es muy variada. Existen grandes bosques y por eso su riqueza forestal es enorme. El río Orinoco atraviesa Venezuela. Es uno de los mayores ríos sudamericanos y es navegable en más de 1.125 kilómetros.

El subsuelo de Venezuela es muy rico, aunque está poco explotado. En él se encuentra, principalmente, gas natural, hierro, diamantes y cobre. Pero la primordial riqueza del país es – sin duda alguna – su petróleo. Venezuela dispone de grandes reservas petrolíferas y es uno de los más importantes exportadores de petróleo. Debido a estas exportaciones, la renta nacional de Venezuela es muy alta; pero está muy mal repartida. El capital está en manos de unos pocos y, a menudo, de compañías comerciales extranjeras. Más de 7 millones de venezolanos no tienen lo necesario para vivir.

Venezuela
Extensión: 912.000 km^2
Límites: al norte con el mar de las Antillas y el Océano Atlántico; al este con Guayana y Brasil; al sur con Brasil y Colombia y al oeste con Colombia.
Población: 20.000.000 de habitantes
Densidad: 21,6 h/km^2

Capital: Caracas
Ciudades principales: Maracaibo, Valencia, Barquisimeto y Maracay
Forma de Estado: república federal
Idioma: español. Moneda: bolívar
Renta per cápita: 2.500 dólares
Tasa de natalidad: 28 ‰
Tasa de mortalidad: 5 %

En un barrio de Caracas: agrupación popular de salsa

La población está concentrada en el norte del país y es principalmente urbana. El pueblo venezolano se compone de mestizos, mulatos, blancos y negros. El analfabetismo, la falta de trabajo, los latifundios y minifundios en la agricultura, así como el bajo precio al que tienen que vender el petróleo representan para el país graves problemas. Las reformas necesarias no se llevan a cabo y conducen a la nación al callejón sin salida de la deuda, que actualmente se eleva a 40.000 millones de dólares.

1. Preguntas sobre el texto

1. ¿Quién dio el nombre de Venezuela al país venezolano?
2. ¿Por qué le dio el nombre de la ciudad de los canales?
3. ¿Quién era Américo Vespucio?
4. ¿Cuál es el principal río de Venezuela?
5. ¿Cuál es el principal recurso económico de la nación venezolana?
6. ¿Es el petróleo la única materia prima que posee el país?
7. ¿Por qué es la renta nacional de este país muy elevada?
8. ¿Se puede decir que Venezuela es una nación rica?
9. ¿Cuántos venezolanos no disponen del mínimo para vivir?
10. ¿Dónde viven la mayor parte de los venezolanos?
11. Explique los términos «mestizo» y «mulato».
12. ¿Por qué tiene Venezuela actualmente graves problemas económicos y sociales?

2. Redacción

Consulte una enciclopedia o diccionario y describa en unas diez líneas a Américo Vespucio.

21.1. Ricardo visita la mina

Antonio Flores es un joven asturiano de Mieres. Lo conocí hace dos años durante mi estancia en Oviedo. Mieres es uno de los centros mineros más grandes de Asturias. Yo quería informarme sobre la vida del minero asturiano y Antonio me ofreció la oportunidad. El no era minero. No había querido serlo precisamente porque conocía bien la profesión. Su padre y su abuelo habían trabajado en una mina. Su abuelo había muerto hacía seis años y su padre ya estaba retirado. Además un buen amigo de Antonio había perdido la vida en el fondo de una mina en un accidente laboral en el cual perecieron otros siete mineros. Este accidente ocurrió en uno de los pozos de Mieres.

En la mina se pagaban muy buenos sueldos. Esto lo sabía toda la población de Mieres. Esta era la causa por la cual, a pesar de que el trabajo era muy duro, muchos jóvenes de Mieres trabajaban en la mina. «Lo peor era empezar», me decía Antonio y continuaba explicándome que muchos querían trabajar en la mina durante un plazo limitado de tiempo. Solamente el tiempo necesario para reunir el dinero que necesitaban para comprarse un piso. Pero una vez que habían empezado a trabajar y habían cobrado las primeras mensualidades les era muy difícil renunciar al dinero que recibían al final de mes. Los sueldos que se pagaban en la mina oscilaban entre las 80.000 y las 100.000 pesetas. En otros lugares de trabajo difícilmente podrían recibir más de 50.000 pesetas.

Un amigo de Antonio, que trabajaba en la mina, me propuso visitar un pozo de Mieres y yo acepté la propuesta. Era una mina de carbón de las muchas que hay en Mieres. Antes de bajar al pozo me dieron casco, mono, botas e incluso ropa interior. Al principio lo de la ropa interior me chocó un poco. Al final de la visita lo comprendí. Después de haber pasado cuatro horas en el fondo de la mina, a pesar de que sólo nos habíamos paseado por ella, los calcetines, calzoncillos y la camiseta casi tenían el color del carbón.

Yo me había imaginado las minas de otra manera. La visita me causó mucha impresión. Un empleado de la mina, cuyos hijos habían ido a la escuela con Antonio, nos acompañó y nos fue explicando cómo estaba organizada la actividad minera. En las galerías vimos que cada minero tenía su tarea. Algunos trabajaban en grupo, pero también vi a muchos mineros que trabajaban solos en cualquier rincón perdido de la mina. A veces las galerías, cuya altura no era superior al metro y medio, estaban bastante oscuras. Realmente se necesitaba valor para trabajar en aquellas condiciones.

Antonio también me explicó que todavía peor que el trabajo era lo que los mineros llamaban «el mal de mina», la silicosis. El padre de Antonio padecía esta enfermedad. Este fue el motivo por el cual tuvo que dejar de trabajar antes de haber cumplido los 50 años de edad. También me habló de algunos mineros cuya salud ya está arruinada a la edad de cuarenta años. Son personas a quienes la silicosis ha destruido los pulmones y la cirrosis el hígado, pues el alcohol parecía ser el mejor remedio para olvidarse de la dureza del trabajo en los ratos de ocio.

No, decididamente Antonio no quería ser minero. Había conocido ya la profesión sin haber bajado diariamente al pozo.

Hoy tras la crisis minera, que ya comenzó en los años setenta, el número de mineros de Mieres ha disminuido notablemente y la profesión de minero ha perdido mucho de su atractivo.

Asturias

Nombre oficial: Principado de Asturias
Capital: Oviedo
1 provincia: Asturias
Límites: al norte con el mar Cantábrico, al este con Cantabria, al sur con León y al oeste con Lugo
Habitantes: 1.200.000

Poblaciones importantes:
Gijón: 260.000 habitantes
Oviedo:190.000 habitantes
Avilés: 90.000 habitantes
Mieres: 60.000 habitantes
Langreo: 58.000 habitantes

21.2. Gramática

1. Relativpronomen II *Pronombres relativos*

a) El cual, la cual, los cuales, las cuales

*Un amigo de Antonio había muerto en un accidente en **el cual** / en **el que** perecieron otros siete mineros.*
*Esta era la causa por **la cual**/por **la que**, a pesar de que el trabajo era duro, muchos jóvenes trabajaban en la mina.*

Anstatt von **el que, la que, los que, las que** ... (siehe Seite 60) kann man auch im Spanischen **el cual, la cual, los cuales, las cuales** verwenden.
Die Formen werden eher in der gehobenen Sprache benutzt.

b) Cuyo, cuya, cuyos, cuyas *(dessen, deren)*

*Un empleado de la mina, **cuyos** hijos habían ido a la escuela con Antonio, nos acompañó.*
*A veces las galerías, **cuya** altura no era superior al metro y medio, estaban bastante oscuras.*

Diese Pronomen richten sich in Zahl und Geschlecht nach dem folgenden Substantiv, nicht wie im Deutschen nach dem Geschlecht des Besitzers.

c) Lo que, lo cual

*Peor que el trabajo era **lo que** los mineros llamaban «mal de mina».*
*El quiere vivir sin trabajar, **lo que** no le va a ser muy fácil.*
*Todo **lo que** te han dicho no es cierto.*

Dem deutschen Relativpronomen «was» (das, was) entspricht das spanische Pronomen **lo que**. Es nimmt den Inhalt eines vorangehenden oder nachstehenden Satzes auf.

2. *Por/para* II

***Para* drückt aus:**

a) Zweck, Ziel	[um ... zu]	*Trabajaban para reunir el dinero que necesitaban.* *Necesito dinero para las vacaciones.*
b) Richtung	[nach]	*Salimos para Madrid a las seis de la tarde.*
c) Zukünftiges Datum		*Para el mes próximo ya estaremos viviendo en Madrid.*
	[für]	*Dejo el trabajo para mañana.*
d) Bestimmung	[für]	*Este regalo es para un amigo.*

***Por* drückt aus:**

a) Ursache und Grund	[wegen]	*El accidente ocurrió por falta de atención.* *Lo ha hecho por ti.*

b) Zeitraum		*Volveré mañana por la tarde.*
	[für]	*Voy a la Costa del Sol por un mes.*
c) Ort	[an ... vorbei]	*Tengo que pasar por tu casa.*
	[durch]	*Hemos hecho un viaje por Italia.*
d) Urheber	[von, durch]	*Sus pulmones son destruidos por la silicosis.*
e) Preis	[für]	*Compró el piso por doce millones.*

21.3. Ejercicios

1. Ordene los sinónimos.

analizar — caos — ciudad — comenzar — cosecha — dar una vuelta — decisivo/a — desecho/a — diariamente — edificar — entender — fácil — habitar — idea — ir a ver — joven — lógico — morir — notar — ocurrir — oficio — personal — terminar — trabajo

muchacho	construir	profesión
confusión	perder la vida	tener lugar
empezar	examinar	visitar
racional	propuesta	individual
importante	acabar	vivir
pasear	recolección	comprender
actividad	destrozado/a	todos los días
darse cuenta	población	sencillo

2. Ponga los preposiciones necesarias.

Ricardo, un chico ... Burgos, estaba interesado ... conocer la vida ... los mineros asturianos y fue ... pasar una semana ... Mieres. ... su estancia ... esta importante ciudad minera asturiana Ricardo conoció ... Antonio Flores. Antonio era hijo ... un minero, pero no quería ni aprender ni ejercer la profesión ... su padre. Su abuelo había muerto ... el fondo ... un pozo ... un accidente laboral y su padre ya hacía tiempo que estaba retirado porque tenía silicosis.

Antonio Flores tenía un amigo que trabajaba ... una mina ... carbón. El amigo ... Antonio ofreció ... Ricardo la oportunidad ... visitar la mina. Ricardo, Antonio y su amigo se encontraron ... una mañana ... la entrada de la mina. Cuando entraron ... ella les dieron casco y botas para protegerse y también ropa interior, porque en el fondo ... la mina, la ropa interior ... de pocas horas se pone casi tan negra como el carbón. Ricardo constató que el trabajo ... los mineros es muy duro. ... veces tienen que trabajar solos y ... algunas partes ... la mina, la altura de las galerías no alcanza el metro y medio.

Es cierto que los mineros son muy bien pagados, pero su profesión es muy dura y arriesgada. No es pequeño el número ... mineros que tiene que retirarse antes ... haber cumplido los cincuenta años porque la silicosis ha destrozado sus pulmones y no pocos ... ellos pierden la vida antes de llegar ... los sesenta.

3. Preguntas sobre el texto

1. ¿Dónde vive Antonio Flores? — 2. ¿En qué región española se encuentra Mieres? — 3. ¿Cuál es el nombre oficial de esta región? — 4. ¿Cuál es la capital del Principado de Asturias? — 5. ¿Es Oviedo la ciudad más grande del Principado? — 6. ¿Cuántos habitantes tiene Gijón? — 7. ¿Qué otras poblaciones importantes existen en el Principado? — 8. ¿De qué viven sobre todo los habitantes de Mieres? — 9. ¿Cuánto tiempo hace que Ricardo conoció a Antonio? — 10. ¿Cuándo lo conoció? — 11. ¿Dónde había trabajado el padre de Antonio? — 12. ¿Vivía todavía su abuelo? — 13. ¿Qué nos dice Ricardo de un amigo de Antonio? — 14. ¿Cuántos mineros perdieron la vida en el accidente? — 15. ¿Trabajaba el padre de Antonio todavía en la mina? — 16. ¿Por qué trabajaban muchos jóvenes de Mieres en la mina? — 17. ¿Querían al principio los jóvenes pasarse su vida en la mina? — 18. ¿Por qué no dejaban de trabajar cuando habían reunido el dinero que necesitaban para comprar un piso? — 19. ¿Cuánto ganaban mensualmente en la mina? — 20. ¿Cuánto ganaban los obreros en otras profesiones? — 21. ¿Quién propuso a Ricardo visitar la mina? — 22. ¿Qué le dieron a Ricardo antes de bajar al pozo? — 23. Cuando le dieron a Ricardo la ropa interior quedó un poco chocado. ¿De qué se dio cuenta al terminar la visita de la mina? — 24. ¿Quién les enseñó la mina? — 25. ¿Qué altura tenían las galerías? — 26. ¿Por qué había tenido que dejar de trabajar el padre de Antonio? — 27. En el texto se nombran dos causas por las que algunos mineros tienen que dejar de trabajar a la edad de cuarenta años. ¿Cuáles son estas dos causas? — 28. ¿Qué nos dice el texto de la situación de la industria minera en el Mieres de nuestros días?

4. Emplee los pronombres relativos necesarios.

1. Antonio es un joven asturiano ... vive en Mieres.
2. La señora a ... he saludado fue mi profesora de matemáticas.
3. Este es el centro minero en ... trabajaba el padre de Antonio.
4. Es una persona de ... tengo muy buen recuerdo.
5. Quiero ir a un especialista de corazón ... dirección me dio tu hermana.
6. ... acaba de decir no es cierto.
7. Su hermano había muerto en un accidente en ... perdieron las vida tres mineros.
8. Es una región ... paisajes me agradan mucho.
9. En la mina se pagaban buenos sueldos. ... atraía a los jóvenes de la región.
10. Llegó un señor ... dijo que era amigo de mi hermano.
11. Este es el señor de ... hijas te hablé ayer.
12. No te fijes [achte nicht] en ... dice. Mira (más bien) bien ... hace.
13. Su padre estaba enfermo y esta fue la causa por ... tuvo que dejar de trabajar.
14. Era un chico ... siempre estaba dispuesto a ayudar.
15. El no dice siempre ... piensa.
16. ¿Conoces tú al chico con ... sale Paquita?
17. Este es el motivo por ... no ha querido venir.

5. Emplee las formas convenientes de los verbos que se encuentran entre paréntesis.

a) Escriba las frases en presente donde sea posible.

1. [Nosotros] no (ir) al fútbol porque la entrada (costar) mucho dinero.
2. Cuando (empezar) a llover, [yo] (cerrar) todas las ventanas.
3. Rosario no lo (poder) (evitar), en la clase de español (dormirse) cuando el profesor (comenzar) a explicar la gramática.
4. Ella nunca (recordar) lo que (soñar).
5. Ayer Manuel (acostarse) muy tarde y hoy a mediodía aún no (levantarse).
6. ¿Qué (pensar) usted de este libro. Yo no lo (entender).
7. Su padre (padecer) de silicosis y (morir) ya hace cinco años.
8. El invierno pasado [nosotros] (estar) dos semanas en Candanchú. (Nevar) [schneien] casi todo el tiempo, pero no (sentir) frío.
9. Hoy [nosotros] (volver) a las siete, pero mañana (volver) más tarde porque (tener) que (hacer) unas compras después del trabajo.
10. ¿(costar) mucho este coche? —Sí. El dueño (pedir) dos millones de pesetas.
11. Shakespeare y Cervantes (morir) en el mismo año.
12. ¿Por qué no (poner) usted la silla [Stuhl] aquí y (sentarse)?
13. Hace una semana [yo] (estar) en casa de Maite viendo las fotos de la excursión. [Ella] me (prometer) mandarme algunas, pero hasta hoy no (recibir) ninguna.
14. Hoy [yo] (acostarse) muy temprano porque (estar) muy cansado.

b) Escriba las frases en el pasado.

6. ¿Por o para?

1 ... aprender español tienes que estudiar un poco más. — 2. ¿Cuándo piensas partir ... París? — 3. Este individuo habla horas enteras ... no decir nada. — 4. Antonio Flores no quería ser minero ... conocer bien la profesión. — 5. ... la semana próxima ya habré terminado el trabajo. — 6. Paseamos dos horas ... el fondo de la mina. — 7. Me llamó ayer ... la tarde. — 8. Estas flores son ... tu hermana. — 9. Los mineros necesitaban mucho valor ... trabajar en aquellas condiciones. — 10. Gilanco daba todos los días un paseo ... la selva. — 11. El accidente tuvo lugar ... culpa del mal tiempo. — 12. Busco un lugar de trabajo ... las vacaciones de verano. — 13. Le han vendido la casa ... seis millones de pesetas. — 14. Me han enviado los libros ... correo. — 15. ... ellos no existen complicaciones. — 16. Cuando vamos a España pasamos siempre ... Canfranc. — 17. El concierto está anunciado ... el sábado. — 18. Salen todos los fines de semana de excursión ... respirar aire puro. — 19. A las seis de la tarde tomaremos el tren ... Madrid. — 20. He paseado media hora ... el parque. — 21. Piensan hacer un viaje ... el sur de Francia. — 22. ... Nuria lo más importante es estudiar. — 23. Ya sólo falta un mes ... las vacaciones. — 24. Deseamos una habitación ... tres semanas. — 25. Tiene que trabajar porque necesita dinero ... sus estudios. — 26. El Talgo Barcelona — Madrid pasa ... Zaragoza. — 27. En esta zona hay muchos pisos en venta pero la gente

no los compra ... no tener dinero. — 28. ¿Ha llegado alguna carta ... mí? — 29. Tiene que terminarlo ... el primero de septiembre. — 30. En su último viaje ... España pasaron ... Montserrat.

7. Complete las frases. *(pasado)*

1. Cuando [él] (oír) la noticia, (ponerse) muy triste. — 2. El señor Roca (decir) anoche [gestern Abend] que los chicos (ser) muy amables. — 3. (Ser) más de las siete, cuando [ellos] (llegar) a la estación. — 4. Carla (leer) el libro, mientras su hermana (mirar) la televisión. — 5. Cuando [ella] (salir) de casa, se (dar) cuenta que (hacer) mucho frío. — 6. Carlos y yo no (poder) salir de casa porque (estar) enfermo. — 7. Cuando [yo] (ir) a (salir), [ellos] me (llamar) por teléfono. — 8. Nuestro primo nos (escribir) que (querer) (venir) a vernos pronto. — 9. El verano pasado [yo] (ir) a la piscina [Schwimmbad] casi todos los días. — 10. (Ser) las ocho de la tarde, cuando [yo] (llegar) al aeropuerto. — 11. En el mes de abril [nosotros] (hacer) una excursión. Nos (hacer) un tiempo magnífico. — 12. [Ellos] me (decir) ayer que la conferencia (comenzar) a las dos de la tarde. — 13. Cuando [yo] (levantarse), aún no (ser) las siete. — 14. Los excursionistas no (partir) hasta que (cesar) de (llover). — 15. Luego que [él] (llegar), (irse) directamente a la cama. — 16. Mi hermano (nacer) en Francia, pero (hablar) sólo español porque mis padres lo (traer) a España cuando [él] aún (ser) muy pequeño.

8. Dictado preparado

Los pequeños esclavos de Cerro Rico

Durante los tiempos de la Conquista, Potosí, hoy nombre de un departamento boliviano, situado en el sudoeste del país y de su capital (100.000), fue un sinónimo de riqueza. Todavía se dice en España «esto vale un potosí» cuando algo es muy caro o valioso. La época de esplendor de Potosí pertenece al pasado desde hace ya mucho tiempo. Sin embargo, algunos topónimos recuerdan la riqueza del pasado como una mueca irónica frente a la gran pobreza que existe en la región, lo mismo que en el resto del país. Cerro Rico se llama una montaña en el departamento de Potosí, en la que se halla una mina de plata. El diario de La Paz «La Razón» sacó a la luz lo que hasta ahora se mantenía oculto en los pozos mineros del Cerro Rico: niños de nueve a quince años trabajan en la mina. Se les exige el mismo durísimo trabajo que a sus compañeros adultos, pero cobran un salario muy inferior, y no es que los mineros ganen mucho en Bolivia. Por dos dólares al día, un millar de menores bolivianos dejan su salud y su infancia en la mina. La miseria convierte a estos niños en esclavos baratos. Algunos se presentan en la mina creyendo que con lo que ganen podrán comprarse los libros para la escuela. Pero la verdad es que la mayoría de los pequeños mineros no abandonan ya más los pozos del Cerro Rico.

P.M. García, Ecos/III, 95

21.4. Un poco de historia

La Península Ibérica, cuya historia había estado íntimamente ligada a los pueblos del resto del Mediterráneo, formó parte del Imperio Romano desde el siglo primero hasta el siglo quinto. Luego los germanos invadieron la Península, en la que habitaron hasta el siglo VII. En el 711, que fue el año en el que llegaron los árabes, todo cambió. Muchos españoles, cuya religión era la cristiana, adoptaron el Islam y las costumbres árabes. En las zonas montañosas del norte, en las cuales se habían refugiado pequeños grupos de cristianos, se comenzó la lucha contra los nuevos señores, dando inicio a la llamada Reconquista.

En la España musulmana florecieron la cultura y la ciencia. Córdoba, cuya Mezquita es por su capacidad la segunda del mundo, fue durante algunos años una de las ciudades más ricas, más cultas y más florecientes del mundo occidental. De allí partían para toda Europa hermosos tejidos de seda, finos perfumes, canciones, libros científicos ... Los mejores científicos del mundo conocido acudían a esa ciudad. También el Reino de Granada, alrededor del fabuloso palacio de la Alhambra, se destacó más tarde en el campo de las ciencias, el arte y la cultura. Pero ya entonces los cristianos, cuyo ejército fue creciendo y consolidándose a lo largo de los siglos de la Reconquista, habían reconquistado todo el norte y centro de la Península y habían llegado hasta Andalucía.

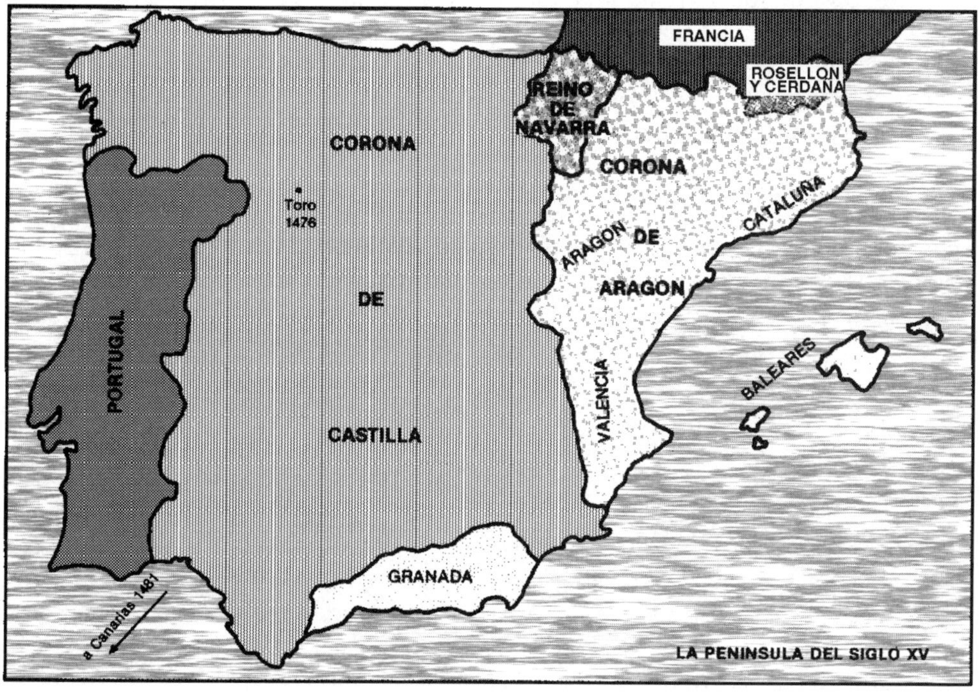

Con el matrimonio de Fernando de Aragón e Isabel de Castilla se había casi culminado la unificación de la España no musulmana. En 1492 Fernando e Isabel, los Reyes Católicos, vencieron definitivamente a los árabes en Granada. Todos los árabes y los judíos que no se convirtieron al Cristianismo tuvieron que huir a Africa o a otros países. Este fue también el año en el cual Colón, navegante genovés, que se encontraba al servicio de los Reyes Católicos, y cuyo proyecto era llegar a la India atravesando el Atlántico, descubriría el continente americano.

1. Consulte y explique por escrito dos de los siguientes términos (unas diez líneas por cada término).

Imperio Romano
Mezquita
Cristóbal Colón
Islam
Alhambra
Reino de Granada
Reconquista
Reyes Católicos

2. Preguntas sobre el texto

1. ¿Cuánto tiempo formó la Península Ibérica parte del Imperio Romano?
2. ¿Quiénes invadieron La Península en el siglo quinto?
3. ¿Cuánto tiempo permanecieron los germanos?
4. ¿Por qué dice el texto que en España todo cambió con la llegada de los árabes?
5. ¿Dónde comenzó la Reconquista?
6. ¿Qué nos dice el texto de Córdoba y de Granada?
7. ¿Cómo y cuándo tuvo lugar la unificación de España?
8. ¿En qué año vencieron los Reyes Católicos a los árabes?
9. ¿Qué condición se les puso a los árabes y a los judíos para poder permanecer en España?
10. ¿Qué planes tenía Colón?

Sopa de letras

En la sopa de letras están contenidas más de veinte palabras relacionadas con la historia de España. ¿Es usted capaz de encontrar quince de ellas en doce minutos?

a	c	c	e	l	t	a	s	d	c	f	a	s	j	n
o	r	i	s	p	d	r	o	j	o	s	c	l	a	l
a	n	a	d	a	d	m	e	k	l	n	u	i	b	k
i	g	b	b	z	b	a	g	y	o	s	b	b	j	a
s	o	m	b	e	o	d	l	k	n	z	a	e	p	n
a	t	p	p	t	r	a	f	a	l	g	a	r	i	i
b	i	j	e	g	f	i	s	l	a	m	c	o	n	ñ
e	c	x	n	r	e	c	o	n	q	u	i	s	t	a
l	o	k	s	p	i	z	a	r	r	o	y	u	a	o
g	u	e	r	n	i	c	a	s	c	o	r	t	e	s

22.1. ¿Se construye o se destruye?

Hans acaba de llegar de Hamburgo. Ha venido a Barcelona para pasar unos días con su amigo. La llegada del avión se ha retrasado un poco y Jordi ya lleva casi una hora esperando en la sala de llegadas. Jordi y Hans se conocieron ya hace algunos años en la universidad de Hamburgo en la que Jordi pasó dos semestres. Desde entonces se escriben y últimamente se telefonean regularmente. Hans ha estado bastantes veces en Madrid, pero conoce muy poco Barcelona, la ciudad de su amigo.

Jordi: ¡Hola Hans! ¡Lo que me alegra verte en Barcelona! ¿Has tenido un buen vuelo?
Hans : Sí, ha sido muy agradable.
Jordi: Supongo que estarás cansado.
Hans: Oh, no demasiado. He pasado poco más de hora y media en el avión.
Jordi: Vamos pues para casa.
Hans: ¿Está muy lejos de aquí?
Jordi: Un poco. Si no hay mucho tráfico en veinte o veinticinco minutos podemos estar en casa. No hay más de diez o doce kilómetros.

Los dos amigos cogen las maletas y van al aparcamiento del aeropuerto. Media hora después ya están en casa de Jordi. Hablan un rato y Jordi lo lleva a la habitación en la que va a quedarse. Hans deja sus cosas en la habitación y se asea. Mientras se está arreglando, su amigo ha bajado a la panadería para comprar unos croissants y ha preparado un buen café.

Hans: Barcelona, Barcelona. ¿Bonita ciudad, no, Jordi?
Jordi: Pues sinceramente no lo sé. Si no fuera por los arrabales, diría que Barcelona es una ciudad muy bonita. La periferia es horrible. En los últimos años se ha construido mucho y mal. La gente vive en impersonales bloques de cemento. Estos barrios son deprimentes. Si tuviera que vivir allí no lo soportaría por mucho tiempo.
Hans: Esto sucede en todas las grandes ciudades.
Jordi: Sí, es posible que sea así, pero esto no es ninguna excusa. La Barcelona de mi niñez era muy diferente, mucho más humana y bonita. Toma por ejemplo Sants, el barrio donde yo nací y pasé mi juventud. Sants había sido originariamente un pueblo. Desde principios de siglo forma parte de Barcelona; ahora es un barrio más. No obstante, hasta hace algunos años conservaba todavía algo de su antigua estructura: casas bajitas, muchas de ellas con patios interiores, calles tranquilas; la gente se conocía ... Ahora las inmobiliarias lo están destruyendo todo. Es deprimente. Si no fuera por esto viviría todavía allí.

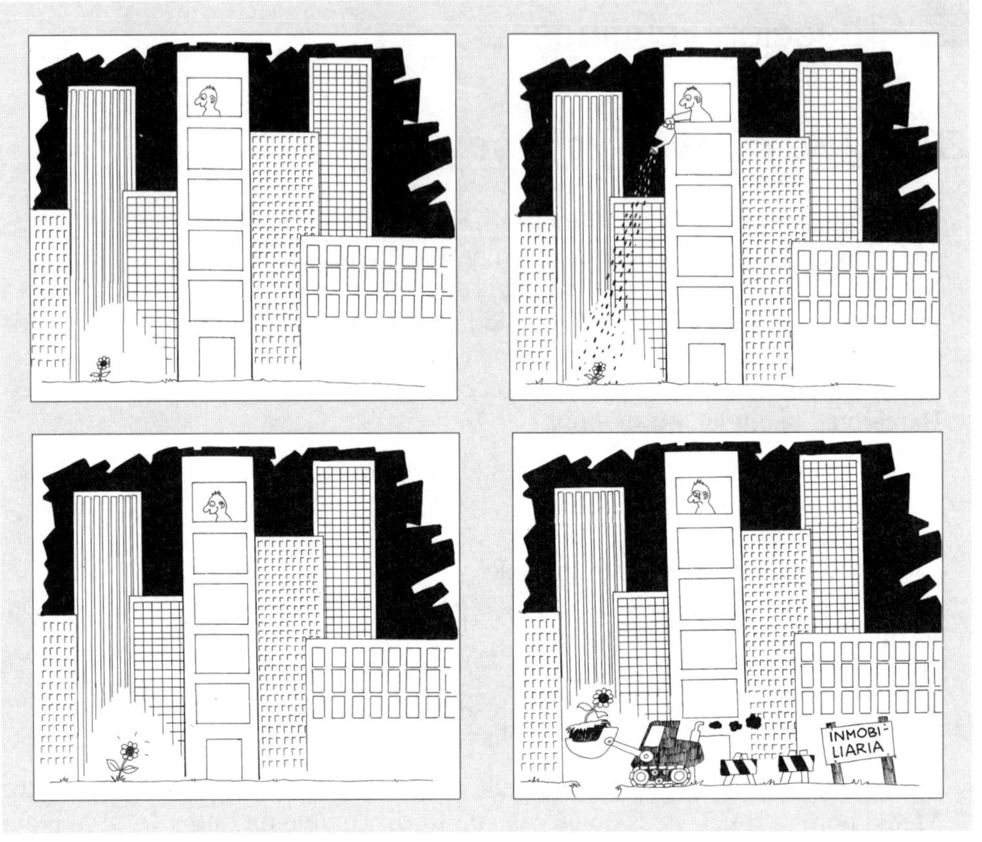

Hans: Desgraciadamente estas aberraciones urbanísticas no se ven sólo en las grandes ciudades. He visto algunas fotografías de la Costa Brava. No se puede comprender lo que están haciendo de la costa.

Jordi: Sí, si no se edificara tan incontroladamente, aquellas playas tendrían todavía su primitivo encanto. No comprendo a la gente que pasa allí sus vacaciones.

Hans: Para mí no es tan difícil entenderlo. Ya sabes que muchos de los turistas que pasan allí sus vacaciones son de mi país. En el fondo viajan a España no con el fin de conocer el país, sino solamente para romper la monotonía de sus vidas cotidianas tostándose al sol y consumiendo todo lo que les ofrecen. Con sus FAX, sus ordenadores, sus bases de datos, sus mensajes E-mail, las agencias de viaje lo tienen todo muy bien montado. ¡Es tan fácil dejarse persuadir por ellas! De hecho es siempre lo mismo. Hoy día, con medios informáticos o sin ellos, pretenden vendértelo todo: desde el desodorante milagroso hasta las más fascinantes vivencias en un país exótico. No sé adónde iremos a parar.

22.2. Gramática

1. Das Subjuntivo Imperfekt — *El pretérito imperfecto de subjuntivo*

edificar	⇨	*edificaron*	***edificara***
haber	⇨	*hubieron*	***hubiera***
decir	⇨	*dijeron*	***dijera***
saber	⇨	*supieron*	***supiera***

Das Subjuntivo Imperfekt wird von der dritten Person Plural des Indefinido abgeleitet.

hablar		**comer**		**vivir**	
hablara	hablase	comiera	comiese	viviera	viviese
hablaras	hablases	comieras	comieses	vivieras	vivieses
hablara	hablase	comiera	comiese	viviera	viviese
habláramos	hablásemos	comiéramos	comiésemos	viviéramos	viviésemos
hablarais	hablaseis	comierais	comieseis	vivierais	vivieseis
hablaran	hablasen	comieran	comiesen	vivieran	viviesen

Die Formen auf **-ra** und -**se** haben gleiche Bedeutung.

Deseaba que lo ***visitaran*** *todos los días.*
Me pidió que ***llegara*** *puntualmente.*

Der Imperfekt des Subjuntivo entspricht sowohl dem Indefinido als auch dem Imperfekt des Indikativs.

2. Das Plusquamperfekt des Subjuntivo — *El pluscuamperfecto de subjuntivo*

Das Plusquamperfekt des Subjuntivo wird aus dem **Imperfekt** des Subjuntivo von ***haber*** und dem **Partizip** des jeweiligen Verbes gebildet.

hablar	hubiera	hablado	hubiese	hablado
	hubieras	hablado	hubieses	hablado
	hubiera	hablado	hubiese	hablado
	hubiéramos	hablado	hubiésemos	hablado
	hubierais	hablado	hubieseis	hablado
	hubieran	hablado	hubiesen	hablado

Nadie podía imaginarse que Sants ***hubiese sido*** *un pueblo.*
El profesor no creía que Pablito ***hubiese hecho*** *los deberes solo.*

Das Plusquamperfekt des Subjuntivo bezeichnet ein Geschehen, das zeitlich vor einem anderen Geschehen in der Vergangenheit liegt.

3. *Para que* + Subjuntivo

Voy al mercado **para hacer** las compras.
Te ayudo **para que no te canses** tanto.
Te ayudé **para que no te cansaras** tanto.

para + infinitivo: um ... zu
para que + subjuntivo: damit ...

4. Bedingungssätze *La expresión de la condición*

a) Erfüllbare Bedingung

Si no llueve, iremos de excursión.

si + presente de indicativo ⇨ futuro simple

Es besteht die Möglichkeit, dass die Bedingung erfüllt wird.

Si él te lo dice, puedes creerlo.

si + presente de indicativo ⇨ presente de indicativo

Das im Hauptsatz angewandte Präsens drückt oft eine gewisse Aufforderung aus.

b) Nicht erfüllbare Bedingung in der Gegenwart

Si no lloviera, iríamos de excursión.

si + imperfecto de subjuntivo ⇨ condicional simple

Wenn sich der si-Satz auf die Gegenwart bezieht, ist die Hypothese irreal.
Wenn sich der si-Satz auf die Zukunft bezieht, besteht noch sehr begrenzt die Möglichkeit, dass die Bedingung erfüllt wird.

c) Nicht erfüllte Bedingung in der Vergangenheit

Si no hubiera llovido,	hubiéramos ido de excursión.
	habríamos ido de excursión.

si + ***pluscuamperfecto de subjuntivo ⇨ condicional compuesto***
⇨ pluscuamperfecto de subjuntivo

Bei solchen Sätzen handelt es sich immer um eine irreale Hypothese.
Das Plusquamperfekt des Subjuntivo, mögliches Tempus für solche Sätze, wird heute sehr oft gebraucht.

22.3. Ejercicios

1. Escriba el imperfecto y pluscuamperfecto de subjuntivo de los siguientes verbos.

1. venir	3. conocer	5. tener	7. sentir
2. hacer	4. construir	6. volver	8. escribir

2. Preguntas sobre el texto

1. ¿Quién es Hans? — 2. ¿Cómo ha venido a Barcelona? — 3. ¿Por qué ha venido a esta ciudad? — 4. ¿Cómo se llama su amigo? — 5. ¿Dónde espera Jordi a su amigo? — 6. ¿Cuánto tiempo pasó Jordi en Hamburgo? — 7. ¿Conoce Hans ya España? — 8. ¿Por qué no está cansado Hans después de tantos kilómetros? — 9. ¿Cómo van los dos amigos a casa de Jordi? — 10. ¿Dónde ha aparcado Jordi el coche? — 11. ¿Cuánto tiempo tardan en llegar a casa de Jordi? — 12. ¿Qué hace Hans cuando llega a casa de Jordi? — 13. ¿Qué hace Jordi mientras su amigo Hans se asea? — 14. ¿Qué dice Jordi de la periferia de Barcelona? — 15. ¿Por

qué es deprimente la periferia de Barcelona? — 16. ¿Dónde vivió Jordi cuando era pequeño? — 17. ¿Es Sants actualmente un pueblo? — 18. ¿Cómo eran algunas casas de Sants hasta hace algunos años? — 19. ¿Conoce Hans alguna parte de Cataluña? — 20. ¿Dónde está la Costa Brava? — 21. ¿Qué dice Hans de la Costa Brava actual? — 22. ¿Qué es lo que no comprende Jordi? — 23. ¿Qué le responde Hans? — 24. ¿Qué dice Hans de las agencias de turismo?

3. Repaso del condicional

1. Me alegra mucho ver a tu hermano.
2. Podemos dormir dos o tres horas.
3. ¿Te gusta vivir en Barcelona?
4. Contigo voy al fin del mundo.
5. Le gusta viajar en avión.
6. Salimos antes de las siete de la tarde.
7. Paquito lee el periódico.
8. Vuelvo después de comer.
9. Dice que no.
10. ¿Puedes sacarme los billetes?
11. Antonio cena en nuestra casa y viene con nosotros al teatro.
12. No quieren pagar tanto dinero.

4. ¿Subjuntivo o indicativo?

1. Te dije que [tú] (cerrar) la puerta. — 2. Mi madre no quería que [nosotros] (volver) tarde porque al día siguiente (tener) que (levantarse) antes de las siete. — 3. Me extrañó mucho que [él] no (encontrar) el piso. — 4. Me pidió que (ir) a su casa y que (salir) con él a (dar) un paseo. — 5. Me rogó que le (escuchar). — 6. Petra dijo que la novela que [ella] (leer) (ser) muy difícil de entender. — 7. No creo que Pedro (conocer) a mi hermano porque mi hermano (estar) en Barcelona desde hace muchos años. — 8. Nuestro profesor de español nos dice que (ser) necesario que [nosotros] (trabajar) más. — 9. El médico me ha dicho que [yo] no (beber), no (fumar) y que (hacer) más ejercicio. — 10. Los propietarios de los latifundios no quieren que los obreros (cultivar) las tierras porque (tener) miedo que después (quedarse) con ellas. — 11. Deseo que [vosotros] (oír) lo que [yo] os (ir) a (decir). — 12. Jordi esperaba que su amigo Hans (llegar) unas horas antes. — 13. Los turistas querían que les (servir) la cena a partir de las siete de la tarde. — 14. Queríamos (pasar) allí las vacaciones porque (buscar) descanso y tranquilidad.

5. Forme oraciones condicionales siguiendo los modelos.

a) Compre este libro para pasar horas inolvidables.
   ⇨ *Si compra este libro, pasará horas inolvidables.*

1. Tome un taxi para llegar a tiempo. — 2. Haga deporte para conservarse joven. — 3. Salgamos puntualmente para no perdernos el comienzo de la película. — 4. Acuéstate temprano para poderte levantar mañana a las cinco. — 5. Abrígate

[decke dich zu] bien para no resfriarte [dich erkälten]. — 6. Descansa un poco para después poder trabajar mejor. — 7. Reflexiona un poco para no decir tantos disparates. — 8. Ayuda a tus amigos para que ellos te ayuden. — 9. Venga a verme para que podamos hablar detenidamente de este asunto [Angelegenheit]. — 10. Ven esta tarde para poder hablar con mi hermano.

b) No compro este diccionario porque es muy caro.
⇨ *Si este diccionario fuera más barato, lo compraría.*

1. No voy a la piscina porque está haciendo mal tiempo. — 2. Le duele constantemente la garganta [Hals] porque fuma demasiado. — 3. No vamos a la charla porque Carmen no quiere acompañarnos. — 4. No voy a poder terminar el trabajo porque tú me molestas sin cesar. — 5. Aparque el coche un poco más atrás para que yo pueda aparcar el mío. — 6. Saque todo del armario [Schrank]. Así podremos moverlo mejor. — 7. Tienen muchas faltas porque no están atentos. — 8. No les ayudamos porque no nos lo piden. — 9. Yo no tengo dinero suficiente para poder ir de excursión con vosotros a Toledo. — 10. No entiendo lo que dice el profesor porque vosotros habláis muy alto.

6. Forme frases condicionales.

Modelo: Reflexionamos. Resolvemos los problemas.
⇨ *Si reflexionamos, resolveremos los problemas.*
⇨ *Si refexionáramos, resolveríamos los problemas.*
⇨ *Si hubiésemos reflexionado, habríamos resuelto los problemas.*

1. El tren llega a tiempo. Estamos en casa antes de las tres de la tarde.
2. Hemos dormido. No estamos cansados.
3. No hay mucho tráfico. No tomamos el autobús.
4. No construyen mucho y mal. No destruyen el paisaje.
5. Se edifica mejor. Las playas conservan su belleza.
6. Vienes. Ves lo que ha pasado.
7. Hace deporte. Se conserva más joven.
8. Trabajamos. Conseguimos lo que queremos.
9. Dice la verdad. No tiene problemas.
10. Se legalizan las drogas. Su consumo no disminuye.
11. El turismo aumenta. El comercio se beneficia de ello.
12. Piensan lo que hacen. No consumen todo lo que les ofrecen.

7. Escriba y traduzca los substantivos correspondientes.

aprovechar	aumentar	beneficiarse	buscar
comenzar	comprender	conocer	conseguir
construir	consumir	convencer	crear
crecer	descansar	destruir	disminuir
motivar	ofrecer	organizar	persuadir
proceder	romper	superar	trasladar
viajar	visitar	reflexionar	vivir

8. Ordene las palabras.

1. a — amigo — Barcelona — con — de — días — es — ha — Hamburgo — Hans — Jordi. — para — pasar — que — señor — su — un — unos — venido
2. Alemania. — algún — de — del — en — estudiando — estuvo — Jordi — norte — tiempo — una — universidad
3. Algunas — Barcelona — bloques — cemento. — construido — de — de — de — ellas — en — han — horribles — la — muchos — periferia — porque — se — son — zonas
4. a — conocer — consumir — el — el — España — industria — la — les — lo — Muchos — no — ofrece. — país, — para — para tomar — que — sino — sol — todo — turistas — turística — van — y
5. algunas — cansado — dormir — durante — el — en — está — ha — ha — Hans — horas — no — podido — porque — tren — venido — viaje. — y

La Europa unida

«A mí, lo que menos me gusta de eso de hacernos europeos es tener que veranear en Torremolinos.»

22.4. El turismo español

El Alcázar de Sevilla

El turismo se ha convertido en los cuarenta últimos años en uno de los principales sectores económicos españoles por el elevado número de visitantes que vienen cada año a España, por los ingresos económicos que el país recibe, por la gran cantidad de gente a la que da empleo y por las transformaciones que se han producido por su causa en las zonas más visitadas.

El turismo tiene en España una larga tradición histórica, pero comienza a ser un fenómeno de gran importancia a partir de 1950. El número de visitantes ha aumentado considerablemente desde esta fecha, y con un pequeño descenso, motivado por la crisis económica de 1973, su crecimiento se ha mantenido y ha superado en 1987 los 50 millones de turistas extranjeros. Solamente los Estados Unidos, Francia e Italia son visitados por más extranjeros que España. En 1987 los ingresos de la industria turística pasarán los 12.000 millones de dólares. Aunque las cifras globales son importantes, no lo son tanto si tenemos en cuenta los ingresos por persona.

La mayor parte de los turistas proceden de Centroeuropa, de países de clima más fresco y lluvioso, principalmente del Norte de Francia, Inglaterra y Alemania. Los turistas aprovechan sus vacaciones para trasladarse a España en busca de descanso, sol y mar. Se trata de un «turismo de masas», que es organizado en gran parte por compañías internacionales «tour operators» que consiguen precios más bajos que los normales.

El desarrollo turístico ha traído consigo no sólo ventajas sino también problemas. Las divisas que España recibe del turismo son muy considerables, el turismo da trabajo a una gran cantidad de españoles y la agricultura y la industria se benefician de la presencia de los turistas. El turismo, por otro lado, da ocupación solamente durante tres o cuatro meses al año y a la hora de construir no se ha tenido en cuenta los paisajes naturales. En muchas zonas turísticas se ha creado una buena infraestructura pero se ha destruido también la naturaleza mediante la construcción excesiva de grandes hoteles e incontables apartamentos en mínimas extensiones de terreno.

Vidino Fernander, La tierra que me vio nacer

1. Cuestiones sobre el texto

1. ¿Desde cuándo es el turismo un factor importante de la economía española?
2. ¿Por qué se puede decir que el turismo es un elemento básico de la economía de España?
3. ¿Cuándo y por qué descendió el número de turistas que visitaban a España?
4. ¿Cuántas y cuáles son las naciones que reciben más turistas que España?
5. ¿Cuántos dólares consiguió obtener la industria turística en el año 1987?
6. ¿Cuáles son los tres países que envían más turistas a España?
7. ¿Cuáles son las causas por las que van los turistas a España?
8. Enumere las ventajas del turismo.
9. ¿Tiene el turismo también aspectos negativos para la nación española?

2. Ponga los verbos en las formas convenientes.

1. El turismo es un factor importante en la economía española porque (dar) trabajo a muchas personas. — 2. Juan José me pide que [yo] le (ayudar) a (hacer) los deberes y que le (acompañar) a (dar) un paseo. — 3. Unos amigos de mi padre quieren (pasar) las vacaciones en la Costa Brava. — 4. Mi padre no me permitía que [yo] (salir) todas las tardes. El pensaba que (ser) más importante que [yo] (hacer) los deberes y (repasar) bien las lecciones. — 5. El señor Martínez pidió al camarero que le (traer) el café y que le (hacer) la cuenta porque no (tener) mucho tiempo. — 6. El Señor Perrier dice que el turismo (favorecer) a la región malagueña porque el turismo (traducirse) en trabajo y divisas. — 7. La madre estaba muy admirada de que su hija no (saber) que su padre (tener) que trabajar mucho para que ella y sus hermanos (poder) (estudiar). — 8. Pedro quiere (salir) esta noche, pero su padre no se lo (permitir). — 9. Es posible que mis amigos no (encontrar) el café y (volver) a sus casas un poco decepcionados. — 10. Espero que [él] (saber) lo que (querer). — 11. El médico exigió al paciente que no (fumar) ni (beber) porque fumar y beber (ser) peligroso para su salud. — 12. Prefiero que [tú] (venir) mañana sin que los otros lo (saber).

3. Redacte en unas quince líneas la historieta.

4. Ponga las palabras en su lugar consultando el diccionario

al borde de — amigo — buena — del viernes — descubrió — empleo — en discoteca — encienden — enclave — invadir — jamón — negocio — para que — parrilla — paz — plásticos — pluriempleo — posible — pretexto — pueblo— sueldo — un ordenador

Se acabó

Por favor, nunca se le ocurra decir que ... un lugar tranquilo. Que existe ese pequeño ... con un riachuelo y cuatro casas baratas, y cuartel de la Guardia Civil ... la carretera, y árboles frondosos y una ermita, y ... gente de la que ya no queda. Está perdido. Es la ruina. Se acabó la ... .

Un ... se lo dice a otro y, juntos, ya no son sus amigos. Son aliados que vienen a ... aquel rincón idílico con el ... de echar un vistazo y de hacer una barbacoa. Apenas ... la hoguera, con la primera chuleta aún en la ..., aniquilan la quietud e incineran el sosiego.

Y el deshabitado ... experimenta una transformación malthusiana: viene uno y pone aparcamiento ... el infeliz del pueblo se cale la gorra de plato y disfrute de ... fijo. El carnicero amplía el ... y añade congelados. El tipo del bar, que era alguacil y enterrador, abandona el ... y monta un sombrajo con anuncios de mierda-up y coloca ... en la caja. Los guardias se emborrachan al anochecer ... imaginando los caídos por la patria del tráfico de fin de semana.
El riachuelo ya arrastra ... , los árboles se arrancan para plantar farolas, y la ermita, debidamente desacralizada, se convertirá ... al estilo de Nueva York. No se hable más: todos tan contentos porque ruido y ... ahumado al aire libre es el montadito perfecto.
¿Es que no hay forma de preservar algo aunque no sea más que para saber que aún es ... cargárselo otro día? ...
Ignacio Carrión, EL PAIS, 11-4-90

5. Informaciones

Zonas turísticas españolas

Las áreas turísticas españolas se encuentran en las zonas costeras, y sobre todo en las de clima más seco y caluroso. Por ello el litoral cantábrico, con centros turísticos aislados, algunos de gran tradición como Santander o San Sebastián, resiste difícilmente la competencia de las costas atlánticas del sur, y menos aún de las mediterráneas. En el Mediterráneo, eje del turismo español con el 65 por 100 de las plazas hoteleras, podemos distinguir cuatro sectores de máxima atracción: la costa Brava, que incluye el litoral de Gerona y parte de Barcelona; la costa levantina, desde Castellón al mar Menor, cuyo centro principal es Benidorm; la Costa del Sol, centrada en el litoral malagueño y que se extiende desde Almería hasta Gibraltar, y las islas Baleares con centros muy importantes en Mallorca e Ibiza. También las Canarias son un centro importante, menos masificado que los del Mediterráneo, pero en el que tiene mayor continuidad el turismo de invierno.

Evolución del turismo

Por meses (en miles)

Enero	2.176
Febrero	2.047
Marzo	2.373
Abril	3.338
Mayo	3.865
Junio	4.672
Julio	7.912
Agosto	9.376
Septiembre	5.369
Octubre	3.603
Noviembre	2.412
Diciembre	3.394

Procedencia de los turistas

(en %)

Francia	23,1
Portugal	22,2
Reino Unido	14,9
RFA	13,0
Marruecos	5,0
Holanda	3,3
Bélgica	2,5
Españoles residentes en el extranjero	4,6
Resto	15,9

Expresiones útiles: Vacaciones y turismo

ir a	la sierra	a pasar las vacaciones
	la montaña	de vacaciones
	la costa	
	el extranjero	
	un pueblo	
	una zona rural	

pasar las	vacaciones en	la montaña
estar de		la sierra
disfrutar		la playa
		los Pirineos
		un pueblo de la montaña

pedir informaciones en	una agencia	de viajes
informarse en		turística
		de turismo
	una oficina de turismo	

alojarse	en un hotel	
hospedarse	en una pensión	
vivir	en un hostal	
quedarse	en una fonda	
	un parador nacional	
	en casa de	una familia
		unos labradores
		conocidos

reservar	una habitación	para una semana
tomar	un apartamento	para un mes
coger		

informarse sobre	el precio	de una habitación	sencilla
preguntar por			doble
pedir			con baño
		de la media pensión	
		de la pensión completa	
		del almuerzo	
		de la cena	

23.1. El día de los Santos Inocentes

El 28 de diciembre es un día especial. Se debe andar prudentemente por la calle, leer con mucha precaución los periódicos y examinar con ojos muy críticos todo lo que se nos dice para que no nos tomen el pelo. El motivo de tal conducta es muy sencillo. El 28 de diciembre es el día de Los Inocentes. En esta fecha está permitido engañar al vecino y al amigo con tal de que estos se dejen engañar. Incluso los periódicos, la radio y la televisión hacen uso de esta divertida costumbre. En los noticiarios se mezcla la realidad cotidiana con los más sensacionales disparates, sin que sea posible a veces separar lo uno de lo otro.

Una vez apareció en un periódico madrileño la noticia de que el popular monumento «La Cibeles» de Madrid se había vendido al Gobierno de un rico país del Oriente Medio. Según el periódico se tomó tal determinación con el fin de que se pudiera cubrir el déficit económico del ayuntamiento madrileño. Junto al artículo se publicó una fotografía en la que se podía ver la plaza de La Cibeles sin el mencionado monumento. Naturalmente se trataba de un logrado trucaje fotográfico. Esto produjo entre aquellos madrileños que lo creyeron una oleada de indignación. En la redacción del periódico se recibieron numerosas llamadas telefónicas protestando por el proceder del ayuntamiento madrileño. La inocentada tuvo, por lo visto, el éxito deseado.

En este día una de las aficiones más populares de los chiquillos es colgar un monigote de papel en la espalda de cualquier transeúnte despistado, sin que éste se dé cuenta. Si hay suerte, la víctima lo advertirá al quitarse el abrigo cuando ya esté de regreso en su casa, pero entonces será ya demasiado tarde. Se habrá paseado por las calles de la ciudad, quién sabe cuánto tiempo, haciendo el ridículo con el monigote pegado a la espalda. Si esta persona tiene sentido del humor, intentará a su vez colgar el monigote a otra víctima cualquiera antes de que acabe el día.

Esta fecha no se puede pues olvidar. En primer lugar a fin de que no nos tomen el pelo. En segundo lugar, y esto es también muy importante, para que lo tomemos nosotros siempre que haya alguien que se lo deje tomar.

23.2. Gramática

1. Konjunktionen mit Subjuntivo *Conjunciones que rigen subjuntivo*

Tenemos que tener precaución ***para que*** *no nos* ***tomen*** *el pelo.*
No debemos olvidar la fecha ***a fin de que*** *no se nos* ***rían****.*
Le colgamos el monigote ***sin que*** *él se* ***diera*** *cuenta.*
Está permitido engañar al vecino ***con tal que*** *éste se* ***deje*** *engañar.*

Nach **para que** [damit], **a fin de que** [damit], **sin que** [ohne dass], **con tal que** [vorausgesetzt, dass], **siempre que** [vorausgesetzt, dass] steht immer der Subjuntivo.

2. Zeitfolge beim Subjuntivo *Tiempos en el subjuntivo*

Gegenwart (presente, pretérito perfecto, futuro, imperativo)

a) Bei Gleichzeitigkeit und Nachzeitigkeit im Nebensatz

Le pide que vaya con él.
Le ha pedido que vaya con él.
Le pedirá que vaya con él.
Pídele que vaya con él.

Steht das Präsens, das Futur, das Perfekt oder der Imperativ im Hauptsatz, wird im que-Satz das Präsens des Subjuntivos gebraucht, wenn der Vorgang im Nebensatz gleichzeitig oder nachzeitig stattfindet.

b) Bei Vorzeitigkeit im Nebensatz

Me alegro que hayas llegado bien.
Me he alegrado de que hayas llegado bien.

Steht das Präsens, das Futur, das Perfekt oder der Imperativ im Hauptsatz, wird im que-Satz das Perfekt des Subjuntivos gebraucht, wenn der Vorgang im Nebensatz vorzeitig stattfindet.

Vergangenheit (Imperfecto, Indefinido, Condicional, Pluscuamperfecto)

a) Bei Gleichzeitigkeit und Nachzeitigkeit im Nebensatz

Le pedía que fuera con él.
Le pidió que fuera con él.
Le pediría que fuera con él.
Le había pedido que fuera con él.

Steht das Imperfekt, das Indefinido, der Konditional oder das Plusquamperfekt im Hauptsatz, wird im que-Satz das Imperfekt des Subjuntivo gebraucht, wenn der Vorgang im Nebensatz gleichzeitig oder nachzeitig stattgefunden hat.

b) Bei Vorzeitigkeit im Nebensatz

Me alegraba de que hubieras llegado bien.
Me alegré de que hubieras llegado bien.

Steht das Imperfekt, das Indefinido, das Konditional oder das Plusquamperfekt im Hauptsatz, wird im que-Satz das Plusquamperfekt des Subjuntivos gebraucht, wenn der Vorgang im Nebensatz vorzeitig stattgefunden hat.

3. Cualquier/cualquiera

*Los niños cuelgan el monigote a **cualquier** transeúnte.*
*Los niños cuelgan el monigote a una persona **cualquiera**.*
*Eso lo hace **cualquiera**.*

Cualquier ist unveränderlich und steht vor dem Substantiv.
Cualquiera ist ebenfalls unveränderlich und wird nach dem Substantiv und als Indefinitpronomen gebraucht.

23.3. Ejercicios

1. Preguntas sobre el texto

1. ¿En qué fecha es el día de los Inocentes? — 2. ¿Qué está permitido en este día? — 3. ¿Por qué hay que leer en este día los periódicos con atención? — 4. ¿Qué noticia apareció en los periódicos de Madrid hace unos años en este día? — 5. ¿Para qué había vendido el Ayuntamiento de Madrid La Cibeles? — 6. ¿Qué fotografía apareció en el periódico? — 7. ¿Era una fotografía auténtica? — 8. ¿Cómo reaccionaron algunos madrileños? — 9. ¿Qué hacen los niños en este día? — 10. ¿Cuándo se dan cuenta normalmente las víctimas de la broma [Scherz]? — 11. ¿Por qué hay que tener muy en cuenta esta fecha? — 12. ¿Existe en Alemania una costumbre parecida?

2. Complete las frases.

1. Se lo digo a fin de que [él] lo (saber).
2. Os presto este libro con tal que [vosotros] me lo (devolver) antes de final de mes.
3. Le hablo sin que [él] me (entender).
4. Te he traído el libro para que [tú] lo (leer).
5. Voy al mecánico a que [él] me (hacer) un presupuesto para la reparación del coche.
6. Voy a casa de Alfonso para que [él] me (dar) las llaves del coche.
7. No sale nunca sin que su padre lo (saber).
8. Me han dicho que [nosotros] (poder) ir a tomar café con ellos.
9. Le regalé la novela para que la (leer).
10. Les robaron el coche sin que se (dar) cuenta.
11. Te presto el libro con tal que [tú] me lo (devolver) antes del sábado.
12. Quería que [ellos] (trabajar) para que (poder) pagar sus estudios.

3. Ponga las preposiciones que hagan falta.

1. ¿No te acuerdas ... mí?
2. Los vecinos del barrio protestan ... la inseguridad que hay ... noche ... sus calles.
3. Ya es hora ... ponerse ... trabajar.
4. El número ... personas que trabaja ... ordenador ha aumentado mucho ... los últimos años.
5. Lo despidieron ... la empresa ... no cumplir ... su trabajo.
6. Iré ... Madrid ... Navidades ... visitar ... unos amigos.
7. Todos estamos ... acuerdo ... la condena ... la violencia.
8. Es una persona que siempre se empeña [darauf bestehen] ... demostrar que sabe más que los demás.
9. Muchos turistas vienen ... España ... la bondad [Güte] del clima.
10. Es una injusticia que haya gente que carezca [nicht haben] ... lo necesario ... vivir.
11. Hazte cargo ... los niños mientras yo bajo ... la farmacia.
12. Subimos ... la escalera porque el ascensor no funcionaba.
13. El joven hallado ... el parque murió ... una sobredosis de heroína.
14. Actuó ... mucho aplomo [Sicherheit] y ... perder los nervios.
15. Este grupo ... estudiantes se dedica, ... el verano, ... alfabetizar ... los adultos ... la región.

4. Complete las frases.

1. El día 28 de diciembre es el Día dc los ... .
2. En esta ... está permitido ... a todo el mundo.
3. Hay ... leer los periódicos ... cuidado.
4. Los niños ... monigotes en las ... de los transeúntes.
5. Se puede pasear ... la calles ... el monigote ... la espalda.
6. El Ayuntamiento de Madrid ha vendido La Cibeles para ... el déficit económico.
7. La ... tuvo el éxito que el periódico había ... .
8. El Ayuntamiento de Madrid dará un premio a la ... inocentada.

5. ¿Qué verbos corresponden a los substantivos?

precaución	motivo	conducta
uso	separación	determinación
publicación	fotografía	mención
llamada	deseo	olvido
creencia	aumento	crítica
paseo	venta	broma
mezcla	sentimiento	descanso
extensión	aparición	protesta
decisión	cumplimiento	trucaje
necesidad	aseo	acuerdo

6. ¿Imperfecto o indefinido?

Complete el texto.

Cuando yo (vivir) aquí, (haber) una tienda grande en esta calle. Mi familia siempre (comprar) allí. El propietario, que (llamarse) Ernesto Lubina (ser) un hombre muy simpático, y su hijo Joselito (ser) mi mejor amigo. Pues un día yo (caminar) por delante de la tienda, cuando [yo] (ver) que la tienda (estar) cerrada. ¡Qué raro! [yo] (pensar). No (ser) tarde. En efecto, (ser) sólo las cinco y media. De repente, [yo] (ver) una cosa misteriosa. El señor Lubina (estar) allí, y un hombre alto (hablar) con él. ¡Dios mío! El hombre (tener) una pistola en la mano, y le (pedir) al señor Lubina que le (dar) todo el dinero. ¡No! Yo no (ir) a permitir eso. No sé cómo, pero yo (abrir) la puerta y (entrar). Me (dirigir) con calma adonde (estar) el ladrón. Y lo (coger) por detrás. El ladrón (comenzar) a disparar. En ese momento yo (oír) la voz de mi madre. «¡Niqui! ¡Niqui! ¿No te vas a levantar? ¡Son las ocho de la mañana ya! ¡Niqui! ¡Vas a llegar tarde a la escuela!» «Por favor, mamá», le (decir). «¿No me permites por lo menos terminar este sueño?»

7. Ponga un poco de orden.

1. a — amigos. — de — día — El — el — en — engañar — España — está — Inocentes — los — los — pelo — permitido — tomar — vecinos — y — y
2. 28 — acontecimientos — compran — con — de — día — día — diciembre — el — el — en — españoles — este — fantásticos. — las — los — mezclan — Muchos — no — noticias — periódico — periódicos — porque — reales
3. con — el — en — espalda. — ha — hermano — la — la — mañana — monigote — paseado — se — Su — toda
4. a — a — a — árabe. — ayuntamiento — Cibeles — conocer — dado — debe — debe — dinero — el — el — el — famoso — ha — han — la — Los — Madrid — mucho — monumento — obligado — pagar — país — para — periódicos — poder — que — que — se — un — vender — visto
5. A — adultos — colgar — cuenta. — de — den — en — espaldas — estos — gusta — las — les — los — los — monigotes — mucho — niños — que — se — sin

8. Dictado preparado

Marcianas

Nosotras las niñas marcianas jamás aceptaríamos vivir en las penosas circunstancias en que viven las niñas de la Tierra. Sus conductas sorprenden por su irracionalidad, impuestas seguramente por los adultos o heredadas de ellos, víctimas también de sus abuelos.

Todos los días del año, haga frío o haga calor, las niñas de la Tierra, vestidas con capas rojas, deben llevar la cena a sus abuelitas que viven solas en el campo, abandonadas por sus familias y expuestas a grandes peligros.

La rutina de esos viajes hace que las pobres entontezcan y crean en las mentiras de los lobos que les indican falsos atajos. Los lobos también son tontos porque podrían comerse tranquilamente a la abuela antes de que llegase Caperucita y así se ahorrarían el trabajo de ir a hacerse los encontradizos en los bosques.
Las carreteras deben de estar en un estado lamentable (los atajos lo están con certeza) porque todas las niñas pierden sus gafas antes de llegar donde sus abuelitas. Si no fuera así, sería incomprensible que nunca sean capaces de distinguir un lobo de una abuela, por muy peluca que sea.
Estas conductas irracionales de los terrestres hacen que los lobos, que son los más perjudicados al final, apenas tengan jugos gástricos y sean incapaces de digerir a las abuelas que, a pesar de la dureza de sus carnes, cualquier lobo de Marte las digeriría en el tiempo que ordenan los reglamentos oficiales en esa materia.
Podríamos seguir denunciando más conductas sorprendentes y arbitrarias, pero nos detenemos para decir:
—Niñas de la Tierra: ¡Decid basta a esas tonterías! ¡No os dejéis engañar por los turbios manejos de los mayores y sus cómplices las autoridades competentes!
¡Podéis contar con nosotras! Escribidnos a La Liga Infantil Marciana Pro Ayuda de las Niñas de la Tierra. Lista de correos, No. 314, (30857) Marte. También podéis enviar un E-mail a *pant@bi.co.ma.*
Os estamos esperando con los brazos abiertos.

Chumy Chúmez, 3-3-1996 (Texto ligeramente modificado)

9. Redacción

En Alemania existe también una costumbre semejante al «día de los Inocentes». Hable de ella narrando algunos ejemplos concretos.

Una buena idea

23.4. Los gamines, un problema social

Gamines, así les llaman en Colombia a los niños que viven en la calle, sin familia y sin hogar. Sus padres, víctimas de la injusticia social que reina en su país e incapaces de alimentarlos, los han abandonado a su suerte. Han nacido en los cinturones de miseria que circundan las grandes ciudades colombianas y viven al margen de la sociedad. Se alimentan de lo que les dan, de lo que roban, de lo que encuentran aprovechable en la basura de los ricos. Algunos, con un cepillo y una caja de betún, tratan de ganarse unos pesos como limpiabotas. Otros se dedican a la venta de cigarrillos de contrabando. Cuando son adolescentes no es raro que asalten a los transeúntes para robarlos de todo lo que llevan encima.

También es frecuente verlos al lado de los semáforos. Cuando el semáforo se pone rojo y los coches tienen que detenerse, aprovechan la ocasión para quitarles los limpiaparabrisas o sustraer cosas de su interior, si llevan las ventanillas abiertas. Por eso en Bogotá es muy frecuente ver los coches sin limpiaparabrisas.

Los gamines andan en manada, como pequeños lobos. Duermen a la intemperie y muy juntos para calentarse mutuamente, porque su único abrigo contra el frío de la noche son unas hojas de periódico. Sin formación escolar ni profesional alguna, están condenados a engrosar las filas de ese batallón de analfabetos y peones que nunca podrán mejorar su situación económica y social. Así, sin poder impedirlo, entrarán en ese círculo diabólico en el que la miseria causa miseria y del que nunca podrán salir sin ayuda ajena. Muchos de ellos mueren jóvenes, víctimas del hambre o de la droga.

¡A tope!

Preguntas sobre el texto

1. ¿Quiénes reciben en Colombia el nombre de «gamines»?
2. ¿Por qué se ven algunos padres colombianos obligados a abandonar a sus hijos?
3. ¿En qué zonas de las ciudades han nacido muchos de los gamines?
4. ¿De qué viven estos niños?
5. ¿Qué trabajos realizan algunos de ellos?
6. ¿Para qué se ponen al lado de los semáforos?
7. ¿Cómo se protegen por la noche del frío?
8. ¿Por qué es muy difícil que de mayores puedan mejorar su situación social?
9. ¿Por qué se puede decir que estas personas se encuentran en un callejón sin salida?
10. ¿Cómo acaban la vida muchos de los gamines?

Veintiocho años, y en paro

(Lectura comentada)

Jaime tiene veintiocho años, la carrera de empresariales, un «master» cursado en una Universidad británica, habla y escribe perfectamente inglés. Es un joven simpático, últimamente ya no lo es tanto. Nunca ha conseguido un empleo. No encuentra una ocupación aunque ha ido docenas de veces al INEM, ha intentado la vía de las agencias privadas de colocación, ha enviado su currículum cien veces y tanto él como su familia se han movido todo lo que han podido y más.
No encuentra empleo ni siquiera a tiempo parcial. En unos sitios le exigen experiencia; en otros, creen que con sus títulos merece más de lo que le pueden pagar, y Jaime está desesperado, total y absolutamente desesperado. Sus padres, que le han apoyado durante mucho tiempo, empiezan a agobiarse al verle en casa y, aunque no se quejan, Jaime cree ver el descontento en sus ojos.
Su novia le dejó hace un año. No cansada de esperar, no fue tan cruel como para hacerle la menor insinuación en ese sentido, simplemente le dijo que no estaba segura de seguir queriéndole y que era mejor dejarlo durante un tiempo.
Jaime no es una excepción. Con título y sin título, las cifras oficiales confirman que el veinte por ciento de los parados son jóvenes que no han conseguido nunca un empleo.
Aunque muy eficaz, la Formación Profesional no es la solución definitiva al paro. A ella se han acercado docenas de miles de jóvenes que no querían ir a la universidad, otros tantos que necesitaban empleo con urgencia y no disponían de los cinco años necesarios para una carrera superior; pero este tipo de enseñanza no cubre las expectativas de aquellos que desean acceder a profesiones de carácter universitario.
En un porcentaje importante de casos ha funcionado perfectamente la herencia familiar: padres que no sólo han dejado talleres y listas de clientes a sus hijos, sino que se han ocupado de tenerles al lado casi desde la infancia para que aprendieran todas las técnicas y trucos del oficio.
Es problema grave el paro, para muchos el principal problema, por encima del terrorismo y la violencia. La existencia de un elevado y constante número de jóvenes sin empleo significa que el futuro del país es incierto porque falta savia nueva, gente con ilusiones, con ideas acordes con estos tiempos. Una juventud en la calle, sin ingresos, que depende económicamente casi totalmente de sus padres, es una juventud que poco a poco puede caer en la desidia, en la falta de iniciativa e incluso en la delincuencia.
Jaime, por si les interesa, se encuentra bajo tratamiento psiquiátrico. Sus padres pueden pagarlo. Otros, sin embargo, no saben qué hacer para luchar contra la depresión de los hijos que viven con la obsesión de conseguir un primer empleo, tener su casa, formar su familia y, sobre todo, vivir su propia vida.

Pilar Cernuda, Blanco y Negro

(Texto ligeramente adaptado)

24.1. En la consulta del médico

Paciente: Buenos días doctor.
Médico: Pase y siéntese. ¿Qué le pasa?
Paciente: Me duele la cabeza.
Médico: ¿Le duele muy a menudo?
Paciente: Sí, bastante a menudo. Especialmente después de que veo la televisión.
Médico: Le voy a recetar unas pastillas. No es necesario que se alarme. Es un mal de nuestro tiempo. ¿Le duele algo más?
Paciente: Tengo un dolor a veces aquí en el pecho.
Médico: ¿Fuma usted?
Paciente: Sí, un paquete por día.
Médico: Es importante que deje de fumar. ¿Bebe?
Paciente: ¡Hombre, claro que bebo! ¿Usted no?
Médico: No me ha entendido. Me refiero a bebidas alcohólicas.
Paciente: Hombre, por la noche un par de copitas ... Los fines de semana algo más de un par.
Médico: Le recomiendo que beba menos. De todas las maneras le voy a recetar unas pastillas que le ayudarán a dejar de fumar.
Paciente: Doctor, otra cosa. De vez en cuando tengo un poco de dolor en el dedo pequeño del pie izquierdo.
Médico: ¿Cuándo siente usted ese dolor?
Paciente: Sobre todo después de pasear.
Médico: ¿Tiene coche?
Paciente: Sí. ¿Es algo grave lo del dedo?
Médico: No es nada grave lo del dedo. Pero no pasee mucho a pie. Utilice también el coche para ir a pasear. Cuando el dolor del dedo sea muy fuerte tómese una pastilla de Dolidón. Me temo que en una persona como usted el Dolidón pueda originar efectos secundarios. Si las pastillas le dan malestar o dolor de estómago, tome por día dos grageas de esta cajita. Una antes de comer y otra antes de cenar.
Paciente: ¿Tiene algún medicamento que alivie el mareo?
Cuando subo y bajo escaleras me mareo un poco.
Médico: ¿Ve usted estrellitas?
Paciente: ¿Estrellitas? Creo que no.
Médico: Me sorprende muchísimo que no vea estrellas. Si se marea es por que está bajo de tensión. Y las estrellitas son un síntoma claro. Cuando baje y suba escaleras, fíjese bien y las verá. Estoy seguro.
Paciente: ¿Y no existen medicamentos que levanten la tensión?
Médico: Bueno, en primer lugar utilice el ascensor. En segundo lugar

tómese tres tazas de café diarias hasta que no sienta los mareos.

Paciente: Oiga doctor ... me extraña que en esta ocasión no me recete ninguna medicina.

Médico: ¿No le he recetado nada?

Paciente: Me parece que no... Acaba de decirme que es necesario que tome el ascensor y beba café.

Médico: ¡Qué despistado soy! Lo había olvidado. Tómese una tableta diaria de «Vitamil» mientras le duren los mareos.

Paciente: Oiga, francamente hablando no me gusta tomar tantas pastillas. Creo que tanta química no puede ser bueno para el cuerpo.

Médico: Pues, ¿qué quiere que le recete?

Paciente: Hombre, espero que no le moleste lo que le voy a decir... ¿No sería posible tomar algo más natural: Frutas, verduras, tés, baños de sol... ?

Médico: Mire usted, lamento mucho que las pastillas no le gusten, pero usted es el paciente y yo soy el médico. Yo receto pastillas y usted se las toma. ¿Para qué cree que me he pasado más de diez años en la facultad?

Paciente: No se enfade, doctor.

Médico: Aunque, pensándolo mejor, creo que en parte usted tiene razón. Le he recetado ... por eso es imprescindible que se tome una pastilla de «Indeslín» cada noche antes de que se vaya a acostar. Sólo de esta manera evitaremos las interferencias entre los efectos de cada medicamento.

Paciente: Muchas gracias, doctor

Médico: Adiós y hasta la próxima.

24.2. Gramática

1. Indicativo oder Subjuntivo

a) Relativsätze

*Busco unos zapatos **que** no **cuesten** más de 15000 pesetas.*
*¿Tiene algún medicamento **que alivie** el mareo?*
*Buscamos una secretaria **que hable y escriba** portugués.*

Der Subjuntivo steht in Relativsätzen, die einen Wunsch, eine Erwartung oder eine Bedingung enthalten.

b) Temporalsätze

Cuando terminé de leer la novela, se la presté.
***Cuando termine** de leer la novela, se la prestaré.*
Cuando el dolor era muy fuerte, se tomaba una pastilla.
***Cuando el dolor sea** muy fuerte, me tomaré unas pastillas.*
Le duele la cabeza después de que ve la televisión.
***Después de que haga** los deberes, veré un poco la televisión.*
Mientras trabaja no fuma.
*Tómese usted esta tableta diariamente **mientras le duren** los dolores.*

In Temporalsätzen steht der Subjuntivo, wenn sie sich auf die Zukunft beziehen.

2. *Como si* [als ob]

*Vive **como si fuera** millonario.*
Hizo como si no me hubiera visto.

Nach **como si** steht immer der Subjuntivo Imperfekt bzw. Plusquamperfekt

3. *Ser* oder *estar* vor Adjektiven

Su hermana es muy simpática.
Roberto es muy alto.
Es una zona muy seca.
La tierra es redonda.

Ser + Adjektiv drückt charakteristische oder dauerhafte Eigenschaften einer Person oder Sache aus.

Su padre está enfermo.
Rosario está muy nerviosa.
Roberto está muy contento.
Esta ciudad está muy contaminada.
El café está frío.

Estar + Adjektiv drückt vorübergehende Zustände oder Ergebnisse einer Veränderung aus.

24.3. Ejercicios

1. Responda las preguntas.

1. ¿Por qué va el paciente al médico? — 2. ¿Cuándo le duele sobre todo la cabeza? — 3. ¿Qué le receta el médico contra el dolor de cabeza? — 4. ¿De qué se queja también el paciente? — 5. ¿Qué le pregunta el médico? — 6. ¿Bebe el paciente mucho? — 7. ¿Qué prohíbe el médico, al paciente? — 8. ¿Cuándo se marea el paciente? — 9. ¿A qué se debe, según el médico el mareo? — 10. ¿Con qué no está el paciente de acuerdo? — 11. ¿Por qué piensa que los medicamentos no son buenos para el cuerpo? — 12. ¿Cómo justifica el médico sus decisiones? — 13. ¿Cuánto tiempo pasó el médico en la facultad de medicina? — 14. ¿Cómo quiere el médico evitar los efectos negativos de los medicamentos?

2. Ponga los verbos en los tiempos convenientes.

1. Os lo voy a repetir para que lo (oír) todos. — 2. Mientras [tú] no (hablar) con él, no sabrás si es verdad. — 3. Me quedo aquí hasta que (haber) dejado de nevar. — 4. Me sorprendió que el jefe (ser) tan accesible y (estar) dispuesto a hablar con todos. — 5. ¿Conoces a alguien que (poder) ayudarme a hacer esta traducción? — 6. Llámame antes de que [tú] (irse). — 7. ¿Hay alguien que (poder) llevarme hasta Madrid? — 8. Es evidente que él (estar) muy interesado en este proyecto. — 9. Me rogó que le (dar) pronto una respuesta. — 10. Cuando [ella] (venir) a vernos, siempre habla de lo mismo. — 11. Necesitan un ingeniero que (tener) buenos conocimientos en informática. — 12. Buscaba un coche que no (costar) más de dos millones de pesetas. — 13. Esperábamos que el examen no (ser) muy difícil. — 14. Hizo como si no me (haber) visto. — 15. No es seguro que ésta (ser) la mejor solución. — 16. Siempre que [ellos] (venir) nos traen un buen regalo. — 17. Busca a alguien que le (explicar) la gramática. — 18. Me habla como si yo no (comprender) español. — 19. Me parece que [tú] no (tener) razón. — 20. Llévate unos marcos para que te (poder) comprar algo. — 21. Su padre le aconsejaba que (estudiar) medicina. — 22. Cuando el muchacho (oír) la acusación, se puso muy nervioso. — 23. Me gustaría que [vosotros] (venir) a mi cumpleaños. — 24. Es posible que él ya (haberse) enterado de todo. — 25. [El] me ha pedido que le (ayudar). — 26. Es natural que [tú] (estar) cansado. — 27. El médico le ha ordenado que (dejar) de fumar. — 28. No creo que Roberto (continuar) sus estudios en Pamplona. — 29. Siempre habla como si (ser) un experto en la materia. — 30. Los manifestantes pedían que les (reducir) la jornada laboral.

3. Ordene los antónimos.

secundario/a — raramente — pesimista — perder — ninguno/a — mínimo/a — mejorar — leve — lento/a — impropio/a — improbable — imposible — grande — finalizar — dudoso/a — desorientar — desordenar — desconocer — desagradar — debilidad (f.) — débil — comienzo (m.) — bienestar (m.) — bien (m.) — benigno/a — artificial — acertar

a menudo	...	adecuado/a	...	alguno/a	...
claro/a	...	conocer	...	empeorar	...
empezar	...	encontrar	...	energía (f.)	...
equivocarse	...	fin (m.)	...	fuerte	...
grave	...	gustar	...	mal (m.)	...
malestar (m.)	...	maligno/a	...	máximo/a	...
natural	...	optimista	...	ordenar	...
orientar	...	pequeño/a	...	posible	...
primario/a	...	probable	...	rápido/a	...

4. Las partes del cuerpo humano

Traduzca y ordene las palabras con la ayuda de los dos grabados y del diccionario, si es necesario.

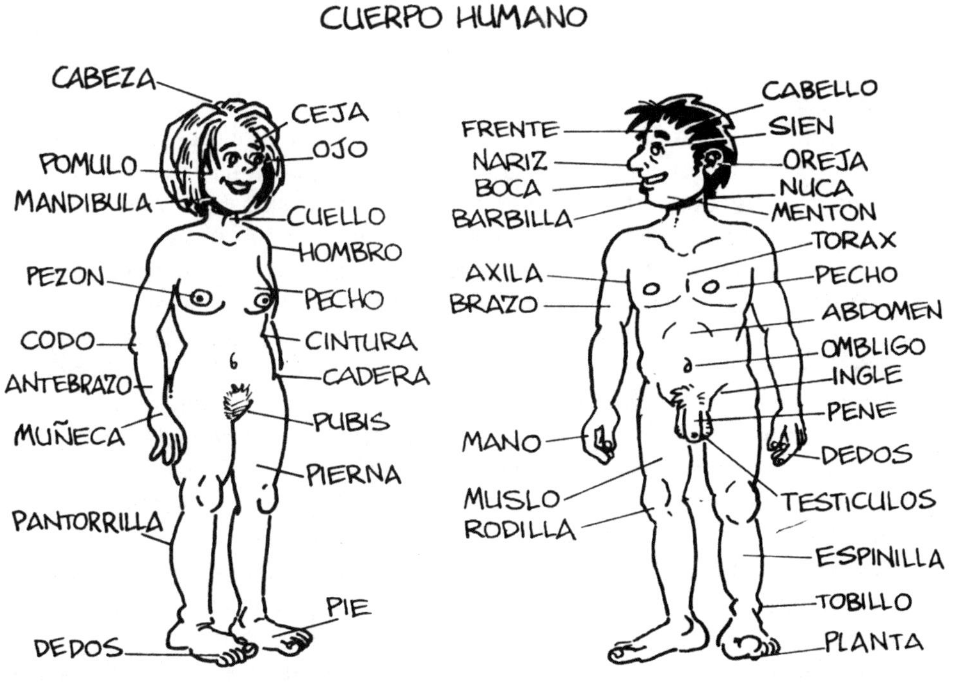

abdomen (m.)	antebrazo (m.)	axila (f.)	barbilla (f.)
boca (f.)	brazo (m.)	cabello (m.)	cabeza (f.)
cadera (f.)	ceja (f.)	cintura (f.)	codo (m.)
cuello (m.)	dedo (m.)	espinilla (f.)	frente (f.)
hombro (m.)	ingle (f.)	mandíbula (f.)	mano (f.)
mejilla (f.)	muñeca (f.)	muslo (m.)	nariz (f.)
nuca (f.)	ojo (m.)	ombligo (m.)	oreja (f.)
pantorrilla (f.)	pecho (m.)	pie (m.)	pierna (f.)
planta (f.)	pómulo (m.)	rodilla (f.)	sien (f.)
tobillo (m.)	tórax (m.)		

5. ¿Ser o estar?

1. Su señora ... portuguesa. — 2. Se dice que los vascos ... muy serios. — 3. Esta habitación ... muy oscura. — 4. La paella ... muy rica. — 5. Córdoba ... en Andalucía. — 6. Sus padres ... muy preocupados porque hace mucho tiempo que no han recibido noticias de él. — 7. La capital de Castilla-La Mancha ... Toledo. — 8. El paciente ... en la consulta del médico. — 9. ¿Sabes tú por qué Rosario ... tan triste? — 10. El dolor de cabeza ... un mal de nuestro tiempo. — 11. Ya hace veintidós años que ... casados. — 12. El profesor de español ... hoy de mal genio. — 13. Sus hermanos ... todavía muy pequeños. — 14. Su primo ... de maestro en un pueblo de Andalucía. — 15. Hoy el tiempo ... muy fresco. — 16. Mi hermano ... médico y ... este mes en Múnich haciendo un cursillo. — 17. Si se marea ... porque ... bajo de tensión. — 18. La pubertad ... un periodo difícil de la vida. — 19. El clima de Galicia ... muy húmedo. — 20. Los domingos los comercios ... cerrados.

6. Un día en Pamplona

Ponga el texto en el pasado.

Es una mañana del mes de agosto. Rogelio y su hermano Ricardo viven en un pueblo de la provincia de Navarra y quieren ir a ver a unos primos que ya llevan mucho tiempo viviendo en Pamplona. Su madre les ha preparado unos bocadillos para el viaje y ya han acabado de tomarse el desayuno. A las ocho y cuarto salen de casa porque el autobús tiene la salida a las nueve y media. A las ocho y media ya están en la pequeña estación de autobuses de su pueblo. Sacan los billetes, hablan con unos conocidos que también esperan el autobús, suben al autobús y a las nueve menos veinticinco ya están camino de Pamplona. A las once menos veinte ya se encuentran en la estación de autobuses de Pamplona. Uno de sus primos los está esperando desde las diez y media. La casa de sus primos está bastante lejos de la estación. Cogen un taxi y a las once y cuarto llegan a casa de sus primos. Su tía está haciendo una comida de fiesta, porque su hermana, la madre de Rogelio y Ricardo, la llamó la semana pasada por teléfono y le dijo que sus sobrinos venían hoy a visitarlos. Mientras la madre acaba de preparar la comida , Rogelio y Ricardo hablan con su tío y sus primos del pueblo y de sus estudios. A la una y veinticinco su tía pone la mesa, se sientan y a las dos ya han terminado de comer. Por la tarde, como hace muy buen tiempo, salen con sus primos a dar un paseo por Pamplona. Después de ver las tiendas del centro, se toman un refresco en un bar en el que trabaja un conocido de su pueblo y luego van a pasearse por el parque de la Taconera. A las cinco de la tarde vuelven para despedirse de sus tíos porque a las cinco y media sale el autobús para su pueblo. Su tía les pone en una bolsa una caja de bombones para que se la den a su madre y les dice que el mes próximo irá a visitarla.

7. Traducción

1. Gestatten Sie, dass ich mich vorstelle?
2. Ich will um sechs Uhr geweckt werden.
3. Es ist nicht sicher, dass er die Stellung bekommt.

4. Ich freue mich, dass es Ihnen gut geht.
5. Sage mir alles, was du weißt.
6. Ich freue mich sehr, dich getroffen zu haben.
7. Ich werde alles machen, was Sie mir sagen.
8. Sie wollten den Urlaub in einem Ort verbringen, der ruhig ist.
9. Ich glaube nicht, dass sie kommt.
10. Ich brauche jemanden, der mir hilft.
11. Sie wollte einen Mann heiraten, der viel Geld hat.
12. Solange du Geld hast, wirst du viele Freunde haben.
13. Ich werde dir schreiben, sobald ich Zeit habe.
14. Es ist schade, dass sie ihn nicht eingeladen haben.
15. Wenn Sie mehr arbeiten würden, hätten Sie keine Schwierigkeiten.

8. Sopa de letras

La sopa de letras contiene veinte términos que tienen que ver con el cuerpo humano. ¿Es usted capaz de encontrar quince de ellos?

g	p	b	s	d	f	r	s	f	g	l	i	o	s	f	g
o	i	s	d	a	r	r	r	e	r	r	m	r	d	o	a
f	e	n	k	b	n	h	e	n	i	h	a	e	h	c	s
n	r	n	e	o	s	o	u	c	p	s	l	s	u	u	p
m	c	e	e	c	p	a	m	b	e	n	r	p	d	l	i
e	u	e	n	a	o	e	a	a	l	t	m	i	o	i	r
d	d	h	j	t	r	l	r	l	e	s	a	r	c	s	i
i	e	c	o	a	e	e	o	a	s	l	n	a	t	t	n
c	d	t	e	o	j	o	e	g	r	b	o	r	o	a	a
o	o	e	n	s	a	l	u	d	o	e	r	f	r	a	h

9. Problemas técnicos

(Dibujo de Navas – «Triunfo»)

1. Describa la situación con la ayuda de las siguientes palabras: consultorio (m.), respiración (f.), estetoscopio (m.), auscultar, funcionar, aparato (m.), golpear.

2. Rellene los globitos.

24.4. Cuba

Cuba es la mayor isla del archipiélago de las Antillas. Dos momentos históricos han sido decisivos para este país: La Guerra de la Independencia (1895-1898) y la instauración de la república socialista (1959).

El gran poeta, pensador y político cubano, José Martí, que luchó desde su juventud para independizar a la isla de la dominación española y que perdió su vida en el campo de batalla, es uno de los héroes de la guerra en la que Cuba se liberó de España y también una de las personas más admiradas no sólo en Cuba, sino también en otros muchos países latinoamericanos. Martí aceptó la ayuda norteamericana en la lucha contra los españoles, pero también se dio cuenta y advirtió a los países latinoamericanos del peligro de la posible expansión imperialista de los Estados Unidos en el resto de América.

Después de obtener la independencia, Cuba se fue convirtiendo poco a poco en una dictadura capitalista. Durante la dictadura de Batista, que se prolongó más de treinta años (1925-1959), la situación de los obreros y campesinos se fue empeorando dramáticamente. El dictador y muchos de los que lo rodeaban (la mayor parte miembros de su familia) no estaban interesados en mejorar la situación del pueblo cubano, sino en producir azúcar, tabaco y café que se exportaban a Norteamérica para incrementar sus cuentas bancarias.

Fidel Castro, su hermano Raúl y el Che (Ernesto Guevara) fueron los principales organizadores de una lucha de guerrilla que acabaría con la dictadura de Batista para instaurar un régimen socialista. Castro expropió a las potentes empresas norteamericanas que se habían establecido en Cuba, nacionalizó todos los bancos cubanos, alfabetizó a gran parte de la población, concedió a los campesinos la propiedad de las tierras que trabajaban, que pertenecían a los grandes terratenientes, y en el campo de la salud hizo desaparecer la fiebre amarilla y la malaria. La Cuba de Fidel se ha considerado durante largo tiempo como un modelo político y económico capaz de solucionar los problemas de los países latinoamericanos.

El embargo impuesto desde hace casi cuarenta años a Cuba por los Estados Unidos, la caída del telón de acero y el cese de la ayuda económica que venía recibiendo de Rusia han debilitado enormemente la economía cubana. Las actividades de apoyo de Fidel Castro a movimientos revolucionarios de Centroamérica y Africa, pero sobre todo su mentalidad absolutista hacen prever que sus días como jefe del Partido y del Gobierno cubano están contados. Hoy muchos cubanos han perdido su fe en Fidel e intentan alcanzar, legal o ilegalmente, las costas de Florida.

La Habana vieja: La historia está siempre presente.

Algunos datos sobre Cuba

Superficie:	110.861 km^2
Situación:	en el centro del Caribe, al sur de la península de Florida
Población:	10 millones de habitantes
Etnias:	Blancos 73% Negros 12% Mulatos 15% Indios --
Capital:	La Habana (2 millones de habitantes)
Otras ciudades:	Santiago de Cuba, Camagüey, Holguín, Santa Clara, Cienfuegos
Recursos:	azúcar, tabaco, arroz, níquel, cromo
Moneda:	peso
Renta per cápita:	1.200 dólares
Forma de gobierno:	república unitaria socialista
Presidente:	Fidel Castro (1959 ...)
Esperanza de vida:	73 años
Médicos por ‰ hab.:	2,8

1. Preguntas sobre el texto

1. ¿Dónde está situada Cuba? — 2. ¿Cuánto tiempo duró la Guerra de la Independencia en este país? — 3. ¿En qué año se instauró en Cuba el sistema socialista? — 4. ¿Quién fue José Martí? — 5. ¿Cómo murió José Martí? — 6. ¿Qué país americano ayudó a Cuba en la lucha de liberación contra España? — 7. ¿Qué peligro veía Martí en los Estados Unidos con referencia al resto del Continente Americano? — 8. ¿Cuánto tiempo duró la dictadura de Batista? — 9. ¿Por qué se fue empeorando la situación de los campesinos y obreros en tiempos de Batista? — 10. ¿Qué producía principalmente la Isla de Cuba? — 11. ¿Adónde se exportaba lo que se producía? — 12. ¿Se beneficiaba mucho el pueblo cubano de las exportaciones? — 13. ¿Quiénes fueron los que liberaron a Cuba de la dictadura de Batista? — 14. ¿Qué régimen político instauraron en Cuba los guerrilleros? — 15. Nombre algunas reformas importantes que llevó a cabo Fidel Castro después de tomar el poder en Cuba — 16. ¿Qué pensaban muchos sudamericanos del «modelo cubano»? — 17. ¿Por qué se puede prever que el Gobierno de Fidel Castro no va a tener un futuro fácil? — 18. ¿Adónde huyen muchos cubanos que no están de acuerdo con la política de Fidel Castro?

2. Complete el texto.

abandonó — asilo político — cien kilómetros — cruzar — cubano — declaró — el viaje — Florida — hambre — le había regalado — libertad — llegar — mediante — por — porque — que — regalo — últimos

Los desheredados de la fortuna

Hastiados del ... y la falta de ... en Cuba, asfixiados ... la dureza del régimen castrista, a algunos no les queda otro remedio que ... el mar en una balsa para ... a Estados Unidos. Son los popularmente llamados «balseros». En los ... meses ha continuado el flujo de refugiados cubanos que alcanzan las costas estadounidenses ... este procedimiento. (...)

Lester Montero Pérez, un joven ... de diecisiete años de edad, ... su país el tres de marzo del año pasado y puso rumbo a ... a bordo de una tabla de «surf» que una turista de la antigua Alemania Oriental ... durante unas vacaciones en la isla caribeña.

Lo recogió un barco en las islas Bahamas a cuarenta y ocho kilómetros al sur de «Key West», en Florida. El joven había comenzado ... dieciséis horas antes y había recorrido cerca de ... cuando la tabla se rompió.

Moreno Pérez ... a las autoridades norteamericanas ... la tabla, de tres metros de largo, fabricada en Austria, fue un ... de una turista germano-oriental «que me la dio ... quería que fuera libre». (...)

El joven cubano espera obtener ... en los Estados Unidos.

El País, 23-7-92

3. Lectura comentada

Feliz cumpleaños

La pobreza de los países sudamericanos nunca impidió que muchos de sus dirigentes dilapidaran fortunas en fiestas fastuosas, más propias de las cortes europeas del siglo XVIII o tal vez de los tiranuelos descritos por Vargas Llosa, Carpentier o García Márquez.

Fue lo que ocurrió el pasado fin de semana en el remoto estado brasileño de Mato Grosso – enclavado en el centro del continente suramericano, entre la selva del Amazonas y el altiplano boliviano –, cuya capital, Cuiabá, fue escenario de una fiesta que recordó el oropel de las cortes europeas del siglo XVIII. El gobernador provincial, Jaime Campos, gastó el viernes 1,7 millones de dólares en la fiesta homenaje a su hija Michelle, que cumplió 15 años.

Para acoger a los 1.500 invitados, cada uno de los cuales recibió un broche de oro con la letra M en líneas trazadas con pequeñas perlas naturales, el Club de Tenis de Cuiabá, principal reducto de la oligarquía local, fue convertido en un esplendoroso castillo blanco y dorado.

El viernes por la tarde, los salones de belleza de Cuiabá no daban a basto para preparar a las invitadas. Para los hombres fue preciso importar 150 esmóquines de los Estados vecinos. La primera dama de la provincia, Lucimar Sucre de Campos, debió recurrir también a la importación de sillas, mesas, manteles, tres bandas de música y hasta un garboso *top model* que bailó toda la noche con Michelle en el enorme salón decorado en forma de corazón con un buen gusto digno de Maradona.

La feliz homenajeada recibió como regalo un conjunto de pendientes, pulsera y gargantilla de diamantes, además de un lujoso automóvil deportivo. Los cronistas sociales de Cuiabá no recuerdan una fiesta semejante desde que cumplió 15 años la joven Laura Campos, hija del senador Julio Campos, que es hermano del actual gobernador de Mato Grosso.

Ricardo Soca, Cambio 16, 28-11-94

4. Redacción

Consulte una enciclopedia o diccionario y presente en unas quince o veinte líneas a uno de los dos personajes más importantes de la revolución cubana (Fidel Castro, Ernesto Guevara).

Expresiones útiles: Salud y enfermedad

estar	enfermo
	indispuesto
	mal dispuesto
	doliente
	malo
	decaído
	mareado
	resfriado
	constipado

tener	mucha	fiebre
llevar		temperatura
	cuarenta grados de fiebre	

sentir	escalofríos	
	nauseas	
	malestar	
	dolor	de cabeza
		de oídos
		de dientes
		de garganta
		de vientre
		de espaldas
		de riñones

me duele mucho	la cabeza
me hace mucho mal	el vientre
siento mucho dolor en	la garganta
	el pecho
	el estómago
	la espalda

ir	a un médico	
	a un hospital	
	a urgencias	
	a la consulta	de un médico
		de un especialista

25.1. Dos policías violan a una magrebí

Los policías José Martín Chaverri y Pablo Márquez Bermejo han sido detenidos por algunos de sus colegas y han sido puestos en prisión. La Audiencia Provincial considera probado que la emigrante magrebí Fátima Hamet fue violada por los dos agentes de policía en agosto de 1991, por lo que han sido condenados a 15 años de cárcel.

Según la sentencia, el delito de los funcionarios es «especialmente grave» ya que cometieron un abuso de autoridad sobre «una trabajadora emigrante extranjera sin que ésta pudiera defenderse». La mujer fue obligada a mantener relaciones sexuales con los policías tras las amenazas que fueron formuladas por estos últimos.

El tribunal pidió ayer que los acusados fueran puestos inmediatamente en prisión, dada la gravedad de las penas impuestas. La sentencia condena también a los policías a que queden totalmente inhabilitados durante el tiempo de la pena, a que paguen los costos del proceso y a que indemnicen con la cantidad de cinco millones de pesetas a la persona que fue perjudicada.

La sentencia declara que es un hecho evidente que el 15 de agosto de 1991 los policías José Martín Chaverri, de 43 años, y Pablo Márquez Bermejo, de 32, que se encontraban fuera de servicio, abordaron en una céntrica calle de Madrid a la inmigrante marroquí Fátima Hamet, de 28 años, y le pidieron que se identificara. La mujer no llevaba encima su documentación, por lo cual los tres se trasladaron a la pensión en la que ella vivía, en la calle de la Aduana, para que les mostrara su pasaporte. Con el pretexto de que el documento no se encontraba en regla, la ciudadana marroquí fue obligada por los procesados a que les acompañara y fue conducida a un hostal, en una de cuyas habitaciones la forzaron a que se desnudase.

Ante la resistencia de la víctima, uno de los procesados extrajo de una bolsa algo que parecía hachís, y le hicieron creer que si no accedía a sus deseos la acusarían de traficar con droga. «La ciudadana marroquí, atemorizada, temiendo quedar ingresada en prisión, perder su trabajo y ser expulsada de España», dice la sentencia, «accedió a mantener relaciones sexuales completas con cada uno de los procesados».

La sentencia hace hincapié en la circunstancia agravante de abuso de autoridad, ya que utilizaron su condición de policías para cometer más fácilmente el delito de violación .

El País, 10-3-1993 (Texto ligeramente adaptado)

25.2. Gramática

1. Das Passiv *La voz pasiva*

Dos agentes de policía violan a Fátima Hamet.
⇨ *Fátima Hamet es violada por dos agentes de policía.*

La silicosis ha destruido los pulmones de algunos mineros.
⇨ *Los pulmones de algunos mineros han sido destruidos por la silicosis.*

Das Passiv wird mit dem Hilfsverb **ser** und dem **Partizip Perfekt** des konjugierten Verbes gebildet.
Das Partizip richtet sich in Geschlecht und Zahl nach dem Subjekt des Passivsatzes.
Die deutsche Passivpräpositionen «von» und «durch» werden in der Regel mit **por** wiedergegeben.
In den zusammengesetzten Zeiten bleibt das Partizip von **ser (sido)** unverändert.
Das Passiv wird im Spanischen seltener als im Deutschen verwendet.

2. Die unpersönliche Passivkonstruktion *La pasiva impersonal*

En esta mina se paga bien. (1)
En esta mina se paga buen jornal. (1)
En las minas se pagan muy buenos jornales. (2)
En la mina pagan muy buenos jornales. (3)
Uno se acostumbra a todo. (4)

«Man» + Verb bzw. Passiv entsprechen im Spanischen:

(1) se + Verb (3. Pers. Singular), wenn der Satz kein Subjekt hat oder das Subjekt ein Singular ist.
(2) se + Verb (3. Pers. Plural), wenn der Satz ein direktes Objekt im Plural hat.
(3) Verb in 3. Pers. Plural.
(4) Uno + se + Verb bei reflexiven Verben.

3. Zustandspassiv *La pasiva con estar*

La casa está vendida.
Los delincuentes están detenidos.
El coche ya está reparado.

Estar + Partizip drückt nicht den Vorgang, sondern das Ergebnis einer Handlung aus.

25.3. Ejercicios

1. Preguntas sobre el texto

1. ¿A quiénes han detenido los agentes del Orden Público?
2. ¿Por qué los han detenido?
3. ¿A qué pena han sido condenados?
4. ¿Cuánto dinero tienen que pagar como indemnización?
5. ¿En qué día tuvo lugar la violación?
6. ¿Qué exigieron los policías a la magrebí?
7. ¿Por qué fueron los policías y la agredida a la pensión donde ella vivía?
8. ¿Por qué tuvo que acompañar Fátima posteriormente a los agentes?
9. ¿Adónde se la llevaron posteriormente?
10. ¿Cómo consiguieron los policías que Fátima accediera a sus deseos?
11. ¿De qué tenía miedo Fátima?
12. ¿Cuál es la circunstancia que según el tribunal agrava el delito?

2. Ponga las frases en pasiva.

1. Un experto examina el cuadro. — 2. Los policías abordaron a la magrebí en una calle céntrica de Madrid. — 3. La policía ha detenido a cuatro malhechores. — 4. El tribunal condenó a los acusados a tres años de prisión. — 5. La secretaria había traducido la carta. — 6. El presidente del Tribunal Superior había prohibido la manifestación. — 7. Las bombas destruyeron casi todos los edificíos de Guernica. — 8. Un ingeniero acaba de presentar el proyecto. — 9. El presidente ratifica el decreto. — 10. Los estudiantes españoles leen muchos libros extranjeros. — 11. Carmen no aceptará la proposición de Jaime. — 12. Nos pusieron una multa de 3.000 pesetas. — 13. No todos los indios de la tribu admiraban a Gilanco. — 14. El rey de España nos recibirá la semana próxima. — 15. Los Reyes Católicos expulsaron de España a los árabes en el año 1492. En ese mismo año Colón descubriría América. — 16. El Parlamento ha aprobado la ley. — 17. Un escritor alemán va a traducir la novela. — 18. Cervantes escribió la obra más famosa de la literatura española. — 19. Unos conocidos de Antonio me informaron de la situación de los mineros. — 20. Un empleado de la mina nos acompañó. — 21. El huracán destruyó el puente. — 22. El alcohol había destrozado el hígado de aquel minero. — 23. Gilanco exterminaba a los hijos de su madre Pachamama. — 24. El Presidente recibió en la tarde de ayer a Rigoberta Menchú.

3. Transforme las frases empleando la pasiva reflexiva.

1. El proyecto será presentado en el mes de abril.
2. El paquete será enviado por avión.
3. Sólo fueron invitadas las personas más importantes.
4. La mujer fue obligada a tener relaciones sexuales.
5. Este edificio tiene que ser restaurado.
6. Los acusados fueron puestos en prisión.

7. Las bebidas ya han sido pagadas.
8. Han detenido a dos policías.
9. Hemos sido invitados a una reunión.
10. La ciudadana fue forzada a desnudarse.
11. Dos policías han sido condenados a quince años de prisión.
12. Esta novela fue publicada en 1945.
13. Ha sido publicado un libro sobre la vida de este escritor.
14. Este edificio fue inaugurado el año pasado.
15. Fueron informados de la situación.
16. La decisión será tomada en la próxima reunión.
17. Los delincuentes son perseguidos.

4. Expresión de la condición

1. Si (tener) tiempo, iré a verte.
2. Si vienes a tiempo, [nosotros] (poder) salir antes de las cuatro.
3. Si [ellos] (poder) vivir dignamente en sus países, no habrían venido a Europa.
4. Si trabajaras más, (obtener) lo que (querer).
5. Si [él] me lo (decir), [yo] le habría ayudado.
6. Si hubieras venido antes, [nosotros] (escribir) todas las cartas.
7. Si [nosotros] (esforzarse) un poco más, lo conseguiremos.
8. Si [tú] (hacer) los deberes todos los días, no tendrías problemas con las matemáticas.
9. Si dices la verdad, no (tener) problemas.
10. Si [ellos] (venir) puntualmente, podríamos salir antes de las diez.
11. Si me lo hubieras dicho, [yo] lo (hacer).
12. Si no puedo venir, te lo (decir) a tiempo.
13. Si hubieras leído el libro, (saber) de lo que estamos hablando.
14. Si nos hubieras avisado, [nosotros] no (venir).
15. Si se lo preguntas, te lo (decir).
16. Si [tú] no (fumar), no toserías tanto.
17. Si aprueba, (ir) de vacaciones a Francia.

5. Escriba y traduzca los verbos que corresponden a los siguientes substantivos.

violación (f.)	...	verificación (f.)	...	utilización (f.)	...
resistencia (f.)	...	referencia (f.)	...	prueba (f.)	...
proceso (m.)	...	pretensión (f.)	...	petición (f.)	...
opresión (f.)	...	ofensa (f.)	...	maltrato (m.)	...
inhabilitación (f.)	...	expulsión (f.)	...	examen (m.)	...
elección (f.)	...	documentación (f.)	...	detención (f.)	...
deseo (m.)	...	denuncia (f.)	...	defensa (f.)	...
declaración (f.)	...	condena (f.)	...	castigo (m.)	...
aviso (m.)	...	atropello (m.)	...	amenaza (f.)	...
acusación (f.)	...	delito (m.)	...	abuso (m.)	...

6. Complete el texto.

alquilarle — cambiar — cambio — cómo — cosas — de infancia — dejó — demasiado — emigrante — en busca de — en el tráfico — historia — jamás — jamás — me hace — no tengo sitio — papeles — porque — racistas — recomenzar — se fía — todavía — ha escrito — vivir

Escribo para contar la ... de mi amigo Ahmed. Un buen día, como tantos otros, Ahmed ... Marruecos. Vino a España ... deseaba una vida mejor. Decidió vender en el metro, en las calles, como primer recurso hasta conseguir arreglar los ... que legalizaran su residencia.
Han pasado dos años, y ... vende en el metro. Le espera cada día una casa oscura, porque nadie ... de su piel distinta, y parecen pensar que un ... puede vivir de cualquier manera. El aún sonríe con su buena intención intacta: no ha caído ... de droga, paga religiosamente todo lo que compra, y sigue esperando un ... en su vida, que alguien se decida a ... una vivienda digna y a darle un trabajo. Los españoles también fuimos en su día distintos, abandonamos nuestro país ... una vida mejor. ¿Por qué no nos importa hoy ... viven los emigrantes en España? ¿Cómo es que decimos que no somos ... y, sin embargo, jamás alquilaríamos nuestro piso a un emigrante, y ... seríamos sus amigos?
Ahmed ... esto en silencio, para quien quiera leerlo: «He dejado todo de mi vida, las ... más importantes, como mi familia, amigos, patria, recuerdos ... , para poder realizar alguno de mis sueños y ... mi vida. Pero veo lo que deseo como si fuese aire que pasa ... rápido como para pensar que puedo ... una vida nueva».
«La mirada de la gente ... sentir que no quieren extranjeros. Sus ojos me dicen que ... aquí. Es sólo una manera de decirme: «Fuera».
Isabel Marina Valdés, El País, 16-4-1993

7. Ponga las preposiciones que hagan falta.

1. Algunos españoles no alquilan pisos ... los emigrantes porque desconfían ... ellos.
2. La policía consiguió ... detener ... el malhechor ... la semana pasada.
3. El número ... emigrantes ha disminuido mucho ... los últimos años.
4. Lucharon ... toda su vida ... la recuperación ... sus derechos.
5. Los policías amenazaron ... la magrebí diciéndole que si no accedía ... lo que ellos querían, la acusarían ... traficar ... droga.
6. Roberto acaba ... preguntar ... vosotros.
7. La sentencia pronunciada ... el juez hace hincapié ... una circunstancia agravante.
8. Me ocuparé ... este asunto cuando vuelva ... vacaciones.
9. Tienen miedo ... ser expulsados porque carecen ... permiso ... residencia.

8. Redacción

Exponga con sus propias palabras el delito de los dos agentes de policía y explique por qué han sido condenados a una pena relativamente alta.

25.4. Análisis y comentario

Magrebíes atravesando el Estrecho en una patera

Ilegales

Cuando leo en los periódicos, cuando oigo llamar ilegales a seres humanos que para buscar un trabajo, quc lcs haga posible sobrevivir a ellos y a sus familias, ponen en juego sus vidas, casi pierdo los nervios. Me refiero a esos desgraciados magrebíes que llenan las pateras que los trasladan de Africa a España, y que también llenan los bolsillos de los traficantes que se dedican al transporte de personas. Los futuros trabajadores ilegales africanos les tienen que pagar cantidades astronómicas de dinero y los traficantes, que reciben el dinero por adelantado, no se hacen responsables de nada: ni de sus vidas ni de si llegan o no a un destino que muchas veces no existe.

Hoy día, los medios de comunicación hacen que el mundo sea más pequeño y transparente. Es algo muy normal que esos dos tercios de la humanidad que viven, mejor dicho, mueren en la miseria, traten de venir a este *paraíso terrenal* que los países desarrollados les mostramos en el cine y en la televisión. Ellos piensan que, a cambio de su trabajo, los países industrializados les vamos a dar algo de lo que nos sobra.

Mientras nosotros no podemos consumir lo que producimos, los pueblos de lo que llamamos Tercer Mundo se ven aplastados entre dos posibilidades: la de morirse de miseria y de hambre en sus respectivos países – cosa que para nosotros es completamente *legal* – o estrellarse contra el muro hermético que los europeos les hemos construido entre Europa y Africa. Este muro lo justificamos con la ayuda de leyes que, según nuestros expertos, protegen legalmente nuestro sistema económico.

Los *filántropos* europeos lanzamos continuas llamadas al respeto de los derechos del hombre en China, en Cuba, en Yugoslavia, en ... y no nos damos cuenta que, en nuestras propias leyes, muchas veces figura muy poco o casi nada la solidaridad, que es la médula del humanismo.

Delfín Rodríguez, El País, 7-11-1992

Anotaciones

(3) poner en juego: arriesgar
perder los nervios: no poderse dominar [die Fassung verlieren]
(5) llenar los bolsillos de: hacer ricos a
(8) por adelantado: [im voraus]
(11) dos tercios: 2/3; 66,6 por ciento
(12) paraíso (m.) terrenal: [Paradies]
(14) a cambio de: por
(15) sobrar: tener y no poder emplear [übrig haben]
(17) verse aplastado/a; aquí: estar desesperado/a
(18) cosa que: algo que
(19) estrellarse: [zerschellen]
(23) filántropo (m.): persona que defiende los derechos de los hombres
lanzar una llamada a: apelar, reclamar
(25) figurar: aparecer, estar contenido
(26) médula (f.): fundamento

Cuestionario de estudio

1. Resuma con sus propias palabras el contenido del texto.
2. ¿Qué dice el texto de las personas que se dedican a transportar a los magrebíes?
3. ¿Se puede decir que la idea que algunos africanos tienen de Europa es siempre objetiva?
   Justifique su respuesta.
4. Enumere y explique causas por las que los magrebíes abandonan sus países.
5. Exponga algunos de los motivos por los que no pocos españoles no aceptan la presencia de los emigrantes en su país.
   ¿Comparte usted su opinión?
   Justifique su respuesta.

Expresiones útiles: Emigración

los emigrantes	abandonan	sus países
los trabajadores extranjeros	dejan	su patria
los magrebíes	se van de	sus pueblos

porque	desean	mejorar de vida
	quieren	modificar su situación económica
	pretenden	ayudar a sus familias
	anhelan	salvaguardar su libertad
		llevar una vida digna

el Viejo Continente	cierra		a los emigrantes
Europa	impide la entrada		a los africanos
la Unión Europea	no autoriza	la entrada	a los trabajadores extranjeros
		la estancia	

los nativos	discriminan a	los inmigrantes	
los europeos	se creen superiores a	los obreros	extranjeros
	desprecian a	los trabajadores	
	ofenden a	los operarios	
	maltratan a		
	se aprovechan de		
	explotan a		

los inmigrados	tienen que	realizar	los trabajos
los ilegales		hacer	las tareas
		llevar a cabo	las faenas
		ejecutar	las labores

que los nativos	no quieren efectuar
que la gente del país	

los trabajadores españoles	no aceptan	la presencia	de los extranjeros
los españoles	no toleran	la estancia	
los nativos	rechazan	la permanencia	
	rehusan		
	se oponen a		

los trabajadores ilegales	no pueden defender sus derechos
	tienen que aceptar todo tipo de trabajo
	son explotados
	son una mano de obra barata
	no reciben lo que les corresponde

26.1. El castellano en Cataluña

A mí me encanta Barcelona. Volar una hora en el «puente de Madrid a Barcelona», coger a las ocho de la mañana – en vez del aburrido taxi – el simpático trencito azul que te transporta a una velocidad asombrosa, casi japonesa, desde el aeropuerto del Prat hasta la moderna estación de Sants, tomar el desayuno en las Ramblas o en el Paseo de Gracia mientras uno comprueba que las chicas de la ciudad condal siguen teniendo las piernas más bonitas de España, sentir la presencia del mediterráneo a dos pasos ... y volver a darse cuenta del placer de encontrarse en un ambiente bilingüe, donde se hablan dos versiones del latín puesto al día, todo eso, digo, me va, me encanta.

Dos idiomas. Millones de personas que dominen perfectamente dos idiomas se encuentran en pocas partes de nuestro planeta. Pero ... lo que noto, con cada nueva visita relámpago a Barcelona, es el crecimiento del nacionalismo lingüístico. Y eso, la verdad, no me va, no me agrada en absoluto. Hay cada vez más placas escritas únicamente en catalán, en la autopista, en los cruzamientos en la ciudad. Cada vez es más pronunciada la tendencia a comunicarse en catalán aunque esté presente alguien (yo en este caso) que sólo hable castellano.

Por lo que me toca a mí personalmente, el ser excluido de esta manera de las conversaciones no me molesta demasiado, puesto que, como hispanista, estoy decidido a aprender el catalán, y cada descortesía lingüística me motiva en este sentido. Pero desde luego es algo que irrita a muchos castellanoparlantes indígenas.

—A mí me parece muy bien que ellos hablen catalán entre sí —me dice un taxista andaluz—. Mi mujer es catalana y nuestros hijos son capaces de expresarse correctamente en los dos idiomas. Pero, ¿por qué tengo que saber yo catalán? ¿No soy yo tan español como ellos? Lo que pasa es que se están poniendo muy pesados con esto del catalán y quieren que lo hablemos todos. Y yo digo que no.

Reflexionando sobre lo oído y observado por mí en Barcelona la semana pasada, he recordado la imposición de la enseñanza del celta en las escuelas irlandesas. Diez años de celta tuve yo que aguantar, y les aseguro que fue tal el odio que aquel sistema de enseñanza me produjo que nunca llegué a interesarme por el idioma. Todo lo contrario. Y creo que fue una reacción general, puesto que el desconocimiento del celta en Irlanda sigue siendo casi total. Si los gobiernos irlandeses hubiesen sabido fomentar el amor al idioma herido de muerte quizá habrían logrado salvarlo. Pero la cuestión lingüística se convirtió en un tema político más que cultural (no se podía ser auténtico irlandés mientras no se conociese el idioma, decían) y, claro, la reacción fue brutal.

Esperemos que no pase lo mismo con el catalán. Extranjeros, como yo, pienso que no serán muchos los que se tomen la molestia de aprender un idioma hablado por una docena de millones.

Por otra parte, ¿por qué no se utiliza la televisión para fomentar entre todos los españoles el conocimiento de los diferentes idiomas hablados en la Península? Para un castellanoparlante medio culto no sería difícil llegar en unos meses a superar las dificultades del catalán escrito e incluso, tras una estancia un poco prolongada en Cataluña, llegar a hablarlo. Y lo mismo con el gallego. El vasco, desde luego, es un idioma muchísimo más difícil, pero estoy seguro de que una serie de programas sobre su estructura y su historia serían seguidos con gran interés por el público.

Sigo pensando que lo maravilloso de este país es que hay todavía tanto que hacer, tanta riqueza cultural que explotar. El día en que a los españoles no catalanes se les ocurra que sería fascinante aprender catalán se habrá dado un paso en delante. No obligar, sino invitar.

Jan Gibson

26.2. Gramática

1. Die indirekte Rede II — *El discurso indirecto*

a) Die Zeiten ändern sich nicht.

Aprendo catalán.	⇨	*Dice que aprende catalán.*
He aprendido catalán.	⇨	*Dice que ha aprendido catalán.*
Aprenderé catalán.	⇨	*Dice que aprenderá catalán.*
Aprendo catalán.	⇨	*Ha dicho que aprende catalán.*

Wenn der Hauptsatz in einem Tempus der Gegenwart (presente, pretérito perfecto, futuro simple...) steht, bleibt im Nebensatz das Tempus der direkten Rede erhalten.

b) Die Zeiten ändern sich.

Aprendo catalán.	⇨	*Dijo que aprendía catalán.* (1)
He aprendido catalán.	⇨	*Dijo que había aprendido catalán.* (2)
Aprenderé catalán.	⇨	*Dijo que aprendería catalán.* (3)

Wenn der Hauptsatz in einem Tempus der Vergangenheit (indefinido, imperfecto...) steht, ändert sich im Nebensatz der Tempus der direkten Rede wie folgt:

direkte Rede		***indirekte Rede***
(1) presente	⇨	pretérito imperfecto
(2) pretérito perfecto	⇨	pretérito pluscuamperfecto
(3) futuro simple	⇨	condicional simple

c) Änderung bei den Personalpronomen, Possessiva und Demonstrativa

Me gusta Cataluña.	⇨	*Dice que Cataluña **le** gusta.*
Mi mujer es catalana.	⇨	*Dice que **su** mujer es catalana.*
No quiero quedarme **aquí**.	⇨	*Dijo que no quería quedarse **allí**.*
Llegamos **esta tarde**.	⇨	*Dijo que llegaban **aquel día por la tarde**.*
Te recomiendo **este** libro.	⇨	*Le dijo que le recomendaba **aquel** libro.*

Je nach Redesituation können, wie im Deutschen, Veränderungen von Personalpronomina, Possessiva, Demonstrativa, Orts- und Zeitadverbien erforderlich sein.

2. Häufige verbale Periphrasen — *Perífrasis verbales más usadas*

a) Verb + Gerundium

estar + Gerundium	*Pedro está leyendo el periódico.* Pedro liest gerade die Zeitung.
seguir + Gerundium	*Su padre sigue bebiendo.* Sein Vater trinkt weiter.
continuar + Gerundium	*Continúan discutiendo.* Sie diskutieren weiter.
llevar + Gerundium	*Llevo 20 años viviendo aquí.* Ich wohne hier seit 20 Jahren.

b) Verb + Infinitiv

tener que + Infinitiv	*Tenemos que visitarlo.* Wir müssen ihn besuchen.
haber de + Infinitiv	*Has de informarme mejor.* Du musst mich besser informieren.

ir a + Infinitiv	*Van a salir a las dos.* Sie werden um zwei Uhr gehen.
acabar de + Infinitiv	*El acaba de llegar.* Er ist eben angekommen.
volver a + Infinitiv	*Volveré a llamar a las seis.* Ich werde um sechs wieder anrufen.
antes de + Infinitiv	*Antes de salir, quiero pagar.* Bevor ich gehe, will ich zahlen.
después de + Infinitiv	*Después de comer tomo un café.* Nachdem ich gegessen habe, trinke ich Kaffee.
al + Infinitiv	*Lo he visto al entrar.* Ich habe ihn gesehen, als ich reinkam.

26.3. Ejercicios

1. Preguntas sobre el texto

1. ¿Cuánto dura el vuelo de Madrid a Barcelona?
2. ¿Cómo se llama el aeropuerto de Barcelona?
3. ¿Cómo va el autor del texto en sus viajes a Barcelona del aeropuerto al centro de la Ciudad Condal?
4. ¿Dónde toma normalmente el desayuno cuando está en Barcelona?
5. ¿Por qué es Barcelona muy interesante desde el punto de vista lingüístico?
6. ¿Qué es lo que al autor no le agrada de la Barcelona de nuestros días?
7. ¿Por qué no le molesta personalmente al autor el no poder participar en las conversaciones de los catalanes?
8. ¿Qué le dijo un taxista al autor de la lengua catalana y los catalanes?
9. ¿Es el autor del texto español?
10. ¿Cuánto tiempo tuvo que estudiar celta?
11. ¿Le gustaba mucho estudiar este idioma?
12. ¿Consiguió sus fines el Gobierno irlandés con la imposición de la enseñanza obligatoria del celta?
13. ¿Por qué piensa el autor que no serán muchos los extranjeros que estén interesados en aprender catalán?
14. ¿Cómo podría la televisión aminorar el problema lingüístico en España?
15. ¿Qué dice el autor del vasco?
16. ¿Cómo cree el autor que se podría comenzar a solucionar el problema de las lenguas en Cataluña?

2. Ordene los antónimos.

ser incapaz — rehuir — pobreza — olvidarse — manifestar — inseguro/a — inculto/a — incluir — igual — feo/a — fácil — estar ausente — escaso/a — empeoramiento — embuste — dudar — divertido/a — disminución — desagradar — deficientemente — cortesía — conocimiento — cerrado/a — breve — apatía — antipático/a — antiguo/a — amor — alargar — afrontar

abierto/a	...	abreviar	...	abundante	...
aburrido/a	...	acordarse	...	bonito/o	...
crecimiento	...	culto/a	...	desconocimiento	...
descortesía	...	diferente	...	difícil	...
encantar	...	encarar	...	estar presente	...
estar seguro	...	evidente	...	evitar	...
excluir	...	interés	...	mejora	...
moderno/a	...	ocultar	...	odio	...
perfectamente	...	prolongado/a	...	riqueza	...
ser capaz	...	simpático	...	verdad	...

3. Ponga las frases en el estilo indirecto.

1. «El ser excluido de las conversaciones no me molesta demasiado y este tipo de comportamiento de algunos catalanes me motiva a aprender la lengua catalana.»
El gran romanista irlandés afirmó que ...

2. «A mí me parece muy bien que los catalanes hablen entre sí catalán, pero no sé por qué yo tengo que saber catalán».
El taxista declaró que ...

3. «Diez años de celta tuve yo que aguantar, y les aseguro que fue tal el odio que aquel sistema de enseñanza me produjo que nunca llegué a interesarme por el idioma».
El autor dice que ...

4. «Los castellanohablantes que vivimos en Cataluña no pedimos favores, ni siquiera trabajo; exigimos que se nos devuelva la libertad y dignidad de ser españoles y de expresarnos en español.»
Una conocida periodista declaró hace unos días que ...

4. Transforme las frases según el modelo.

Modelo: Las chicas de Barcelona *tienen* las piernas más bonitas de España.
⇨ *Las chicas de Barcelona siguen teniendo las piernas más bonitas de España.*

1. La familia Montilla *vive* en Barcelona. El señor Montilla *toma* todas las mañanas el desayuno en su casa, *almuerza* en un restaurante del Paseo de Gracia y *se pasea* por las tardes por las Ramblas. — 2. El ambiente catalán nos *va* estupendamente. — 3. El ser excluido de las conversaciones *irrita* enormemente a los castellanohablantes de Cataluña que no quieren aprender catalán y *tienen* dificultades en su vida profesional y social. — 4. El desconocimiento del celta era casi total, el Gobierno irlandés *imponía* la enseñanza obligatoria de este idioma y los niños irlandeses *odiaban* el idioma de sus antepasados. — 5. El autor piensa que en España *hay* mucha riqueza cultural que explotar y *está* entusiasmado por poder conocer esta cultura. — 6. Los gallegos *fomentan* el idioma regional y *promueven* su folklore y sus costumbres tradicionales. — 7. La diglosia *es* un problema muy grave y *está* muy extendida, sobre todo en las zonas rurales y en los barrios pobres de las ciudades. — 8. Sus hijos *reciben* instrucción en su lengua materna y cultivan

y conservan las costumbres y las tradiciones de sus antepasados. — 9. Nuestros hijos *se levantan* tarde y los *llevamos* y los *vamos* a buscar todos los días a la escuela. — 10. La confusión ortográfica *avanzará* sin remedio y la práctica de la lengua *disminuirá* notablemente. — 11. *Esperamos* que la situación se mejore. — 12. El desenvolvimiento de la lengua *depende* de la situación política.

5. Ponga un poco de orden.

1. actualidad — ámbitos — castellanohablantes — catalán — Cataluña — de — dificultades — el — en — en — en — Generalitat — imponer — intenta — la — la — la — Los — los — muchas — porque — que — tienen — todos — vida. — viven
2. y — y — Valencia — una — románicas — Península — lenguas — las — las — la — Islas — Ibérica — hablado — es — es — en — El — de — de — cuatro — Cataluña, — catalán — Baleares.
3. Algunos — catalán — catalanes — constituyen — cuenta — dan — de — de — de — de — del — docena — el — el — es — grupo — hablada — hispanohablantes — humanos — lengua — lingüístico — los — millones — millones — no — olvidar — parecen — planeta. — pocos — por — prácticamente — que — que — se — segundo — seres — trescientos — una — una — únicamente — y
4. y — uso — uno — todos — tiene — se — que — que — proyecto de ley — propuesto — objetivo — los — lengua — la — la — habitantes — ha — Generalitat — extienda — El — el — de — de — de — de — Comunidad — como — Cataluña. — catalana — cada — Autónoma — a

6. Ponga las frases en la voz activa.

1. El catalán no es hablado por todas las personas que viven en Cataluña.
2. El tren fue asaltado por unos bandidos.
3. La enseñanza del catalán es promovida por la *Generalitat*.
4. El edificio ha sido totalmente destruido por una bomba.
5. El centro de la ciudad sería vigilado durante toda la noche por los Agentes de Seguridad.
6. Los organizadores de la revuelta habían sido detenidos por la Guardia Civil.
7. El desacuerdo y la encarnecida protesta de la población fueron originados por las medidas que habían sido tomadas por el Gobierno.
8. El acto será retransmitido por la primera cadena de televisión.
9. El secretario del partido ha sido elegido por la mayoría de los delegados.
10. El banco ha sido rodeado por la policía para poder capturar a los ladrones.
11. Una comisión de indígenas será recibida por el presidente de la Nación.
12. Gran parte de los árboles de la sierra baja han sido carbonizados por el fuego.
13. El discurso inaugural sería pronunciado por el alcalde de la localidad.
14. Todos habíamos sido cautivados por la belleza del paisaje.
15. El bandido debía ser capturado y puesto en la cárcel.

16. Los visitantes del parque zoológico eran atemorizados por los rugidos del león.
17. El peatón fue atropellado por el conductor.
18. Los autores del robo han sido condenados a tres años de prisión.
19. La manifestación no ha sido autorizada y ha tenido que ser suspendida.
20. Muchas enfermedades son originadas por las bacterias.

7. Lectura comentada

«Catalunya, país sin nación»

Cataluña, ese pequeño país sin nación, situado en el noreste de la Península Ibérica, vive desde hace siglos bajo la dominación de la Corona Española. A pesar de ello, los catalanes siguen estando orgullosos de tener unos rasgos diferenciales, a los que se aferran y protegen para no perder su identidad cultural e histórica. (...)
El catalán es un caso especial entre las lenguas cultas de Occidente. Después de tener una brillante tradición literaria a lo largo de la Historia, sufre un retroceso en favor del castellano con la unión de los reinos de Castilla y Aragón (1479). En el siglo XVIII, Felipe V intenta suprimir la lengua catalana con el Decreto de Nueva Planta (1716) y otras disposiciones que limitan o prohíben su uso.
La lucha contra el retroceso de la lengua catalana comienza con el movimiento conocido como la «Renaixença» (1833) y sigue durante todo el siglo XIX hasta la campaña popular de «l'Avenç». En 1906 se celebró el I Congreso Internacional de la Lengua Catalana. La normalización se había iniciado. Un año más tarde se funda el «Institut d'Estudis Catalans», se publican las «Normes Ortogràfiques», la «Gramática de la Llengua Catalana», y el «Diccionari», obras en las que tuvo importante participación el filólogo e ingeniero de Barcelona Pompeu Fabra. Normalizada la lengua y con la aparición de las primeras instituciones políticas, «Mancomunitat» y «Generalitat», el futuro de la lengua catalana parecía ser más favorable en las primeras décadas del siglo XX, a pesar de las prohibiciones durante la dictadura del general Miguel Primo de Rivera (1923 -1930). Al concluir la guerra civil española (1936- 1939), el catalán fue prohibido y perseguido, con lo cual quedó reducido en la década de los años cuarenta a los cincuenta a lengua familiar, sin posibilidad alguna de ser aprendida en la escuela, sin uso público y sin medios de comunicación. A partir de los años cincuenta, comienza la época del «bilingüismo relativamente tolerado», periodo en el que se inician los primeros tímidos intentos de conseguir la presencia del catalán en la vida pública.
A las adversas circunstancias políticas, que produjeron un desconocimiento cultural de la lengua catalana en las nuevas generaciones de catalanohablantes, se sumó el fuerte contingente de inmigrantes, de variada procedencia y, en general, de muy baja cultura, que encontraron trabajo en Cataluña. A diferencia de otras inmigraciones anteriores, las de las décadas posteriores a los años 50 no se asimilaron. Se establecieron en unas zonas muy concretas, sobre todo en Barcelona y provincia, en muchas de las cuales existen todavía barrios en los que el catalán es una auténtica lengua minoritaria o desconocida.

La situación en Cataluña era de coexistencia oral de las lenguas castellana y catalana. Pero mientras que el castellano se había adueñado de la enseñanza, de la lengua escrita y de los medios de comunicación, el catalán sólo servía para la comunicación coloquial.

Esta injusta situación cambió a partir de 1975 con un reconocimiento de los derechos de la lengua catalana, tanto mediante decretos específicos como en la Constitución y el Estatuto autonómico. Hasta 1983, seis años después del restablecimiento de la «Generalitat» en Cataluña, no se promulgó la Ley de Normalización Linguística, con la cual se pretendía equilibrar la situación de inferioridad del catalán frente al castellano. Poco después se puso en marcha el «Plan de Inmersión», que preveía que en un plazo de diez años los alumnos recibirían la enseñanza en catalán.

Ya por aquel entonces, un grupo de padres y alumnos castellanohablantes fueron a Madrid – «la marcha de los 2.500» – a quejarse de la normativa y a reivindicar su derecho a mantenerse monolingües.

Actualmente, Cataluña ha conseguido unos medios de comunicación social en catalán. Tanto sectores de la prensa como de la TV o la radio, ayudan a la normalización. Primero fue el canal catalán de TVE, y ahora se cuenta además con la televisión catalana, TV3.

También los comercios han ido paulatinamente catalanizando los rótulos de sus establecimientos. El catalán empieza a vivirse en el pueblo.

Hace unos meses entró en vigor un Decreto aprobado por la «Generalitat» en 1992, según el cual los cinco primeros cursos de enseñanza primaria se harán exclusivamente en catalán («aunque recibirán enseñanza en castellano todos aquellos alumnos que lo soliciten», según ha manifestado el Departamento de Enseñanza de la «Generalitat»). La medida ha causado la ira de algunos padres y de algunos «plumillas» españoles, que han visto en ello una amenaza a su idioma.

La mayoría de los españoles que residen en Cataluña, sea por poco tiempo o permanentemente, han aceptado de buen grado la nueva normativa. «Esto es difícil para nosotros, especialmente al principio. Lo mismo que los extranjeros, no tenemos idea de este idioma; pero no me importa. Incluso podría decir que me gusta que mis hijos sepan más cosas, más idiomas». Así se manifestaba el sr. Caballero, un cordobés residente en Cataluña. Como él opina mucha gente. Por tal motivo, han tenido que cerrarse la mayoría de las escuelas para la enseñanza del castellano. «Cuando estuve en Alemania, estudié el alemán. Cuando trabajé en Inglaterra, estudié el inglés. Es normal que ahora que estoy en Cataluña sepa hablar el catalán, no?». Así se manifestaba Omar, de nacionalidad marroquí. Ser bilingüe y bicultural implica un mayor esfuerzo por parte de todos. Si ha habido problemas sociales por este hecho es por la intolerancia, tanto de los catalanes como de los otros españoles. Pero hay un hecho común en los problemas: la falta de cultura. Las manifestaciones y artículos en contra del catalán han sido acogidos por los residentes en Cataluña como manifestaciones «marcianas» e incomprensibles. Algún periodista ha apuntado que es curioso que esto ocurra justo cuando los nacionalistas catalanes colaboran con el Gobierno central.

Anna Genover i Mas, ECOS 2/94 (Texto ligeramente abreviado)

9. Acentuación gráfica

Ponga los acentos gráficos necesarios en el texto que les va a leer el profesor.

La resurreccion de Diogenes

Ustedes, sin duda han oido hablar de Diogenes, el cinico discipulo del gran Antistenes, que en Atenas y Corinto recorria las calles reprendiendo a los antiguos griegos – estamos hablando del siglo V antes de Cristo – por sus vicios y mostrando con su conducta virtuosa su desprecio a las riquezas y su amor a los pobres. Diogenes salia con una linterna buscando – decia – a un hombre, a un hombre honrado y digno. Nunca lo encontro. Y sin desesperanza volvia todos los dias a su vivienda, que consistia en un humilde barril que tenia aparcado en las afueras de la inolvidable Atenas de aquellos años que todos los que la conocimos no podemos olvidar.

Pues bien Diogenes ha venido a España. La semana pasada se le pudo ver con su barril y su linterna atravesar el aeropuerto de Barajas para dirigirse a pie hasta el centro de Madrid, donde, segun el mismo confeso a los infames, miserables y malnacidos periodistas, su presencia era imprescindible por lo que habia oido contar de la capital de nuestra patria o sea la antigua España.

Pues bien, repito de nuevo, la misma noche de su llegada. Diogenes se dirigio al centro de Madrid armado solamente con la luz de la caridad y la esperanza que surgia de su famosa linterna y esa misma noche tambien se produjeron los siguientes acontecimientos: Diogenes fue robado y despojado de su tunica por un grupo de salteadores de grandes vias, fue violado repetidas veces por varios colectivos de travestidos, hermafroditas y homosexuales matriculados en un master de sexualidad y erotismo contemporaneo; para mas inri le despojaron tambien de su linterna, la linterna con la que en la antigua Grecia delataba las ignominias y cobardias de los hombres, y por ultimo fue detenido por error por la Policía Municipal que le confundio, a causa de su habitual suciedad, con un norteafricano recien llegado a España para perfeccionarse en la venta «leasing» de alfombras turcas falsas.

Diogenes fue puesto al amanecer en libertad. Mas triste y cinico (filosoficamente hablando) que nunca, se dirigio a su humilde barril, que, para su desdicha, estaba lleno de okupas que le golpearon por especulador y revalorizador de solares al confundirle con quienes ustedes saben.

Esta mañana, Diogenes, que no ha querido hacer declaraciones a la infame, malencarada e hija de mala madre Prensa, se ha alejado de nuestra patria diciendo en voz baja:

—Esto no hay quien lo aguante. Prefiero volverme al siglo quinto.

Quinto antes de Cristo como saben bien mis cultos y amables lectores.

Chumy Chúmez, Blanco y Negro 9-6-1991

10. Redacción

Explique con sus propias palabras en unas veinte líneas las ventajas y posibles inconvenientes de las regiones bilingües, partiendo del caso de Cataluña.

26.4. Análisis y comentario

Cataluña, limitada

Estoy atento y comprendo la consternación e indignación de muchos españoles que viven en Cataluña y ven con creciente preocupación la desaparición del castellano como lengua usada y enseñada regularmente en los colegios de muchos pueblos e incluso ciudades de la Comunidad Autónoma de Cataluña.

No alcanzo a comprender qué es lo que piensan las autoridades catalanas al actuar de esta manera. ¿Qué es lo que pretenden? Siguiendo este camino convertirán una de las regiones más bellas y florecientes de la Península en un pueblo provinciano y cerrado al exterior. Qué tristeza ver que Barcelona, que es y ha sido siempre una gran ciudad, pueda terminar convirtiéndose en una localidad de la que huyan la industria y el comercio y se instalen en otros lugares en los que el contacto lingüístico con el resto de la nación y una no pequeña parte del mundo esté mejor garantizado. Yo siempre admiré a los catalanes como uno de los grupos más serios, constantes y laboriosos de nuestra patria. Me pareció equivocado e injusto que prohibieran el uso oficialmente de su lengua en la época del franquismo, aunque, a decir verdad, todo el mundo siguió hablando el catalán. Tratar ahora de hacer lo mismo con el castellano es incurrir en la misma falta que cometió nuestro dictador.

Las lenguas predominantes en el mundo occidental son hoy en día el inglés y el castellano. Sirva de ejemplo a los catalanes lo sucedido en Canadá. Hasta el año 1960 la ciudad más importante y populosa de Canadá era Montreal. Los movimientos separatistas trataron de suprimir el idioma inglés, hablado en el resto del país y el vecino Estados Unidos. El resultado fue la huida del capital y de la industria de la provincia de Quebec, haciendo crecer aproximadamente en ocho años la ciudad de Toronto casi el triple.

¿Dónde pueden ir los españoles de Cataluña con sólo el catalán? ¿Quién puede tener interés en invertir en una región en la que quizá habrá que emplear traductores para comunicarse correctamente con el resto de los españoles?

José A. Ruiz Miranda, El País, 22-5-1994

Anotaciones

(1) consternación (f.): aflicción [Fassungslosigkeit]
indignación (f.): irritación [Empörung]
(2) creciente: cada vez mayor
(3) usado/a; aquí: hablado/a
(6) no alcanzo a: me es muy difícil
(8) floreciente: próspero, adelantado, rico
(11) huir: irse, desaparecer
(14) laborioso/a: aplicado, trabajador

(15) uso (m.): empleo
(18) incurrir en: cometer, llevar a cabo
(19) predominante; aquí: hablada por el mayor número de habitantes
(21) populoso/a: poblado
(22) suprimir: eliminar
(25) el triple: tres veces
(27) invertir: [investieren]

Cuestionario de estudio

1. ¿Qué es lo que preocupa al autor?
2. ¿Qué consecuencias puede tener para la ciudad de Barcelona el posible aumento del monolingüismo de su población?
3. El autor habla de Montreal.
   Explique lo que ha sucedido en esa ciudad.
4. ¿Le gustaría a usted haber nacido en una región bilingüe?
   Fundamente su respuesta

Glosario

Lección uno

1.1

ser	yo ***soy***, tú ***eres***, él ***es***, nosotros ***somos***, vosotros ***sois***, ellos ***son***	sein
español/a	Juan es ***español***. Ana es ***española.***	Spanier/spanisch/Spanisch
sí	¿Eres español? ***Sí***. Yo soy español.	ja
también	Santiago es ***también*** español.	auch
¿Qué?	¿***Qué*** es Juan? Juan es español.	was?
alemán/a	Peter es ***alemán***. Heike es ***alemana***.	Deutscher/deutsch/Deutsch
francés/a	Jean Paul es ***francés***. Nicole es ***francesa***.	Franzose/französisch/Französisch
¿Quién?	¿***Quién*** es alemán? Peter es alemán.	wer?
ser de	Jean Paul ***es de*** París.	kommen aus
no	¿Es Klaus de Madrid? ***No***. El ***no*** es de Madrid.	nein/nicht
¿De dónde?	¿***De dónde*** es Ana?	woher?
boliviano/a	Jean Paul no es ***boliviano***.	Bolivianer/bolivianisch
chileno/a	Raúl es ***chileno***.	Chilene/chilenisch
estar	yo ***estoy***, tú ***estás***, él ***está***, nosotros ***estamos***, vosotros ***estáis***, ellos ***están***	sein/sich befinden
en	Pablo está ***en*** Sevilla.	in
¿Dónde?	¿***Dónde*** está Juan? Juan está en Madrid.	wo?
ciudad (f.)	Barcelona es una ***ciudad***.	Stadt
pequeño/a	Madrid no es una ciudad ***pequeña.***	klein
de	Klaus no es ***de*** Sevilla.	von/aus
norte (m.)	San Sebastián está en el ***norte*** de España.	Norden
grande	Berlín es una ciudad ***grande***.	groß
sur (m.)	La Costa del Sol está en el ***sur*** de España.	Süden

1.2-3

libro (m.)	El ***libro*** está	Buch
mesa (f.)	en la ***mesa***.	Tisch
bolígrafo (m.)	El ***bolígrafo*** está también en la mesa.	Kugelschreiber
señora (f.)	La ***señora*** Gómez está en Madrid.	Frau
señor (m.)	El ***señor*** Gómez es de Madrid.	Herr
y	El señor ***y*** la señora Gómez están en Madrid.	und
Buenos días.		Guten Tag!
Buenas tardes.		Guten Tag!/Guten Abend!
Buenas noches.		Guten Abend!
Buen fin de semana.		Schönes Wochenende!
Buen viaje.		Gute Fahrt!
Felices fiestas.		Schöne Feiertage!
Hola.		Hallo!
¿Qué tal?		Wie geht's?
¿Cómo estás?		Wie geht es dir?
Hasta mañana.		Bis morgen!/Gute Nacht!
Hasta la próxima.		Bis zum nächsten Mal!
Que te vaya bien.		Alles Gute!

Hasta luego.		Bis bald!
Adiós.		Auf Wiedersehen!

1.4

padre (m.)	El señor Loscertales es el ***padre***.	Vater
madre (f.)	La señora Loscertales es la ***madre***.	Mutter
hijo (m.)	Roberto es el ***hijo*** de los señores Loscertales.	Sohn
hija (f.)	Pilar es la ***hija*** de los señores Loscertales.	Tochter
hijos (m.p.)	Pilar y Roberto son los ***hijos***.	Kinder
esposa (f.)	La señora Loscertales es la ***esposa***.	Ehefrau
esposo (m.)	El señor Loscertales es el ***esposo***.	Ehemann
esposos (m.p.)		Eheleute
hermano (m.)	Roberto es el ***hermano*** de María Pilar.	Bruder
hermana (f.)	Pilar es la ***hermana*** de Roberto.	Schwester
hermanos (m.p.)	Pilar y Roberto son ***hermanos***.	Geschwister
chico (m.)	Roberto es un ***chico***.	Junge
chica (f.)	Pilar es una ***chica***.	Mädchen

Lección dos

2.1

hablar	Marisa ***habla*** con Carla.	sprechen
español (m.)	Klaus no habla ***español***.	Spanisch
¡Claro!		Klar!
italiano (m.)	Carla habla ***italiano***.	Italienisch
estudiar	Carla ***estudia*** español.	lernen/studieren
lengua (f.)	El español es una ***lengua***.	Sprache
se habla	En Italia ***se habla*** italiano.	wird gesprochen
se hablan	En Barcelona ***se hablan*** dos lenguas.	werden gesprochen
castellano (m.)	En Argentina también se habla ***castellano***.	Kastilisch
o	¿Rita habla francés ***o*** alemán?	oder
catalán (m.)	En Cataluña se habla ***catalán***.	Katalanisch
gallego (m.)	Los gallegos hablan ***gallego***.	Galicisch
vasco (m.)	En San Sebastián se habla ***vasco***.	Baskisch
Península (f.) **Ibérica**	La ***Península Ibérica*** está en el sur de Europa.	Iberische Halbinsel
otro/a	El portugués es ***otra*** lengua de la Península.	andere
limitar con	España ***limita con*** Portugal.	angrenzen
norte (m.)	Los puntos cardinales [Himmelsrichtungen] son cuatro: el ***norte***, el ***sur***, el ***este*** y el ***oeste.***	Norden
sur (m.)		Süden
este (m.)		Osten
oeste (m.)		Westen
centro (m.)	Bilbao no está en el ***centro*** de España.	Zentrum/Mitte
capital (f.)	La ***capital*** de Francia es París.	Hauptstadt
hay	En la mesa ***hay*** un bolígrafo.	es gibt/ist/befindet sich
puerto (m.)	El ***puerto*** de Hamburgo es muy grande.	Hafen
importante	El español es una lengua ***importante***.	wichtig
universidad (f.)	Petra estudia francés en la ***universidad***.	Universität
muy	Tarragona es una ciudad ***muy***	sehr
antiguo/a	***antigua***.	alt
todos/as	No ***todos*** los vascos hablan vasco.	alle

2.2-3

con	Heike está en España ***con*** Maike.	mit
¿Cómo?	¿***Cómo*** estás?	wie?
¿Por qué?	¿***Por qué*** está Petra en España?	warum?
¿Cuántos/as?	¿***Cuántas*** lenguas se hablan en Galicia?	Wie viele?
¿Cuál/Cuáles?	¿***Cuál*** es la capital de Cataluña?	welcher/e/es
algunos/as		einige
porque	Renate está en España ***porque***	weil
querer	***quiere*** estudiar español.	wollen

Lección tres

3.1

vivir	Petra ***vive*** en Córdoba.	leben/wohnen
derecho (m.)	Pilar estudia ***derecho*** en Barcelona.	Jura
zaragozano (m.)	de Zaragoza	aus Zaragoza
por eso	Luc es francés, ***por eso*** no habla castellano.	aus diesem Grund
aprender	Nosotros ***aprendemos*** castellano.	lernen
academia (f.) de lenguas	Roberto aprende alemán en una ***academia***.	Sprachenschule
tener	Nicolás ***tiene*** un hermano en Alemania.	haben
piso (m.)	Luis tiene un ***piso*** en Barcelona.	Wohnung
calle (f.)	Luis vive en la ***calle*** Mallorca.	Straße
profesor (m.)	El ***profesor*** de español no es alemán.	Lehrer
profesora (f.)	Montserrat no es ***profesora***.	Lehrerin
trabajar	Roberto ***trabaja*** en la universidad.	arbeiten
un colegio de EGB	En este pueblo hay un ***colegio de EGB***.	~ Grund- und Hauptschule
estudiante (m.f.)	Pablo es un ***estudiante***	Student
medicina (f.)	de ***medicina.***	Medizin
pero	Luis es de Málaga, ***pero*** vive en Madrid.	aber
tener que + inf.	***Tengo que*** estudiar la lección.	müssen
por la tarde	Pedro no trabaja ***por la tarde***.	nachmittags
por la mañana		morgens/vormittags
por la noche		nachts
vender		verkaufen
productos cosméticos	En el **super**mercado no hay ***productos***	Kosmetika
supermercado (m.)	***cosméticos***.	Supermarkt
barrio (m.)	Luis vive en un ***barrio*** de Madrid.	Stadtteil
oficina (f.)	El señor Loscertales trabaja en una ***oficina***.	Büro
temprano		früh
comprar	↔ de vender	kaufen
pan (m.)	En el supermercado venden ***pan***	Brot
leche (f.)	y ***leche***.	Milch
periódico (m.)	Mario compra el ***periódico***.	Zeitung
preparar		vorbereiten/zubereiten
desayunar	Ana no ***desayuna*** en el piso.	frühstücken
desayuno (m.)	substantivo de desayunar	Frühstück
bar (m.)	Ana desayuna en el ***bar***.	Café/Bar
cerca de	El piso de Luis está ***cerca de*** un super.	in der Nähe von
cenar	Ana ***cena*** en el piso.	zu Abend essen
siempre		immer

juntos/as	Desayunan ***juntos*** en el piso.	zusammen
después de + inf.	***Después de*** desayunar compran el periódico.	nachdem
tomar	Por la mañana ***toman***	trinken/nehmen
café (m.)	***café*** juntos.	Kaffee
leer	Montserrat ***lee*** el periódico.	lesen
cantar		singen
tocar	Montserrat no ***toca***	spielen (Instrument)
guitarra (f.)	la ***guitarra***.	Gitarre
ver	Por la noche ***ven***	sehen
televisión (f.)	la ***televisión***.	Fernsehen
ordenador (m.)	Luis tiene un ***ordenador***.	Computer
conversar	hablar	sprechen/sich unterhalten
programa (m.)	El ***programa***	Sendung
interesante	no es ***interesante***	interessant

3.2-3

escribir		schreiben
a veces		manchmal
muchas veces		oft
solo/a		allein

3.4

sudoeste (m.)	España está en el ***sudoeste*** de Europa.	Südwesten
formar		bilden
país (m.)	Italia es un ***país***.	Land
montañoso/a	España es un país muy ***montañoso***.	gebirgig
habitante (m.)	Madrid tiene cuatro millones de ***habitantes***.	Einwohner
parte (f.)		Teil
Estado (m.)	Francia es un ***Estado***.	Staat
mar (m.)		Meer
océano (m.)		Ozean
isla (f.)	Mallorca es una ***isla*** y	Insel
centro (m.) **turístico**	un ***centro turístico***.	Touristenzentrum
existir		geben/existieren
Comunidad (f.) **Autónoma**	Cataluña es una ***Comunidad Autónoma.***	~ Bundesland
entre	Andorra está ***entre*** Francia y España.	zwischen
principal	muy importante	wichtig
industrial	Bilbao es una ciudad ***industrial.***	industriell
exportar		ausführen/exportieren
producto (m.)		Produkt
agrícola		landwirtschaftlich
naranja (f.)	Valencia exporta ***naranjas***.	Apfelsine
vino (m.)		Wein
aceite (m.)		Öl
automóvil (m.)	Alemania exporta ***automóviles***.	Auto
calzado (m.)		Schuhe
monarquía (f.)	Francia no es una ***monarquía***.	Monarchie

Lección cuatro

4.1

salir	salgo, sales, sale, salimos, salís, salen	ausgehen/herausgehen
excursión (f.)	***Salimos de excursión***.	wir machen einen Ausflug
este/esta	***Este*** señor es alemán.	dieser/e/es
fin (m.) **de semana**	María no sale de excursión este ***fin de semana***.	Wochenende
lunes (m.)	El ***lunes*** cenamos con María José.	Montag
aprovechar	Queremos ***aprovechar*** el fin de semana.	nutzen/ausnutzen
bien	Klaus habla ***bien*** español.	gut
día (m.)	El lunes es un ***día*** de la semana.	Tag
sábado (m.)	El ***sábado***	Samstag
domingo (m.)	y el ***domingo*** no trabajo.	Sonntag
para	Va al supermercado ***para*** comprar pan.	um ... zu
caminar	Quieren ***caminar*** por las montañas.	laufen/wandern
respirar		atmen
aire (m.)	El ***aire*** de Barcelona y Madrid no es muy	Luft
puro/a	***puro***.	rein
pues		denn
como		wie
agradable	La vida en los pueblos es muy ***agradable***.	angenehm
gente (f.)	En Barcelona hay	Leute/Menschen
mucho/a	***mucha gente***.	viel
coche (m.)	automóvil	Wagen
contaminación (f.)	En las grandes ciudades hay mucha ***contaminación***.	(Luft)verschmutzung
pueblo (m.)	Ribes es un ***pueblo*** pequeño.	Dorf
Los Pirineos	***Los Pirineos*** están entre España y Francia.	Pyrenäen
allí	***Allí***, en los Pirineos, es	dort
diferente	***diferente***. Se respira aire puro.	anders
aquel/aquella	***Aquel*** señor es un amigo del padre de Luis.	jener/e/es
montaña (f.)	En los Pirineos hay muchas ***montañas***.	Berg
tranquilo/a	Los pueblos de los Pirineos son ***tranquilos***.	ruhig
ir	voy, vas, va, vamos, vais, van	gehen
naturalmente que		natürlich, dass
tren (m.)	Luis y Alberto quieren ir a Ribes en ***tren***.	Zug
mañana (f.)	***Mañana*** es sábado.	Morgen/morgen
taller (m.)	El coche de Alberto está en el ***taller***.	Werkstatt
averiado/a	El coche está en el taller porque está ***averiado***.	beschädigt/kaputt
freno (m.)	Los ***frenos*** del coche están averiados.	Bremse
funcionar	El coche no ***funciona*** bien.	funktionieren
viajar	***Viajamos*** en coche.	reisen/fahren
caro/a	El pan en España no es muy ***caro***.	teuer
menos		weniger
contaminante	Viajar en coche es muy ***contaminante***.	(luft)verschmutzend
mapa (m.)	el ***mapa*** de España	Landkarte
ahí	¿Está ***ahí*** Ricardo?	dort
trayecto (m.)	Ricardo quiere ver el ***trayecto*** de Ribes a Barcelona.	Strecke
hasta	El tren va ***hasta*** Ribes.	bis
¿Verdad?		Nicht wahr?
directo/a	Es un tren ***directo***.	direkt

ese/esa	***Ese*** libro es de Pedro.	dieser/diese/dieses
demasiado	Juanita habla ***demasiado***.	zu (zu viel)
próximo/a	El ***próximo*** lunes es fiesta.	nächster/e
tarde	Ese tren sale muy ***tarde***.	spät
desear	Heike ***desea*** estudiar español en una ciudad española.	wünschen
pradera (f.)	En el centro de España no hay muchas ***praderas***.	Wiese
al menos		wenigstens
martes (m.)	Hoy es ***martes***.	Dienstag
miércoles (m.)		Mittwoch
jueves (m.)		Donnerstag
viernes (m.)		Freitag

4.2-3

traer	Rosario ***trae*** el pan.	bringen
aquí	***Aquí*** se respira aire puro.	hier
pensar		denken
entender	¿***Entiendes*** francés?	verstehen
cerrar		schließen
empezar		beginnen
perder		verlieren
comenzar		anfangen
ganar	Roberto no ***gana***	verdienen
dinero (m.)	mucho ***dinero.***	Geld
autobús (m.)	Van al colegio en ***autobús***.	Bus
moto (f.)	Emiliano tiene una ***moto*** muy grande.	Motorrad
avión (m.)	El ***avión*** sale mañana.	Flugzeug
ir en auto-stop	Quieren ***ir*** a París ***en auto-stop***.	trampen
a pie	¿Vas ***a pie***	zu Fuß
bicicleta (f.)	o en ***bicicleta***?	Fahrrad
beber		trinken
comer	***Comen*** en el piso de Alfonso.	essen
vaso (m.)		Glas
más		mehr
costa (f.)	San Sebastián está en la ***costa***.	Küste

4.4

latinoamericano/a	México es un país ***latinoamericano.***	lateinamerikanisch
lago (m.)	En los Pirineos hay muchos ***lagos***.	See
casi		fast
idioma (m.)	lengua	Sprache
oficial	El catalán es lengua ***oficial*** en Cataluña.	Amts(sprache)
continente (m.)	Europa es un ***continente***.	Kontinent
renta (f.) **anual**	¿Cuál es la ***renta anual*** en Alemania?	Jahreseinkommen
ingresos (m.p.)		Einkünfte
total		gesamt
nación (f.)	España es una ***nación***.	Nation
dividido/a		geteilt
por		durch
dólar (m.)	Este señor tiene muchos ***dólares***.	Dollar
nacional	adjetivo de nación	national
año (m.)	Un ***año*** tiene 365 días.	Jahr
problema (m.)	Este chico tiene muchos ***problemas***.	Problem

grave	Este problema es muy ***grave.***	schwerwiegend/ernst
deuda (f.) **externa**		Auslandsschulden
inflación (f.)		Inflation
desempleo (m.)	En Nicaragua hay mucho ***desempleo***.	Arbeitslosigkeit
analfabetismo (m.)		Analphabetismus
mitad (f.)	Casi la ***mitad*** de los habitantes no tiene trabajo.	Hälfte
saber	Este chico ya ***sabe*** leer y escribir.	können/wissen
trabajo (m.)	¿Tienes mucho ***trabajo***?	Arbeit
solucionar		lösen
en tiempos de		zur Zeit von
campaña (f.)		Kampagne
alfabetización (f.)		Alphabetisierung
enseñar		lehren
pueblo (m.)		Volk
primer		erste
paso (m.)		Schritt
lograr		erreichen
verdadero/a		wahr
liberación (f.)		Befreiung

Lección cinco

5.1

dar	doy, das, da, damos, dais, dan	geben
dar un paseo	Queremos ***dar un paseo.***	spazieren gehen
entrada (f.)	Luisa compra las ***entradas***.	Eintrittskarte
concierto (m.)	Petra quiere ir a un ***concierto***.	Konzert
esta noche	***Esta noche*** vamos a un concierto.	heute Abend
encontrar	Rosario ***encuentra*** a Pilar en el autobús.	treffen
amigo (m.)	Peter es un ***amigo*** de Jorge.	Freund
clásico/a	Esta noche hay un concierto	klassisch
música (f.)	de ***música clásica***.	Musik
obra (f.)	Granada es una ***obra*** de Albéniz.	Werk
interpretar	En el concierto ***interpretan*** obras de Albéniz.	interpretieren/aufführen
orquesta (f.)	La ***orquesta*** es de Madrid.	Orchester
solista (m.f.)		Solist
creer		glauben
venir	vengo, vienes, viene, venimos, venís, vienen	kommen
poder	puedo, puedes, puede, podemos, podéis, pueden	können
tiempo (m.)	¿Tienes ***tiempo***?	Zeit
pronto	¿Vuelves ***pronto***?	früh
en casa	Luis está ***en casa***.	zu Hause
equipaje (m.)	María prepara el ***equipaje***.	Reisegepäck
visitar	Quiero ***visitar*** a un amigo.	besuchen
ya	Mario ***ya*** tiene coche.	schon
viejo/a	El coche de Santiago es muy ***viejo***.	alt
todavía	Rubén ***todavía*** trabaja en el super.	noch
bastante	Paquita habla francés ***bastante*** bien.	ziemlich
poco/a	Tenemos ***poco*** pan.	wenig
comprender	Yo ***comprendo*** un poco el portugués.	verstehen
difícil	El castellano no es muy ***difícil***.	schwer
plaza (f.)	Tenemos que ***bajar***	Platz

bajar	en la ***plaza*** Cervantes.	aussteigen
parada (f.)	La ***parada*** del autobús está cerca del colegio.	Haltestelle

5.2-3

costar	¿Cuánto ***cuesta*** el café?	kosten
dormir	Rogelio ***duerme*** mucho.	schlafen
jugar	Los chicos también ***juegan*** en el colegio.	spielen
contar		zählen/erzählen
volver	¿Cuándo ***vuelves***?	zurückkommen
acento (m.)	Gijón tiene un ***acento*** en la o.	Akzent
esta tarde	***Esta tarde*** no salimos.	heute nachmittag
a mediodía	Vuelven **a mediodía**.	mittags
parque (m.)	Podemos dar un paseo por el ***parque***.	Park
campesino (m.)	Este ***campesino*** quiere ir a la ciudad.	Landarbeiter

5.4

desequilibrio (m.)		Ungleichgewicht
distribución (f.)		Verteilung
población (f.)	La ***población***	Bevölkerung
zona (f.)	de esta ***zona*** casi no tiene trabajo.	Gebiet
totalmente		völlig
despoblado/a	Esta zona está muy ***despoblada***.	entvölkert
tercio (m.)	1/3: un ***tercio***	ein Drittel
habitar	vivir	leben
rural	la población ***rural***	ländlich
modernización (f.)	La ***modernización*** industrial es muy importante.	Modernisierung
agricultura (f.)	Este pueblo vive de la ***agricultura***.	Landwirtschaft
expulsar		ausstoßen/vertreiben
persona (f.)		Person
hacia		nach
moderno/a		modern
explotación (f.)		Bewirtschaftung
necesitar	¿***Necesitas*** este libro?	benötigen
mano (f.) **de obra**	En Europa ***la mano de obra*** es muy cara.	Arbeitskraft
fijo/a	Pedro tiene un trabajo **fijo**.	fest
abandonar	Los campesinos ***abandonan*** las zonas rurales.	verlassen
campo (m.)	↔ ciudad	Land
mejorar		verbessern
posición (f.)		Lage
económico/a	La situación ***económica*** y	wirtschaftlich
social	***social*** mejora.	sozial
posible	Esto no es ***posible***.	möglich
aumentar	El desempleo ***aumenta*** muy	wachsen
rápidamente	***rápidamente.***	schnell
poseer	tener	besitzen
infraestructura (f.)	Esta zona tiene una buena ***infraestructura***.	Infrastruktur
capaz		fähig
asimilar		assimilieren
dignamente	Los campesinos quieren vivir ***dignamente***.	würdig
ciudadano (m.)	habitante	Bürger
barraquismo (m.)	El ***barraquismo*** tiene	Slum
consecuencia (f.)	***consecuencias*** muy graves.	Folge
lógico/a		logisch
fenómeno (m.)		Phänomen

Lección seis

6.1

estación (f.)	Alberto va a la ***estación***.	Bahnhof
pasar	Queremos ***pasar*** dos días en Madrid.	verbringen
levantarse	me levanto, te levantas, se levanta, nos levantamos, os levantáis, se levantan	aufstehen
coger	cojo, coges, coge, cogemos, cogéis, cogen	nehmen
entrada (f.)	En la ***entrada*** de la estación hay mucha gente.	Eingang
hora (f.)	¿Qué ***hora*** es?	Stunde/Uhrzeit
¿A qué hora?	¿Cuándo?	Um wie viel Uhr?
nuestro/a	***Nuestro*** coche no es viejo.	unser
andén (m.)	El tren sale del ***andén*** número 2.	Bahnsteig
exactamente	Son ***exactamente*** las dos de la tarde.	genau
minuto (m.)	Una hora tiene sesenta ***minutos***.	Minute
retraso (m.)	El tren sale con mucho ***retraso***.	Verspätung
mi	***Mi*** hermano estudia en Salamanca.	mein
billete (m.)	María compra los ***billetes***.	Fahrkarte
sacar	comprar	lösen/kaufen
servicios (m.p.)	¿Dónde están los ***servicios***?	Toilette
esperar	***Esperamos*** a Luis.	warten
de acuerdo	Yo no estoy ***de acuerdo***.	einverstanden
taquilla (f.)	Tenemos que sacar los billetes en la ***taquilla***.	Schalter
ida y vuelta (f.)	Quiero un billete de ***ida y vuelta*** a Barcelona.	Hin und Rückfahrt
sólo	***Sólo*** quiero uno de ida.	nur
cambiar de tren	Para ir a Huesca tenemos que ***cambiar de tren***.	umsteigen
transbordo (m.)	Hay que hacer ***transbordo*** en Zaragoza.	(das) Umsteigen
llegar	El tren de Madrid ***llega*** a Gijón a las doce.	ankommen
llegada (f.)	substantivo de llegar	Ankunft
¡Gracias!		Danke!
¡De nada!		Bitte sehr!
idea (f.)	Luis tiene una ***idea***.	Idee
tu	¿Dónde tienes ***tu*** coche?	dein
ganas (f.p.)	Tengo ***ganas*** de dar un paseo.	Lust
camarero (m.)	El ***camarero*** trabaja en el bar.	Kellner
por favor	Un café, ***por favor***.	bitte
bocadillo (m.) **de jamón**	Alberto quiere un ***bocadillo de jamón***.	belegtes Brötchen mit Schinken
invitar	Hoy ***invita*** Luis.	einladen
a ver		mal sehen
peseta (f.)	El bocadillo cuesta 150 ***pesetas***.	Pesete
cuenta (f.)	La ***cuenta***, por favor.	Rechnung
dejar	El camarero ***deja*** el café en la mesa.	lassen
subir	Luis ***sube*** al tren.	einsteigen
buscar	Alberto ***busca*** un bar.	suchen
asiento (m.)	En el autobús hay dos ***asientos libres***.	Sitzplatz
libre		frei
compartimiento (m.)	En el ***compartimiento*** hay una señora.	Abteil
de cierta edad	Es un señor ***de cierta edad***.	älter/älterer/ältere
hacer	hago, haces, hace, hacemos, hacéis, hacen	machen
su	***Su*** padre es profesor.	sein/ihr
Plaza (f.) **Mayor**	Manuel vive en la ***Plaza Mayor***.	zentraler Platz in spanischen Städten

6.2-3

cuarto (m.)		Viertel
vuestro/a	***Vuestro*** tren sale a las cuatro.	euer
decir	Pablo ***dice*** que tiene que	sagen
hacer	***hacer*** la cena.	machen
poner	El camarero ***pone*** el café en la mesa.	stellen
médico (m.)	Tengo que ir al ***médico***.	Arzt
paella (f.)	Hoy tenemos ***paella***.	Paella

6.4

pescador (m.)	Los ***pescadores*** viven en la costa.	Fischer
hombre (m.) **de negocios**	Su padre es un ***hombre de negocios***.	Geschäftsmann
bello/a	Esa zona es muy ***bella***.	schön
playa (f.)	El sábado queremos ir a la ***playa***.	Strand
al lado de	Ellos viven ***al lado de*** mi casa.	neben
red (f.)	Los pescadores tienen muchas ***redes***.	Netz
sombra (f.)		Schatten
palma (f.)	En el Caribe hay muchas ***palmas***.	Palme
pez (m.)		Fisch
agua (f.) el!	Quiero un vaso de ***agua***.	Wasser
pescar	Este pescador ***pesca*** en el mar.	fischen
abrir	En nuestra calle ***abren***	öffnen
tienda (f.)	esta semana una ***tienda***.	Laden
pescado (m.)	¿Dónde hay una tienda de ***pescado***?	Fisch (Nahrung)
bajo		unter
tranquilamente		ruhig
responder		antworten
cuidar		sich kümmer um/pflegen
replicar		erwidern

Lección siete

7.1

aperitivo (m.)	Luis y Alberto toman un ***aperitivo*** en el bar.	Aperitif
antes de	Desayunamos ***antes de*** salir.	bevor
casa (f.)	Nuestra ***casa*** no es muy grande.	Haus/Wohnung
a casa	Ismael vuelve ***a casa*** a las siete.	nach Hause
en casa	Su hermano no está ***en casa***.	zu Hause
provincia (f.)	Lalueza es un pueblo de la ***provincia*** de Huesca.	Provinz
desde hace	Está en su casa ***desde hace*** un año.	seit
mes (m.)	Un año tiene doce ***meses***.	Monat
hace que	Ya ***hace*** una hora ***que*** estoy en casa.	seit
simpático/a	Rosalinda es una persona muy ***simpática***.	sympathisch
sobre todo		vor allem
fantástico/a		fabelhaft
cocinera (f.)	Señora que hace la comida.	Köchin
escuela (f.)	Marisa es profesora y trabaja en una ***escuela***.	Schule
fuera de	Su madre no trabaja ***fuera de*** casa.	außerhalb von
además		außerdem
solamente	sólo	nur

fábrica (f.)	En Cataluña hay muchas ***fábricas***	Fabrik
textil	***textiles.***	textil
hora (f.) **extraordinaria**	Su padre hace muchas ***horas extraordinarias***.	Überstunde
sueldo (m.)	Roberto gana un buen ***sueldo.***	Gehalt
escaso/a	pequeño	knapp
pagar	¿***Has pagado*** ya el café?	bezahlen
alquiler (m.)	Luis paga mucho por el ***alquiler*** del piso.	Miete
comida (f.)	substantivo de comer	Essen
ropa (f.)	La ***ropa*** es muy cara.	Kleidung
gastos (m.p.)	La familia Gómez tiene muchos ***gastos***	Ausgaben
inesperado/a	***inesperados.***	unerwartet
cierto	Esto no es ***cierto.***	wahr
vida (f.)	substantivo de vivir	Leben
fácil	↔ difícil	leicht
exagerar	Tu ***exageras***.	übertreiben
triste	Rosario está ***triste***.	traurig
risa (f.)		Lachen
buen humor (m.)	Salvador no está hoy de ***buen humor***.	gute Laune
discutir de	Pedro y Rosario ***discuten de*** sus problemas.	etwas besprechen
así		so
a pesar de	***A pesar de*** todo	trotz
feliz	Roberto es un hombre ***feliz.***	glücklich

7.2-3

freír	frío, fríes, fríe, freímos, freís, fríen	braten
morir	Su abuelo ***ha muerto*** hace unos días.	sterben
romper		zerbrechen
revista (f.)	¿Ya has comprado la ***revista***?	Zeitschrift
mío/a	Este libro es el ***mío***.	mein
tuyo/a	Esta entrada es ***tuya***.	dein
suyo/a	Alejandro es un amigo ***suyo***.	sein/ihr
niño (m.)	Los ***niños*** están en la escuela.	Kind

Lección ocho

8.1

disponer	Hoy ***dispongo*** de poco tiempo.	zur Verfügung haben
par (m.) de	dos, algunos/as	ein Paar
clase (f.)	Los sábados no tenemos ***clases***.	Unterricht (Stunde)
a partir de	Hoy estoy libre ***a partir de*** las tres.	ab [zeitlich]
llamar	Manuela ***ha llamado***	anrufen/rufen
teléfono (m.)	por ***teléfono*** a su hermana.	Telefon
rato (m.)	He pasado un ***rato*** con un amigo.	Weile
charlar	hablar, conversar	plaudern
estar de acuerdo	Yo ***estoy de acuerdo.***	einverstanden sein
lejos	↔ cerca	weit entfernt
delante de	El coche está ***delante de*** tu casa.	vor [räumlich]
puerta (f.)	La ***puerta*** está cerrada.	Tür
pastel (m.)	Marta ha comprado unos ***pasteles***	Teilchen (Kuchenteilchen)
pastelería (f.)	en una buena ***pastelería.***	Konditorei
estudios (m.p.)	Su hermano ya ha terminado sus ***estudios***.	Ausbildung

conocer	conozco, conoces, conoce, conocemos, conocéis, conocen	kennen
terminar	Las clases ***terminan*** a las cinco.	beenden/enden
aguantar	No ***ha aguantado*** mucho tiempo.	aushalten
título (m.)	Su padre tiene el ***título*** de doctor.	Titel
razón (f.)	Tú no tienes ***razón***.	hier: Recht
extranjero (m.)	¿Ya has estado en el ***extranjero***?	Ausland
temporada (f.)	Hemos pasado una **temporada** en la montaña.	Zeitraum/Weile
ahora	Roberto está ***ahora*** en París.	jetzt
interesado/a	Estamos muy ***interesados*** en aprender español.	interessiert
escoger	Roberto ***ha escogido*** derecho.	wählen
actividad (f.)	trabajo	Beschäftigung
estar equivocado/a	***Estás*** muy ***equivocado***.	im Irrtum sein
turista (m.f.)	En Málaga hay muchos ***turistas***.	Tourist
quedarse	me quedo, te quedas, se queda, nos quedamos, os quedáis, se quedan	bleiben
materialista	Es una persona muy ***materialista***.	materialistisch
consumidor/a	La sociedad moderna es	konsumorientiert
extremamente	***extremamente consumidora.***	äußerst
personalmente	Yo, ***personalmente***, no pienso así.	persönlich
locura (f.)	Eso es una ***locura***.	Wahnsinn
empresa (f.)	Encontrar trabajo es una ***empresa*** difícil.	Unternehmen
duro/a	La vida en esa región es muy ***dura***.	hart
miedo (m.)	¿Tienes ***miedo***?	Angst
decidido/a	Juan es un chico muy ***decidido***.	energisch
experiencia (f.)	Este viaje ha sido una buena ***experiencia***.	Erfahrung

8.2-3

que	Este es el libro ***que*** he comprado.	der/die/das
conducir	conduzco, conduces, conduce, conducimos, conducís, conducen	(selbst)fahren
nacer		geboren werden
agradecer		für etwas dankbar sein
aparecer		erscheinen
crecer		wachsen
ofrecer		bieten
parecer		erscheinen
permanecer		bleiben
pertenecer		gehören
hotel (m.)	Este ***hotel*** es muy caro.	Hotel
algo	¿Has dicho ***algo***?	etwas
alguien	¿Has visto a ***alguien***?	jemand
paciencia (f.)	Nuestro profesor tiene poca ***paciencia***.	Geduld
alguna vez	¿Vais ***alguna vez*** al teatro?	manchmal
diccionario (m.)	¿Tienes un ***diccionario*** francés?	Wörterbuch
película (f.)	Esta tarde queremos ir a ver una ***película***.	Film
vídeo (m.)	Nosotros aún no tenemos ***vídeo***.	Videorecorder
silla (f.)	Sólo tengo tres ***sillas***.	Stuhl
restaurante (m.)	En esta calle hay un ***restaurante***	Restaurant
barato/a	***barato***.	preiswert
rápido/a	Este coche no es muy ***rápido***.	schnell

Lección nueve

9.1

cumpleaños (m.)	Mañana es el ***cumpleaños*** de Nicolás.	Geburtstag
compañero (m.)	amigo, colega	Freund/Kollege
vacaciones (f.p.)	¿Cuándo tienes ***vacaciones***?	Ferien/Urlaub
habitación (f.)	Tiene una ***habitación*** muy pequeña.	Zimmer
novela (f.)	Esta ***novela*** todavía no la he leído.	Roman
dar una vuelta	pasear, dar un paseo	eine Runde drehen
regresar	volver	zurückkommen
entrar	Luis ***entra*** en su habitación.	eintreten
última vez	Esta es la ***última vez.***	letztes Mal
página (f.)	Este libro tiene muchas ***páginas***.	Seite
estupendo/a	Ha hecho un día ***estupendo***.	wunderbar
escritor (m.)	Unamuno es un ***escritor*** español.	Schriftsteller
varios/as	Yo tengo ***varias*** novelas de Unamuno.	verschiedene
prestar	¿Puedes ***prestar***me el diccionario alemán?	leihen
celebrar	Carmen ***celebra*** mañana su cumpleaños.	feiern
regalar	Me quieren ***regalar*** una novela.	schenken
desde	Nos conocemos ***desde*** la niñez.	seit
preferir	Yo ***prefiero*** las novelas de Baroja.	vorziehen
ridículo	Eso es ***ridículo***.	lächerlich
sorpresa (f.)	Tengo una ***sorpresa*** para tu hermano.	Überraschung
doble		doppel-
acabar de + inf.	***Acaba de*** llegar.	gerade
edición (f.)		Auflage
librería (f.)	Olivia trabaja en una ***librería***.	Buchhandlung
esquina (f.)	En la ***esquina*** hay un café.	Ecke
conocido/a	Olivia es una ***conocida*** mía.	bekannt/Bekannter
descuento (m.)	Olivia me hace siempre ***descuento.***	Rabatt

9.2-3

encantar	La paella me ***encanta***.	sehr gefallen/entzücken
deberes (m.p)	Aún tengo que hacer los ***deberes***.	Hausaufgaben
dirección (f.)	¿Me puedes dar tu ***dirección***?	Adresse
azúcar (m.)	Quiero el café sin ***azúcar***.	Zucker

9.4

promesa (f.)		Versprechen
verano (m.)		Sommer
sonrisa (f.)		Lächeln
esperanza (f.)		Hoffnung
lluvia (f.)		Regen
fresco/a		frisch
mano (f.)		Hand
fuerte		stark
brisa (f.)		Brise
fuente (f.)		Quelle
fuego (m.)		Feuer
hogar (m.)		Heim
poema (m.)		Gedicht
horizonte (m.)		Horizont

Lección diez

10.1

sala (f.)	Mi hermana está en la ***sala***.	Wohnzimmer
agosto (m.)	Mi cumpleaños es el 24 de ***agosto***.	August
retrasarse	El autobús ***se ha retrasado***.	sich verspäten
salida (f.)	El tren tiene la ***salida*** a las siete.	Abfahrt
suficiente	Todavía tenemos ***suficiente*** tiempo.	genug
lavarse	Después de levantarme, ***me lavo***.	sich waschen
listo/a	Yo ya estoy ***listo***.	fertig
decidir	Petra ***ha decidido*** pasar las vacaciones en Italia.	entscheiden
examen (m.)	Mañana tenemos un ***examen***.	Prüfung
se(p)tiembre (m.)	En ***septiembre*** comienzan las clases.	September
llevarse	¿***Te llevas*** la bicicleta?	mit sich nehmen
cámara (f.)	una ***cámara*** fotográfica	Kamera
noticias (f.p.)	¿Has oído las ***noticias***?	Nachrichten
todo/a	Se pasa ***todo*** el día en la calle.	ganz
maleta (f.)	La ***maleta*** ya está en el coche.	Koffer
irse	***Se ha ido*** a las nueve.	weggehen
a eso de	Me levanto ***a eso de*** las siete.	etwa um/gegen
enero (m.)		Januar
febrero (m.)		Februar
marzo (m.)		März
abril (m.)		April
mayo (m.)		Mai
junio (m.)		Juni
julio (m.)		Juli
octubre (m.)		Oktober
noviembre (m.)		November
diciembre (m.)		Dezember

10.2-3

disco (m.)	Le hemos regalado un ***disco***.	Schallplatte
foto (f.)	Nos ha enseñado las ***fotos***.	Foto
tan	¿Por qué te levantas ***tan*** pronto?	so
necesario	Es ***necesario*** preparar antes las maletas.	notwendig
alegrarse	María ***se ha alegrado*** mucho.	sich freuen
llamarse	¿Cómo ***te llamas***?	heißen
detenerse	***Nos hemos detenido*** unas horas en Madrid.	aufhalten
quitarse	Si quieres puedes ***quitarte***	ablegen
abrigo (m.)	el ***abrigo***.	Mantel
descansar	Voy a ***descansar*** un poco.	sich ausruhen
afeitarse	Cuando me levanto ***me afeito*** y	sich rasieren
ducharse	***me ducho***.	sich duschen
sombrero (m.)	Don Antonio lleva siempre ***sombrero***.	Hut
cerveza (f.)	Te invito a una ***cerveza***.	Bier
flor (f.)	Te he traído unas ***flores***.	Blume
obtener	obtengo, obtienes, ...	erreichen
fin (m.)	Es una persona que siempre obtiene sus ***fines***.	Ziel
invierno (m.)	Pasan el ***invierno*** en Canarias.	Winter
enfermo/a	Su padre ha estado muy ***enfermo***.	krank
jardín (m.)	Tienen una casa con un ***jardín*** muy grande.	Garten

despistado/a	Es un hombre muy ***despistado***.	geistesabwesend/zerstreut
paraguas (m.)	Me puedes prestar un ***paraguas***.	Regenschirm
entregar	dar	überreichen/abgeben
dar las gracias	¿Le ***has dado las gracias***?	sich bedanken
cartera (f.)	Ramón ha perdido la ***cartera***.	Brieftasche
recoger	recojo, recoges, ...	abholen
suelo (m.)	La cartera está en el ***suelo***.	Boden
camino de		auf dem Weg nach

10.4

estar situado/a	encontrarse	sich befinden
minería (f.)	En Euskadi hay mucha ***minería***.	Bergbau
industria (f.)	En Cataluña hay mucha ***industria***.	Industrie
origen (m.)	Esta familia es de origen ***francés***.	Ursprung
espiritual		geistig
destruido/a		zerstört
aviación (f.)		Luftwaffe
Guerra (f.) **Civil**		Bürgerkrieg
cuadro (m.)	Tenemos un ***cuadro*** de Picasso.	Bild/Gemälde
tema (m.)	El ***tema*** del cuadro es la Guerra Civil.	Thema
destrucción (f.)	substantivo de destruir	Zerstörung
románico/a	El francés es una lengua ***románica***.	romanisch
conquistado/a		erobert
pretender	querer	erstreben/begehren
independizarse		sich selbständig machen
crear	creo, creas, crea, creamos, creáis, crean	schaffen
organización (f.) **violenta**		gewalttätige Organisation
liberar	ETA quiere ***liberar*** a los vascos	befreien
dominación (f.)	de la ***dominación*** española.	Vorherrschaft
pasado (m.)		Vergangenheit
apoyo (m.)		Unterstützung
simpatizante (m.)	ETA ha perdido muchos ***simpatizantes***.	Sympathisant
método (m.)	Es un buen ***método***.	Methode
terrorista	ETA es una organización ***terrorista***.	terroristisch
aprobación (f.)		Zustimmung
emplear	ETA ***emplea*** métodos violentos.	anwenden
reprimir		unterdrücken
acusación (f.)		Vorwurf
radical	ETA es una organización ***radical***.	radikal
llover	¿Aún ***llueve***?	regnen
viento (m.)	El ***viento*** es muy frío.	Wind
contento/a	Luis está muy ***contento*** con su coche.	zufrieden

Lección once

11.1

comercio (m.)	tienda	Geschäft/Laden
apartamento (m.)	piso	Wohnung
limpiar	***He limpiado*** mi habitación.	sauber machen
compra (f.)	substantivo de comprar	Einkauf
soler	El ***suele*** levantarse a las siete.	pflegen/normalerweise tun
hipermercado (m.)	supermercado muy grande	Einkaufszentrum
más	Quiero un poco ***más*** de café.	mehr
infancia (f.)	Nos conocemos desde nuestra ***infancia***.	Kindheit
kilo (m.)	He comprado un ***kilo*** de pan.	Kilo
patata (f.)	Las ***patatas*** fritas me gustan mucho.	Kartoffel
plátano (m.)	Los **plátanos** no son muy caros.	Banane
caja (f.)	Las patatas están en una ***caja***.	Kiste
mismo/a	La comida me la hago yo ***mismo***.	selbst
detrás de	La caja está ***detrás de*** la puerta.	hinter
verde	Los plátanos están ***verdes***.	unreif
gustar	Los plátanos le ***gustan*** mucho.	gefallen/mögen
maduro/a	Los plátanos están muy ***maduros***.	reif
mirar	***Mira*** estas naranjas.	schauen
precio (m.)	¿Qué ***precio*** tienen los plátanos?	Preis
mejor	Las naranjas son ***mejores*** que los plátanos.	besser
fruta (f.)	Yo como mucha ***fruta***.	Obst
salud (f.)	La fruta es buena para la ***salud***.	Gesundheit
vitamina (f.)	La fruta tiene muchas ***vitaminas***.	Vitamine
alguno/a		irgend(einer)
ninguno/a		kein
entonces		dann
manzana (f.)	Las ***manzanas*** van a 150 pesetas el kilo.	Apfel
rico/a	bueno	köstlich
paquete (m.)	Quiero un ***paquete***	Paket
detergente (m.)	de ***detergente***.	Reinigungsmittel
marca (f.)	Es una ***marca*** muy buena.	Marke
blanco/a	La ropa está muy ***blanca***.	weiß
valer	Un kilo de pan ***vale*** 90 pesetas.	kosten
bolsa (f.)	Déme dos ***bolsas***	Tüte
pistacho (m.)	de ***pistachos***.	Pistazie
botella (f.)	En la mesa hay una ***botella*** de agua.	Flasche
vino (m.) **tinto**	El ***vino tinto*** me gusta mucho.	Rotwein
agua (f.) **mineral**	una botella de ***agua mineral***	Mineralwasser
papel (m.) **higiénico**		Toilettenpapier
huevo (m.)		Ei
deber	¿Cuánto le ***debo***?	schulden
en total	Son ***en total*** 350 pesetas.	insgesamt
vuelta (f.)	¿Le he dado la ***vuelta***?	Wechselgeld

11.2-3

llevar	Le puedes ***llevar*** este periódico.	bringen
mayor	Su piso es ***mayor*** que el nuestro.	größer
menor	Su hermana es ***menor*** que él.	jünger
pedir		bieten

oír	No ***he oído*** lo que has dicho.	hören
servir	El camarero les ***ha servido*** los cafés.	dienen/servieren
repetir	Te lo ***he repetido*** dos veces.	wiederholen
despacio	¿Puedes hablar más ***despacio***?	langsam
informar	Tengo que ***informar*** a mi profesor.	informieren
oportunidad (f.)	Hay que darles una ***oportunidad***.	Chance
explicar	El profesor nos ***explica*** la gramática.	erklären
sopa (f.)	La ***sopa*** ya está fría.	Suppe
tortilla (f.)	Mi madre nos ha hecho una ***tortilla*** de patata.	Tortilla
filete (m.)	¿Nos puede traer dos ***filetes***	Filet
lomo (m.)	de ***lomo***?	Lende
pollo (m.)	Póngame un ***pollo*** de a kilo.	Hähnchen
cortado (m.)	un café ***cortado***	Kaffee mit wenig Milch
famoso/a	José Carreras es un tenor ***famoso***.	berühmt
peligroso/a	Ir en moto es un poco ***peligroso***.	gefährlich
aburrido/a	A veces, las clases de español son ***aburridas***.	langweilig
contaminado/a	adjetivo de contaminar	kontaminiert
caudaloso/a	El Ebro es muy ***caudaloso***.	wasserreich
verde	Esta zona es muy ***verde***.	grün
caluroso/a	Los Monegros son una zona muy ***calurosa***.	heiß
pintor (m.)	Picasso es un ***pintor*** famoso.	Maler
jugador (m.)	Sergi Bruguera es un ***jugador*** de tenis.	Spieler
sano/a	La fruta es muy ***sana***.	gesund
pintoresco/a	Torla es un pueblo muy ***pintoresco***.	malerisch
guapo/a	Su hermana es una chica muy ***guapa***.	hübsch
alto/a	Mi hermano es más ***alto*** que yo.	groß

Lección doce

12.1

trabajador (m.)	substantivo de trabajar	Arbeiter
andaluz/a	habitante de Andalucía	aus Andalucía
emigración (f.)	En Andalucía ha habido bastante ***emigración***.	Auswanderung
debido/a **a**		wegen
escasez (f.)	substantivo de escaso	Knappheit
puesto (m.) **de trabajo**	Tiene un buen ***puesto de trabajo***.	Arbeitsplatz
ocupación (f.)	trabajo, puesto de trabajo	Beschäftigung
aunque		obwohl
sobre todo		vor allem
adelantado/a	Alemania y Japón son países muy ***adelantados***.	fortgeschritten
ocasionar	La falta de trabajo ***ocasiona*** la emigración.	verursachen
adaptación (f.)	Hay personas que tienen problemas de ***adaptación***.	Anpassung
periodista (m.f.)	Su padre es ***periodista***.	Journalist
notar	constatar	merken
acento (m.)	Tiene un poco de ***acento*** andaluz.	Akzent
a menudo	muchas veces	oft
de vez en cuando	Vamos ***de vez en cuando*** al teatro.	manchmal
casado/a	Su hermano está ***casado*** con una francesa.	verheiratet
mujer (f.)	Su ***mujer*** es andaluza.	Frau
mili (f.)	servicio militar	Militärdienst
peluquería (f.)	Su hermana trabaja en una ***peluquería***.	Friseursalon

cumplir años	Yo ***cumplo años*** en el mes próximo.	Geburtstag haben
curso (m.)	El ***curso*** termina en el mes de junio.	Schuljahr
profesión (f.)	¿Qué ***profesión*** tiene tu padre?	Beruf
construcción (f.)	Mi padre trabaja en la ***construcción***.	Bau
disfrutar	Hay que saber ***disfrutar*** de la vida.	genießen
cerrado/a	Roberto es una persona muy ***cerrada***.	verschlossen
mayoría (f.)	La ***mayoría*** trabaja en la industria textil.	Mehrheit
extremeño (m.)	habitante de Extremadura	aus der Extremadura
perfectamente	muy bien	perfekt

12.2-3

ordenar		befehlen
recomendar	recomiendo, recomiendas, recomienda, recomendamos ...	empfehlen
exigir	exijo, exiges, exige, exigimos ...	verlangen
pedir	pido, pides, pide, pedimos, pedís, piden	bitten
mandar		befehlen
permitir		erlauben
advertir	advierto, adviertes, advierte, advertimos ...	warnen
plato (m.)	Los ***platos*** ya están en la mesa.	Teller
llave (f.)	Esta mañana he perdido la ***llave***.	Schlüssel
dificultad (f.)	No hemos tenido ninguna ***dificultad***.	Schwierigkeit
escuchar	A veces ***escucho*** la radio.	hören
apuntes (m.p.)	¿Me puedes prestar tus ***apuntes***?	Aufzeichnungen
acostarse	Yo ***me acuesto*** siempre antes de las once.	schlafen gehen
nariz (f.)	Antonio tiene una ***nariz*** muy larga.	Nase
importe (m.)	El ***importe*** de la cuenta es de 2000 pesetas.	Betrag
elevado/a	En esta ciudad los precios son muy ***elevados***.	hoch
sello (m.)	¿Tienes un ***sello*** de sesenta pesetas?	Briefmarke
deprisa	Javier habla muy ***deprisa***.	schnell

12.4

estimado/a		geehrter/lieber
carta (f.)	Le he escrito una ***carta***.	Brief
ojalá	***Ojalá*** que no le haya pasado nada.	hoffentlich
nombre (m.)	Mi ***nombre*** es Pío.	Name
completo/a	Mi nombre ***completo*** es Pío Lac Sanz.	vollständig
carrera (f.)	Está haciendo la ***carrera*** de medicina.	Studium
perezoso/a	Pedrito es muy ***perezoso***.	faul
en lugar de	Trabaja, ***en lugar de*** hablar tanto.	anstatt
ponerse a	comenzar a	beginnen
tomar el pelo a	No ***me tomes el pelo***.	auf den Arm nehmen
jardín (m.) **de infancia**	Su hermanito aún va al ***jardín de infancia***.	Kindergarten
mandar	Te ***mando*** una foto de mi familia.	schicken
adjuntar	Te ***adjunto*** un artículo sobre Lérida.	beiliegend senden
postal (f.)	¿Dónde venden ***postales*** de la ciudad?	Postkarte
acompañar	¿Puedes ***acompañarme***?	begleiten
vocablo (m.)	¿Ya te sabes los ***vocablos*** de francés?	Vokabel
ventana (f.)	Cierra la ***ventana***, por favor.	Fenster
hijo (m.) **único**	Luis es ***hijo único***.	Einzelkind

Lección trece

13.1

madrileño/a	Elena es ***madrileña***.	aus Madrid
visita (f.)	substantivo de visitar	Besuch
banco (m.)	Hemos cambiado el dinero en un ***banco***.	Bank
dirigir	Su hermano ***dirige*** una empresa de Bilbao.	leiten
alquilar	***Hemos alquilado*** un apartamento en Málaga.	mieten
céntrico/a	del centro	zentral
estar sentado/a	Alicia ***está sentada***	sitzen
sofá (m.)	en el ***sofá***.	Sofa
sonar	¿***Ha sonado***	klingen/läuten
timbre (m.)	el ***timbre***?	Klingel
hasta finales	Están de vacaciones ***hasta finales*** de mes.	bis Ende
filial (f.)	Este banco tiene una ***filial*** en mi pueblo.	Filiale
de paso		auf dem Weg/im Vorübergehen
darse cuenta de	No ***me he dado cuenta de*** nada.	merken
almorzar	Quieren ***almorzar*** en un restaurante.	zu Mittag essen
chaqueta (f.)	Me he comprado una ***chaqueta*** azul.	Jacke
recibidor (m.)	Puedes dejar el paraguas en el ***recibidor***.	Diele
sala (f.) **de estar**	Toman café en la ***sala de estar***.	Wohnzimmer
precisamente		ausgerechnet
durante	***Durante*** la cena no ven la televisión.	während
radio (f.)	A veces también oímos la ***radio***.	Radio
cantante (m.f.)	Madonna es una gran ***cantante***.	Sänger/in
lector (m.) **de CD**	El ***lector de CD*** está en la sala de estar.	CD-Player
encima de	Elena pone el CD ***encima de*** la televisión.	auf
calentar	¿Quieres que ***caliente*** un poco de leche?	wärmen
precocinado/a	He comprado algo ***precocinado***	vorgekocht
microondas (m.)	para ponerlo en el ***microondas***.	Mikrowelle
mientras	***Mientras*** comen no ven la televisión.	während
novedad (f.)	Hablan de las últimas ***novedades*** del barrio.	Neuigkeit
copa / copita (f.)	¿Quieres una ***copa*** de coñac?	Glas
posiblemente	adverbio de posible	wahrscheinlich
tomar parte	Quiero ***tomar parte*** en una reunión.	teilnehmen
reunión (f.)	Esta noche hay una ***reunión*** en la escuela.	Versammlung
bonito/a	Tienes un piso muy ***bonito***.	schön
satisfecho/a	Elena está ***satisfecha*** con su coche.	zufrieden
hacerse tarde	***Se hace tarde***.	spät werden

13.2-3

medir		messen
repetir		wiederholen
sentir		fühlen
servir		dienen
seguir		folgen
perseguir		verfolgen
conseguir		erreichen
lavar	Ricada ***lava*** la ropa.	waschen
respuesta (f.)	substantivo de responder	Antwort
instalar	***Estoy instalando*** un programa.	installieren
accidente (m.)	Esta mañana ha habido un ***accidente*** en esta calle.	Unfall

13.4

extensión (f.)	Andalucía tiene una gran ***extensión***.	Ausdehnung
región (f.)	Galicia es una ***región*** muy verde.	Region
eminentemente	principalmente	wesentlich
pobre	Las personas de esta zona son muy ***pobres***.	arm
propiedad (f.)		Eigentum
repartido/a	Las tierras andaluzas están muy mal ***repartidas***.	verteilt
finca (f.)	Tienen una pequeña ***finca*** en la provincia de León.	Landgut
latifundio (m.)	finca de más de 200 hectáreas	Großgrundbesitz
dueño (m.)	El ***dueño*** de este hotel vive en Madrid.	Besitzer
simple		einfach
obrero (m.)	En está finca trabajan muchos ***obreros***.	Arbeiter
latifundista (m.)	dueño de un latifundio	Großgrundbesitzer
determinado/a	Luis no llega nunca a una hora ***determinada.***	bestimmt
época (f.)	En esta ***época*** siempre hace frío.	Zeitabschnitt
turismo (m.)	En la Costa del Sol hay mucho ***turismo***.	Tourismus
situación (f.)	En los últimos años la ***situación***	Lage
laboral	***laboral*** de los obreros no ha mejorado.	beruflich
unido/a		gekoppelt
creciente	que aumenta	wachsend
mecanización (f.)	La ***mecanización*** de la agricultura aumenta.	Mechanisierung
monocultivo (m.)		Monokultur
olivo (m.)	En la provincia de Jaén hay muchos ***olivos***.	Olivenbaum
causa (f.)	La mecanización es la ***causa*** del desempleo.	Ursache
limitarse	***Se limita*** a hacer lo que le dicen.	sich beschränken
ampliar	aumentar	ausdehnen
radio (m.) **de acción**		Aktionsradius
diverso/a	diferente	verschieden
disminuir	↔ aumentar, ampliar	zurückgehen
definitivamente	para siempre	endgültig
adaptarse	Tiene dificultades para ***adaptarse***.	sich anpassen
riqueza (f.)	substantivo de rico	Reichtum
variedad (f.)		Vielfalt
interés (m.)	Tiene mucho ***interés*** en aprender español.	Interesse
especial		besondere

Lección catorce

14.1

compacto (m.)	El ***compacto*** está en la sala.	CD-Player/CD
tener puesto/a	Pedro ***tiene puesta*** la televisión.	eingeschaltet haben
composición (f.)	obra	Komposition
piano (m.)	¿Sabes tocar ***piano***?	Klavier
en cambio		dagegen
pianista (m.f.)	El ***pianista*** va a interpretar obras de Chopin.	Klavierspieler/in
cosa (f.)	Es una ***cosa*** interesante.	Sache
adquirir	comprar	erwerben
cuando	***Cuando*** estudia, oye la radio.	wenn
agotarse	Las entradas ***se han agotado***.	ausverkauft sein
reservar	¿Ya ***has reservado*** las entradas?	reservieren

lleno/a	El autobús está ***lleno***.	voll
metro (m.)	Podemos coger el ***metro***.	U-Bahn
caso (m.)		Fall

14.2-3

caber	La ropa no ***cabe*** en la maleta.	passen
mí	¿Han preguntado por ***mí***?	mir/mich
ti	Hemos hablado de ***ti***.	dir/dich
conmigo	¿Vienes ***conmigo***?	mit mir
contigo	¿Petra quiere salir ***contigo***?	mit dir
consigo		mit sich (selbst)
harto/a	Estoy ***harto*** de aprender verbos.	satt (haben)
líquido (m.)	aquí: vino	Flüssigkeit
contra	Sus padres siempre están **contra** él.	gegen
regalo (m.)	substantivo de regalar	Geschenk
correos (m.p.)	¿Puede decirme dónde están los ***correos***?	Post

14.4

lucha (f.)	La ***lucha*** ha comenzado.	Kampf
tener lugar	Esta tarde ***tiene lugar*** una reunión.	stattfinden
norteamericano/a	de los Estados Unidos	(US-) amerikanisch
llamado/a	adjetivo de llamar	genannt
hispano (m.)	Muchos ***hispanos*** hablan español.	*Hispanic*
anglo (m.)	habitante de los Estados Unidos de origen inglés	Anglo-Amerikaner
lengua (f.) **materna**	Mi ***lengua materna*** es el alemán.	Muttersprache
inmigrado (m.)	inmigrante	Einwanderer
habla (f.) el!	lengua	Sprache
constituir	ser	bilden
grupo (m.)	Un ***grupo*** de jóvenes han salido de excursión.	Gruppe
existen	hay	es gibt
rosa (f.)	Las ***rosas*** son normalmente rojas.	Rose
convivencia (f.)	La ***convivencia*** de las culturas es necesaria.	Zusammenleben
ruidoso/a		laut
desordenado/a		unordentlich
vago/a		faul
esforzarse	***Nos esforzamos*** en aprender español.	sich Mühe geben
regla (f.)	Hay ***reglas*** de convivencia.	Regel
comportamiento (m.)		Verhalten
sociedad (m.)	una ***sociedad*** consumista y materialista	Gesellschaft
vecino (m.)	Este señor es un ***vecino*** nuestro.	Nachbar
motivo (m.)		Grund/Motiv
auxilio (m.) **social**	No trabaja y vive del ***auxilio social***.	Sozialhilfe
amistoso/a		freundlich
ignorar todo	no saber nada de	nicht kennen
ocurrir	tiene lugar	geschehen
pueril		naiv
ingenuo/a		kindlich
materia (f.)		Gebiet
inconveniente (m.)	dificultad	Schwierigkeit
poner los cuernos		Hörner aufsetzen
marido (m.)	Su ***marido*** es francés.	Ehemann
tolerar	permitir	tolerieren
moral		moralisch

sexo (m.)		Sex
despiadado/a		unbarmherzig
anciano (m.)	persona de edad	alter Mann
obsesionado/a		besessen
incapaz	↔ capaz	unfähig
amar		lieben
apasionadamente		leidenschaftlich
soledad (f.)	substantivo de solo	Einsamkeit
tristeza (f.)	substantivo de triste	Traurigkeit
alcoholismo (m.)	El ***alcoholismo*** es un problema grave.	Alkoholismus
sordo/a		taub
prever	El futuro es difícil de ***prever***.	voraussehen
prejuicio (m.)	Hay gente que tiene muchos ***prejuicios***.	Vorurteil
étnico/a		ethnisch
cama (f.)	¿A qué hora vas a la ***cama***?	Bett
remedio (m.)	Este problema no tiene ***remedio***.	Lösung/Abhilfe
resultado (m.)		Ergebnis
exogamia (f.)		Mischehe
mezclarse		sich mischen/vermischen
mezcla (f.)	substantivo de mezclar	Mischung
oscurecer		verdunkeln
piel (f.)		Haut
precisar		festlegen
gueto (m.)	En Nueva York existen ***guetos*** hispanos.	Ghetto
retrasar	El aumento de inmigrantes ***retrasa*** la exogamia.	verzögern
esperado/a	adjetivo de esperar	erwartet

Lección quince

15.1

compañero (m.) **de estudios**	Somos ***compañeros de estudios***.	Studienkamerad
biología (f.)	Pilar estudia ***biología***.	Biologie
hoy	***Hoy*** es martes.	heute
marcar	No ***he marcado*** bien el número de teléfono.	wählen
momento (m.)	Espera un ***momento***.	Moment
dígame		Hallo
cine (m.)	Esta tarde vamos al ***cine***.	Kino
en tu lugar	en mi lugar, ***en tu lugar***, en su lugar ***En tu lugar***, yo estudiaría un poco más.	an deiner Stelle
dar una excusa	Si no quieres ir, ***dale una excusa***.	sich entschuldigen
cualquier	¿Tienes ***cualquier*** cosa para beber?	irgendein/irgendetwas
lástima (f.)	¡Qué ***lástima***!	Schade!
lo siento	***Lo siento***, pero no puedo acompañarte.	ich bedauere es/ es tut mir leid
sin	Tendré que ir ***sin*** ti.	ohne
seguramente	***Seguramente*** que no está en casa.	sicherlich
por cierto	***Por cierto***, ¿ya conoces a su hermana?	übrigens
incluso	***Incluso*** ha pagado los cafés.	sogar
con mucho gusto	Te acompaño ***con mucho gusto***.	sehr gern
seguro	seguramente	sicherlich
aceptar	¿***Ha aceptado*** tu regalo?	annehmen

15.2-3

advertir		warnen
disentir		anderer Meinung sein
desmentir		dementieren
divertirse		sich amüsieren
requerir		erfordern
asentir		zustimmen
mentir		lügen
presentir		ahnen
referirse a		sich beziehen auf
nervioso/a	Me he puesto muy ***nervioso***.	nervös
viento (m.)	Hace mucho ***viento***.	Wind

15.4

a orillas	Colonia está ***a las orillas*** del Rin.	am Ufer
río (m.)	El ***río*** Ebro pasa por Zaragoza.	Fluss
alzarse	levantarse	sich erheben
gigantesco/a	muy grande	riesig
alrededor de	poco más o menos	etwa
cultural	París es el centro ***cultural***	kulturell
político/a	y ***político*** de la nación francesa.	politisch
porteño/a	habitante de Buenos Aires	aus Buenos Aires
amante (m.)	Klaus es un ***amante*** de todo lo español.	Liebhaber
orgulloso/a	El señor Ramírez está muy ***orgulloso*** de su hijo.	stolz
mundo (m.)	El español es una de las lenguas más habladas del ***mundo***.	Welt
acoger	Es una persona que ***acoge*** a todo el mundo.	aufnehmen
variado/a	diverso	verschieden
predominantemente	Los turistas de Palma son ***predominantemente*** alemanes.	vor allem
marcado/a	claro	deutlich
carácter (m.)	Sus ***caracteres*** son muy distintos.	Charakter
indígena (m.)	En Perú hay numerosos ***indígenas***.	Indianer/Ureinwohner
conservar	Muchos hispanos norteamericanos ***conservan***	bewahren
costumbre (f.)	su lengua y sus ***costumbres***.	Gewohnheit/Tradition
serio/a	grave	ernst
clase (f.)	Los indios constituyen una ***clase*** social muy pobre.	soziale Schicht
trasladarse	ir a vivir	übersiedeln
en busca de	para buscar	auf der Suche nach
bienestar (m.)	Todos buscan el ***bienestar***.	Wohlstand
represión (f.)	La ***represión*** de	Unterdrückung
junta (f.) **militar**	la ***junta militar*** ha sido enorme.	Militärjunta
comienzo (m.)	substantivo de comenzar	Beginn
instauración (f.)	comienzo	Einführung
motivar	La mecanización de la agricultura ***motiva*** la emigración.	verursachen
consolidarse	La situación ***se consolida***.	sich konsolidieren
exportación (f.)	substantivo de exportar	Export
ganado (m.) **vacuno**	En Argentina hay mucho ***ganado vacuno***.	Rinder
progresivamente		progressiv
crisis (f.)	En esta región hay una grave ***crisis*** económica.	Krise
vacas locas	Las ***vacas locas*** han motivado una crisis.	BSE

Lección dieciséis

16.1

en auto-stop	Hemos ido dos veces ***en auto-stop*** a París.	per Anhalter
paisaje (m.)	El ***paisaje*** gallego es muy bello.	Landschaft
gallego/a	habitante de Galicia	galicisch
agradar	gustar	gefallen
interesar	Me ***interesa*** mucho este problema.	interessieren
únicamente	sólo, solamente	nur/einzig
formas (f.p.) **de vida**	costumbres	Lebensweise
tradición (f.)	costumbres de un pueblo	Tradition
gracias a	***Gracias a*** su ayuda pude solucionar el problema.	dank
descubrir	Colón ***descubrió*** América en 1492.	entdecken
estrecho/a	Las calles de la ciudad antigua son muy ***estrechas***.	eng
encantador/a	adjetivo de encantar	entzückend
simpatía (f.)	substantivo de simpático	Sympathie
catedral (f.)	La ***catedral*** está en el centro de la ciudad.	Dom/Kathedrale
taberna (f.)	café pequeño	Kneipe/Weinstube
Ribeiro (m.)	vino gallego	galicischer Wein
empanada (f.)	La ***empanada*** me gustó mucho.	galicische Spezialität
preguntar	***Han preguntado*** por ti.	fragen
enterarse	informarse	erfahren
desarrollado/a	Esta región está poco ***desarrollada***.	entwickelt
pesca (f.)	substantivo de pescar	Fischerei
con antelación		im voraus
quedar	Todavía nos ***quedan*** unos minutos.	übrig bleiben
tomar asiento	***Tomamos asiento*** en una taberna.	sich setzen
terraza (f.)	La ***terraza*** del bar está llena.	Terrasse
cercano/a	que está cerca	nahegelegen
alrededores (m.p.)	Vivió dos años en los ***alrededores*** de Madrid.	Umgebung
marisco (m.)	El ***marisco*** gallego es muy bueno.	Meeresfrüchte
ir a dedo	ir en auto-stop	per Anhalter fahren
suerte (f.)	Hemos tenido mucha ***suerte***.	Glück
pareja (f.)	En el parque sólo había una ***pareja***.	Paar/Ehepaar
directamente	El tren va ***directamente*** de París a Madrid.	direkt
familiares (m.p.)	Yo tengo unos ***familiares*** en Bilbao.	Verwandte
gaita (f.)	Su hermano sabe tocar la ***gaita.***	Dudelsack
afortunadamente	***Afortunadamente*** nos cogió un mercedes.	zum Glück
apenas	Pablito ***apenas*** sale de casa.	kaum
pasear	Por las tardes ***paseamos*** por la ciudad.	spazieren gehen
horrible	Cuando Petra toca el piano es ***horrible***.	schrecklich
natural	Es ***natural***.	klar/selbstverständlich
de verdad		im Ernst
probar	¿***Has probado*** este vino?	probieren
hacer sol	En Andalucía ***hace*** mucho ***sol***.	sonnig sein
colocarse	ponerse	sich stellen
finalmente	al final	endlich
desgraciadamente	***Desgraciadamente*** no tengo tiempo.	leider
tardar en + inf	***Tardamos*** dos horas ***en*** llegar a Madrid.	etwas verspätet tun
imaginarse algo	No te lo puedes ***imaginar***.	sich etwas vorstellen

16.2-3

gota (f.)	Ya no nos queda ni una ***gota*** de agua.	Tropfen
parar	El tren no ***para*** en esa estación.	halten/anhalten
rey (m.)	El ***rey*** de España es Juan Carlos de Borbón.	König
refresco (m.)	Entramos en un bar y tomamos un ***refresco***.	Erfrischungsgetränk
ayudar	Le ***he ayudado*** a traducir la carta.	helfen
acordarse	No ***me acuerdo*** de su nombre.	sich erinnern
aplaudir	Al solista le ***aplaudieron*** muchísimo.	Beifall klatschen
anteayer	***Anteayer*** fuimos al cine.	vorgestern

16.4

prado (m.)	Los ***prados*** vascos están siempre verdes.	Wiese
bosque (m.)	En el norte de España hay muchos ***bosques***.	Wald
configurar	formar	sich zusammenfügen zu
ría (f.)	En la costa gallega hay muchas **rías**.	Flussmündung
brazo (m.) **de mar**		Meeresarm
adentrarse	En las rías el agua del mar ***se adentra*** en el continente.	eindringen
recuerdo (m.)	Tenemos un buen ***recuerdo*** de aquel viaje.	Erinnerung
inolvidable	Fue una semana ***inolvidable***.	unvergeßlich
pesquero/a	adjetivo de pescar	Fischfang-
industrializado/a	Andalucía es una región poco ***industrializada***.	industrialisiert
afirmar	***Afirmó*** que no lo había hecho.	behaupten
restos (m.p.) **mortales**	Sus ***restos mortales*** se encuentran en este pueblo.	sterbliche Überreste
Edad (f.) **Media**	En la ***Edad Media*** muchos europeos hacían ***peregrinaciones*** a Santiago de Compostela.	Mittelalter
peregrinación (f.)		Pilgerfahrt
cristiandad (f.)	La ***cristiandad*** es una de las mayores religiones del mundo.	Christenheit
ruta (f.)	camino	Rute
tumba (f.)		Grab
recibir	***Hemos recibido*** un FAX de Barcelona.	bekommen
medio (m.)	La televisión es un ***medio*** de comunicación.	Mittel/Medium
peregrino (m.)	Los ***peregrinos*** de Santiago pasaron por Puente la Reina.	Pilger
beneficiarse	***Nos beneficiamos*** del buen tiempo.	Nutzen ziehen
a lo largo de	Paseamos dos horas ***a lo largo de*** la playa.	entlang
extenderse	El prado ***se extiende*** hasta la orilla del mar.	sich erstrecken
desenvolverse	La agricultura española ***se ha desenvuelto*** mucho.	sich entwickeln
corriente (f.) **cultural**		kulturelle Strömung
estilo (m.)	Uno de los más importantes ***estilos arquitectónicos*** de la Edad Media fue el ***románico***	Stil
arquitectónico/a		architektonisch
románico/a		romanisch/Romanik
gótico/a	En Burgos hay una bella catedral ***gótica***.	gotisch
melodioso/a	Dicen que el italiano es una lengua ***melodiosa*** y ***suave***.	wohlklingend/melodiös
suave		sanft
estrechamente	muy	eng
relacionado/a **con**		verwandt mit
poeta (m.)	García Lorca fue un gran ***poeta*** español.	Dichter
medieval	El románico es un estilo arquitectónico ***medieval***.	mittelalterlich
corte (f.)	Los poetas de la ***Corte*** de Castilla escribieron	Hof

frecuentemente	***frecuentemente*** en portugués.	oft
considerar	Lo ***considero*** muy necesario.	betrachten/erachten als
inculto/a		ungebildet
redescubrir	volver a descubrir	wiederentdecken
falta (f.)	La ***falta*** de trabajo lleva a muchos gallegos a emigrar.	Mangel/Fehlen

Lección diecisiete

17.1

rico (m.)	En mi pueblo sólo tenían coches los ***ricos***.	Reicher
mula (f.)	Mi padre tenía dos ***mulas***.	Maultier
tendero (m.)	comerciante	Kleinhändler
furgoneta (f.)	Ibamos a la ciudad con una ***furgoneta***.	Lieferwagen
feria (f.)	Las ***ferias*** eran en el mes de noviembre.	Viehmarkt
animal (m.)	Por la mañana iba a buscar agua para los ***animales***.	Tier
fuente (f.)	La ***fuente*** estaba cerca de mi casa.	Wasserquelle
agua (f.) **corriente**	En este pueblo todavía no hay ***agua corriente***.	fließendes Wasser
ocuparse de	No ***me he ocupado de*** este problema.	sich befassen mit
moverse	El niño no ***se mueve*** de su madre.	sich bewegen
cansarse	Pedro no ***se cansa*** de preguntar.	müde werden
contemplar	***Contemplábamos*** horas enteras el paisaje.	betrachten
lento/a	↔ rápido	langsam
caminar (m.)		Gang
arar	Mi padre ***araba*** la tierra con las mulas.	pflügen
bota (f.)	La ***bota*** estaba llena de vino.	Weinschlauch
correr	ir de prisa	rennen/laufen
sentarse	***Nos sentábamos*** a la orilla del río.	sich setzen
arroyo (m.)	río pequeño	Bach
merendar	***Merendábamos*** a las cinco de la tarde.	vespern
retraído/a	Su madre era una persona muy ***retraída***.	zurückhaltend
normalmente	***Normalmente*** cenamos a las diez.	normalerweise
no obstante	Llovía mucho, ***no obstante*** se fueron al campo.	trotzdem
ocasión (f.)	Hay que aprovechar la ***ocasión***.	Gelegenheit
camino (m.)	Del campo al pueblo había un ***camino***.	Weg
caballería (f.)	Las ***caballerías*** se empleaban para arar la tierra.	Lasttier
entretenerse	***Me entretengo*** viendo la televisión.	die Zeit vertreiben
hacer frío	Por la noches ***hace*** un poco de ***frío***.	kalt sein
sumergirse		sich versenken
porrón (m.)	En el ***porrón*** hay vino.	Trinkgefäß
mutismo (m.)		Schweigsamkeit
habitual		gewöhnlich/üblich

17.2-3

cansado/a	Está muy ***cansado*** porque ha trabajado mucho.	müde
programa (m.) **infantil**	Los domingos dan ***programas infantiles***.	Kinderprogramm
oír misa	Los domingos por la mañana ***oímos misa***.	die Messe besuchen
iglesia (f.)	En este pueblo hay una ***iglesia*** románica.	Kirche
austero/a	Su abuelo era un hombre muy ***austero***.	sparsam
necesitado/a	Tenemos que ayudar a las personas ***necesitadas***.	bedürftig

trago (m.)	¿Quieres un ***trago*** (de vino)?	Schluck
olvidarse de	***Me he olvidado*** **de** la llave.	vergessen
senda (f.)	Hemos ido por una ***senda*** muy estrecha.	Pfad

17.4

experimentar	Esta ciudad ***ha experimentado*** un gran crecimiento.	erfahren/erleben
cambio (m.)	substantivo de cambiar	Wechsel
decenio (m.)	período de diez años	Jahrzehnt
sector (m.)	El ***sector*** textil está pasando una grave crisis.	Branche
activo/a	que trabaja	hier: beschäftigt
proporcionar	hacer posible	verschaffen/ermöglichen
porcentaje (m.)	Un elevado ***porcentaje*** de la población está sin trabajo.	Prozentsatz
rendimiento (m.)	Esta empresa tiene muy poco ***rendimiento***.	Ertrag
satisfactorio/a	Los resultados no son todavía ***satisfactorios.***	zufriedenstellend
condición (f.)	Nos ha puesto muchas ***condiciones***.	Bedingung
ecológico/a	un problema ***ecológico***	ökologisch
climatológico/a		klimatologisch
con frecuencia	frecuentemente	oft
desfavorable	Las condiciones climatológicas son muy ***desfavorables***.	ungünstig
tipo (m.)	Existe un problema de ***tipo***	Art/Typ
humano/a	***humano***.	menschlich
desigual	↔ igual	ungleich
perjudicar	La falta de lluvia ***perjudica*** a la agricultura.	schaden
producir	En esta zona se ***produce*** mucho vino.	produzieren
subsistir	Lo que gana sólo le da para ***subsistir***.	überleben
generación (f.)	la segunda ***generación***	Generation
minifundismo (m.)	↔ latifundismo	Kleinbesitz
posesión (f.)	substantivo de poseer	Besitz
convertirse en	hacerse	werden zu
subsistencia (f.)	substantivo de subsistir	Überleben
cultivo (m.)	Los métodos de ***cultivo*** que emplean en	Anbau
anticuado/a	esta región son muy ***anticuados***.	veraltet
productividad (f.)	substantivo de producir	Produktivität
minifundio (m.)	↔latifundio	Kleinbesitz
decisión (f.)	substantivo de decidir	Entscheidung
voluntario/a	La decisión ha sido ***voluntaria***.	freiwillig
propietario (m.)	El ***propietario*** del latifundio vive en Madrid.	Besitzer
dedicarse	Tienen que ***dedicarse*** a otras actividades.	sich widmen
productivo/a	adjetivo de producir	produktiv
lucrativo/a	que da buenos rendimientos	gewinnbringend
principalmente	sobre todo	vor allem
aspecto (m.)	Esta decisión también tiene ***aspectos***	Aspekt
negativo/a	***negativos***.	negativ
existencia (f.)	substantivo de existir	Vorhandensein/Existenz
pastos (m.p.)	En muchas zonas de Andalucía sólo hay ***pastos***.	Weiden/Weideflächen
empleo (m.)	substantivo de emplear	Anwendung
absentismo (m.)	Entre los latifundistas se da mucho el ***absentismo***.	Absentismus/Abwesenheit
resolver	solucionar	lösen (Problem)
evitar	Hay que ***evitar*** posibles problemas.	meiden/vermeiden

excesivo/a	La producción de leche en la Unión Europea es ***excesiva***.	übermäßig
concentración (f.)	En el País Vasco existe una gran ***concentración*** industrial.	Konzentrierung
asegurar	Hay que ***asegurar*** a todos los obreros una	sicher stellen
participación (f.)	verdadera ***participación*** en la producción.	Teilnahme
real	verdadera	echt
responsable	Es una persona muy ***responsable***.	verantwortlich
sin duda	El problema es, ***sin duda***, muy grave.	ohne Zweifel
urgente	Es ***urgente*** encontrar un remedio.	dringlich
reforma (f.)	Es totalmente necesaria una verdadera ***reforma***	Reform
agrario/a	***agraria.***	landwirtschaftlich
racional	Hay que pensar de una manera ***racional***.	zweckmäßig/rationell
justo/a	Los obreros tienen que recibir un sueldo más ***justo***.	gerecht
mero/a	La ***mera*** discusión no soluciona el problema.	rein/einfach
incremento (m.)	aumento	Zuwachs
a la larga	***A la larga*** no hemos solucionado el problema.	auf die Dauer/langfristig
almacenar	Europa ***almacena*** los productos que no consume.	einlagern
posteriormente	después	danach
tirar	Lo que no consumimos lo ***tiramos*** al mar.	werfen/wegwerfen

Lección dieciocho

18.1

inmediatamente	Salió ***inmediatamente*** después de comer.	unmittelbar
triunfo (m.)		Sieg
Frente (m.) **Popular**		Volksfront
elección (f.)	Los socialistas ganaron las últimas ***elecciones***.	Wahl
conspiración (f.)	La policía descubrió la ***conspiración***.	Verschwörung
derecha (f.)	La ***derecha*** ha obtenido un gran triunfo en las elecciones.	Rechtsparteien
burguesía (f.)	personas de la clase media	Bourgeoisie
ejército (m.)	Algunos jóvenes piensan que el ***ejército*** no es necesario.	Armee
política (f.)	Yo no entiendo mucho de ***política***.	Politik
anticlerical	persona o grupo de personas que es contra de la Iglesia	antiklerikal
revolucionario (m.)	Che Guevara fue un ***revolucionario*** argentino.	Revolutionär
varios/as	algunos	mehrere
general (m.)	Su padre es ***general*** del ejército.	General
desencadenamiento (m.)	La crisis provocó el ***desencadenamiento*** de una guerra civil.	Entfesselung/Ausbrechen
movimiento (m.)	un movimiento ***revolucionario***	Bewegung
tras	después	nach
levantamiento (m.)	Hubo un ***levantamiento*** contra el dictador.	Aufstand
militar		militärisch
territorio (m.)	La guerra se extendió por todo el ***territorio*** español.	Staatsgebiet
bando (m.)	grupo político	Partei
rojos (m.p.)	Madrid estaba en la zona de los ***rojos***.	Rote
tendencia (f.)	Los rojos eran de ***tendencia*** progresista.	Tendenz

socialista	un partido ***socialista***	sozialistisch
nacionales (m.p)	Los ***nacionales*** pertenecían al bando de Franco.	Nationalisten
conservador/a	Los nacionales eran de tendencia ***conser-vadora***.	konservativ
a pesar de que	***A pesar de que*** salí tarde, llegué a tiempo a la reunión.	obwohl
declaración (f.)	El presidente ha hecho una ***declaración*** de	Erklärung
intervención (f.)	no ***intervención*** en los problemas laborales.	Eingreifen
Gobierno (m.)	Felipe González fue presidente del ***Gobierno*** español.	Regierung
preámbulo (m.)	Entró en el tema sin ***preámbulos***.	Vorspiel
disidente (m.f.)	Los ***disidentes*** lucharon contra los nacionales.	Dissident
apoyar	ayudar	unterstützen
abiertamente	Ha dicho ***abiertamente*** lo que piensa.	offen
simpatizar	tener simpatía	sympathisieren
iniciativa (f.)	Tomó la ***iniciativa*** y comenzó a hablar.	Initiative
victoria (f.)	triunfo	Sieg
superioridad (f.)	Su ***superioridad*** era clara.	Überlegenheit
preparación (f.)	substantivo de preparar	Vorbereitung
material (m.) **bélico**	Los nacionales tenían mejor ***material bélico*** que los rojos.	Kriegsmaterial
capacitación (f.)	La ***capacitación***	Befähigung
mandos (m.p.)	de los ***mandos*** nacionales era muy elevada.	Führungskräfte
eficiencia (f.)		Wirksamkeit/Effiziens
ayuda (f.)	substantivo de ayudar	Hilfe
arma (f.) el!	Hitler probó en Guernica sus ***armas***.	Waffe
estrategia (f.) **aérea**	estrategia de los aviones de guerra	Strategie der Luftwaffe
enfrentamiento (m.)	El ***enfrentamiento*** de los dos bandos fue horrible.	Zusammenstoß
interno/a	aquí: dentro del bando	innere
nulo/a	ninguno	gleich Null
aliados (m.p.)	los ***aliados*** de la Segunda Guerra Mundial	Alliierten
impedir	hacer imposible	verhindern
presentar un frente	Los republicanos no ***presentaron un frente*** sólido.	sich widersetzen
abrirse	Después de la dictadura ***se abrió*** la democracia.	beginnen
suprimir	Como hacía mucho frío, ***suprimieron*** la ex-cursión.	abschaffen
partido (m.) **político**	Dos ***partidos políticos*** no están de acuerdo con la reforma.	politische Partei
sindical	El líder ***sindical*** tuvo dificultades en su empresa.	gewerkschaftlich
anular	suprimir	aufheben
libertad (f.)	La ***libertad*** es un derecho de todos los hombres.	Freiheit
expresión (f.)		Ausdruck
oprimir	En las dictaduras ***se oprime*** a los ciudadanos.	unterdrücken
cruelmente	brutalmente	grausam
doloroso/a	Es ***doloroso*** saber que hay niños que no tienen qué comer.	schmerzhaft
exilio (m.)	Este político pasó muchos años en el ***exilio***.	Exil
democracia (f.)	Casi todos los países europeos son ***democracias***.	Demokratie
superar	Ha conseguido ***superar*** todas las dificultades.	überwinden
abismo (m.)	Un ***abismo*** separaba a *rojos* y *nacionales*.	Abgrund

cruel	Las guerras civiles son las más ***crueles***.	grausam
antagonismo (m.)	Entre estos dos partidos existe un gran ***antagonismo***.	Gegnerschaft
mantener	conservar	erhalten/beibehalten
muerte (f.)	substantivo de morir	Tod

18.2-3

competir	Los productos españoles ya pueden ***competir*** con los europeos.	konkurrieren
corregir	corrijo, corriges, corrige, ...	verbessern/korrigieren
despedir	***Se ha despedido*** de la empresa donde trabaja.	verabschieden
mercado (m.)	Esta tarde no hay ***mercado***.	Markt
asegurar	Me ***aseguró*** que vendría hoy.	zusagen
intervenir	***Intervino*** en la conversación para apoyarme.	eingreifen
instaurar	En España ***se instauró*** la monarquía en 1975.	einrichten
brindar	Las vacaciones me ***brindan*** la ocasión para leer.	bieten/anbieten
evolución (f.)	En los últimos años se ha dado una gran ***evolución.***	Entwicklung
amable	Nuestro profesor de francés es una persona muy ***amable***.	zuvorkommend/nett
ruido (m.)	Hacen tanto ***ruido*** que no se puede dormir.	Lärm

18.4

principalmente	sobre todo	vor allem
fértil	Estas tierras son muy ***fértiles***.	fruchtbar
cultivar	En los campos de Batuco se ***cultivan***	anbauen
cebolla (f.)	muchas ***cebollas***.	Zwiebel
tomate (m.)	A mí me gustan mucho los ***tomates***.	Tomate
verdura (f.)	En mi casa comemos mucha ***verdura***.	Gemüse
poroto (m.)	En mi pueblo los ***porotos*** se llaman judías.	Bohne
prácticamente	en verdad	praktisch
fábrica (f.) **de conservas**	En Batuco hay una ***fábrica de conservas***.	Konservenfabrik
exportador/a	Alemania es un país ***exportador***.	exportierend/Export-
recolección (f.)	cosecha	Ernte
corto/a	La época de la cosecha es muy ***corta***.	kurz
período (m.)	época	Zeitabschnitt
obras (f.p.)	construcción	Bau
seguro (m.) **social**	Muchos obreros de Batuco no tienen ***seguro social***.	Sozialversicherung
protestar	***Protestaban*** contra la falta de puestos de trabajo.	protestieren
patrón (m.)	El ***patrón*** de la obra quiere dar empleo a nuevos obreros.	Chef
dispuesto/a	Los obreros no están ***dispuestos*** a aceptar esas condiciones.	bereit
tonelada (f.)	Una ***tonelada*** tiene mil kilos.	Tonne
alimentar	Trabaja mucho para poder ***alimentar*** a su familia.	ernähren/Nahrung bieten
enriquecer	La instalación de la fábrica **enriqueció** a toda la zona.	bereichern/reich machen
único/a	solo	einzig

Lección diecinueve

19.1

indio (m.)	indígena	Indio/Indigene
ágil	Era un joven fuerte y ***ágil***.	flink
tribu (f.)	En Africa aún hay ***tribus*** muy antiguas.	Stamm
vigoroso/a	fuerte	stark
pierna (f.)	Su amigo se ha roto una ***pierna***.	Bein
andar	***Anduvimos*** durante toda la mañana.	laufen/gehen
llano (m.)	Paramos en un ***llano*** para comer.	Ebene/Flachland
saltar	Los niños están ***saltando*** en la calle.	springen
sigiloso/a	Entró en la casa de una manera ***sigilosa***.	unbemerkt
esconderse	Los niños ***se escondían*** en el jardín.	sich verstecken
disparar	Los indios saben ***disparar*** muy bien	schießen
flecha (f.)	las ***flechas.***	Pfeil
fallar	Gilanco no ***fallaba*** nunca.	das Ziel verfehlen
jamás	nunca	niemals
Dios (m.)	***Dios*** es el padre de todos los hombres.	Gott
generoso/a	Su padre es una persona muy ***generosa***.	wohlgesonnen/großmütig
admirar	Lo ***admiraban*** por su generosidad.	bewundern
cazador (m.)	Mi tío era ***cazador***.	Jäger
distraerse	entretenerse	sich vergnügen
cumbre (f.)	La ***cumbre*** es la parte más alta de una montaña.	Gipfel
recorrer	***Hemos recorrido*** toda la ciudad.	durchlaufen
desfiladero (m.)	Tuvimos que pasar por un ***desfiladero***.	Schlucht
matar	acabar con la vida de alguien	töten
salir al paso	encontrar	begegnen
piedad (f.)	Gilanco no tenía ***piedad***	Mitleid
crías (f.p.)	ni con las ***crías***.	Brut/Jungtiere
respetar	Todos ***respetaron*** su decisión.	respektieren
huir	Los animales ***huían*** de Gilanco.	fliehen
divisar	ver a lo lejos	erblicken
crueldad (f.)	substantivo de cruel	Grausamkeit
hojas (f.p.) **secas**	El viento se llevaba las ***hojas secas***.	Laub
arrasar	Un fuerte viento ***arrasó*** la casa.	dem Erdboden gleich machen
disgustar	↔ agradar	verärgern/missfallen
Yastay	dios de los animales	Yastay
protector/a	Yastay es el dios ***protector*** de los animales.	Beschützer
cazar	A mi tío le gustaba ***cazar***.	jagen
satisfacer	Hay muchos niños que no pueden ***satisfacer***	befriedigen
hambre (f.) el!	su ***hambre***.	Hunger
gusto (m.)	substantivo de gustar	Lust
destruir	Hitler ***destruyó*** Guernica en 1937.	zerstören
extinguir	matar	vernichten/auslöschen
entero/a	Protestó el pueblo ***entero***.	ganz
guanaco (m.)	una especie de llama	Guanako
siesta (f.)	Después de comer se acostaba a dormir la ***siesta***.	Mittagsschlaf
árbol (m.)	En esta zona no hay muchos ***árboles***.	Baum
sueño (m.)	¿Tienes ***sueño***?	*Bist du müde?* Schlaf
fino/a	Gilanco tenía un ***fino***	fein
oído (m.)	***oído***.	Gehör
leve	suave	leise/leicht

rumor (m.)	pequeño ruido	Geräusch
irritado/a	disgustado	verärgert
atreverse	Nadie ***se atrevía*** a discutir con él.	wagen/sich trauen
interrumpir	No le ***interrumpas***.	unterbrechen
brusco/a	Se oyó un ruido ***brusco***.	barsch
anunciarse	Llegó sin ***anunciarse***.	sich ankündigen
manera (f.)	la ***manera*** de hablar	Art und Weise
valiente	Es un chico muy ***valiente***.	mutig
estremecerse	Gilanco comenzó a ***estremecerse***.	zittern/erschauern
frente a	delante de	gegenüber
mirada (f.)	substantivo de mirar	Blick
gritar	Los niños comenzaron a ***gritar***.	schreien
lengua (f.)		Zunge
inmóvil	Quedarse ***inmóvil***.	unbeweglich
temblar	El frío lo hacía ***temblar***.	zittern
indefenso/a	que no se puede defender	wehrlos
acercarse	ponerse más cerca	sich nähern
aviso (m.)	Le dio un ***aviso***.	Warnung
Pachamama	Los indios llaman a la tierra ***Pachamama***.	Mutter Erde
destructor/a	adjetivo de destruir	zerstörerisch
enojado/a	muy disgustado	verärgert/wütend
paz (f.)	Déjame en ***paz***.	Friede
terrible	Recibió un ***castigo***	furchtbar
castigo (m.)	***terrible***.	Strafe
don (m.)	Tiene un gran ***don*** para tocar el piano.	Gabe/Fähigkeit
bien (m.)	La religiones nos invitan a hacer el ***bien***.	das Gute
desaparecer	↔ aparecer	verschwinden
inquietarse	tener mucho miedo	besorgt sein/Angst haben
castigar	dar (imponer) un castigo	strafen
preocupación (f.)	Tiene muchas ***preocupaciones***.	Sorge
hostigar	perseguir	verfolgen
otear	ver, descubrir	entdecken
lanzar	Gilanco ***lanzaba*** muy bien las flechas.	schießen/werfen
arrojar	lanzar	werfen
suspendido/a	La flecha quedó ***suspendida***	schwebend
aire (m.)	en el ***aire.***	Luft
voz (f.)	Tiene una ***voz*** muy agradable.	Stimme
tronar	gritar muy fuerte	donnern
desesperado/a	que ha perdido toda esperanza	verzweifelt
nubarrón (m.)	Había unos ***nubarrones*** muy negros.	dunkle Wolke
polvo (m.)	Toda la casa estaba llena de ***polvo***.	Staub
arenoso/a	Los terrenos de esta zona son muy ***arenosos***.	sandig
brotar	salir	hervorquellen
polvareda (f.)	El viento levantó una gran ***polvareda***.	Staubwolke
girar	La tierra ***gira*** alrededor del sol.	kreisen
remolino (m.)	Había mucho viento y había ***remolinos***.	Wirbelwind
asfixiante	Hace un calor ***asfixiante***.	erstickend/stickig
aterrado/a	con muchísimo miedo	erschrocken
furioso/o	Su padre se puso muy ***furioso***.	wütend
envolver		umzingeln
fuerza (f.)	Cuando estuvo enfermo se quedó sin ***fuerzas***.	Kraft
incontenible	que no se puede frenar	unaufhaltsam
alejarse	irse lejos	sich entfernen

silbido (m.)		Pfeifen/Zischen
largo/a	↔ corto	lang
quejumbroso/a	Dijo con voz ***quejumbrosa*** que no podía salir.	jämmerlich
atravesar	Por la tarde ***atravesamos*** el río.	durchqueren
distancia (f.)	De mi casa al colegio no hay mucha ***distancia***.	Entfernung
rancho (m.)	casa	Haus
cálido/a	Los veranos en Andalucía son muy ***cálidos***.	heiß

19.2-3

construir	En esta zona se ***construyen*** muchas casas.	bauen
sustituir	***Sustituyó*** el sofá del comedor por otro más moderno.	ersetzen
distribuir	El profesor ***distribuyó*** los libros entre los alumnos.	verteilen
influir en	El calor ***influye en*** el comportamiento de los animales.	beeinflussen
continuar	El quiere ***continuar*** trabajando.	weitermachen
conducta (f.)	comportamiento	Verhalten
consentir	permitir	erlauben/dulden
placer (m.)	gusto	Vergnügen
soñar	Ayer ***soñé*** contigo.	träumen
ladrón (m.)	El ***ladrón*** salió corriendo.	Räuber/Dieb
cesar	Hoy no ***cesa*** de llover.	aufhören
aterrizar	El avión acaba de ***aterrizar***.	landen

19.4

base (f.)		Grund/Basis
civilización (f.)	La ***civilización*** moderna también tiene aspectos negativos.	Zivilisation
maíz (m.)	El ***maíz*** se cultiva mucho en Europa.	Mais
frijol (m.)	Los ***frijoles*** mexicanos son muy buenos.	Stangenbohne
chile (m.)	Probé el ***chile*** en un restaurante mexicano.	Chili
fundamento (m.)	base	Fundament
desarrollo (m.)	El ***desarrollo*** de la industria ha aumentado.	Entwicklung
cultura (f.)	Las principales ***culturas***	Kultur
mesoamericano/a	***mesoamericanas*** fueron la azteca y la maya.	mittelamerikanisch
planta (f.)	La ***plantas*** necesitan sol y agua.	Pflanze
sustento (m.)	comida, alimentación	Nahrung
básico/a	adjetivo de base	grundlegend
producción (f.)	substantivo de producir	Produktion
necesidad (f.)	substantivo de necesitar	Bedürfnis
en razón de		*hier:* nach
tarea (f.)	trabajo	Arbeit/Aufgabe
artesanal	Su trabajo es más bien ***artesanal***.	handwerklich
educar	Los padres tienen la tarea de ***educar*** a los hijos.	erziehen
privado/a	Los aztecas no conocían la propiedad ***privada***.	privat
disposición (f.)	substantivo de disponer	Verfügung
noble (m.)	El rey y los ***nobles*** se fueron de caza.	Adeliger
guerrero (m.)	Los ***guerreros*** de la tribu no cultivaban la tierra.	Krieger
comunalmente	todos juntos, en común	zusammen
tributo (m.)	Los ciudadanos tienen que pagar ***tributos***.	Steuer/Tribut
transportar	llevar	fortschaffen/transportieren

residir	habitar, vivir	residieren
palacio (m.)	El rey vivía en un ***palacio***.	Palast
sacerdote (m.)	En esta iglesia hay dos **sacerdotes.**	Priester
casarse	Su hermano ***se ha casado*** con una conocida mía.	heiraten
parcela (f.)	Tenía dos ***parcelas*** en las que cultivaba maíz.	Parzelle
cabeza (m.) **de familia**	padre de familia	Familienoberhaupt
ejercer		ausüben
en un principio	primero	anfangs
hereditario/a	La monarquía española es ***hereditaria***.	erblich
elegir	En Francia, el pueblo ***elige*** al presidente.	wählen
declarar	El rey ***declaró*** la guerra.	erklären
promulgar	El Gobierno ***promulgará*** en el próximo mes	verkünden
ley (f.)	dos ***leyes.***	Gesetz
juez (m.)	Su padre trabaja de ***juez*** en Barcelona.	Richter
ejemplo (m.)	Tenemos que dar ***ejemplo***.	Beispiel
cantidad (f.)	Gran ***cantidad*** de ciudadanos no aceptan esta ley.	Anzahl
sorprender	Su decisión me ***ha sorprendido*** mucho.	überraschen
conquistador (m.)	Hernán Cortés fue un ***conquistador***.	Eroberer
avanzado/a	Japón es un país muy ***avanzado***.	fortschrittlich
sistema (m.)	El ***sistema sanitario*** de este país no	System
sanitario/a	es muy bueno.	gesundheitlich
excrementos (m.p.)	Los ***excrementos*** se aprovechan en la agricultura.	Ausscheidungen/Exkremente
aplicar	Los métodos que ***aplican*** parecen ser muy buenos.	anwenden
admirado/a	sorprendido/a	erstaunt/verwundert
letrina (f.)	Los aztecas ya poseían un buen sistema de ***letrinas***.	Latrine
calzada (f.)	Los romanos construyeron muchas ***calzadas*** en España.	befestigte Straße
contrastar	Su generosidad ***contrasta*** con su austeridad.	einen Gegensatz bilden
caos (m.)	Los domingos la entrada a Madrid es un ***caos***.	Chaos
infestado/a		angesteckt
peste (f.)	En la Edad Media había frecuentemente ***pestes***.	Pest
planificado/a	El trabajo en esta fábrica está muy bien ***planificado***.	geplant
templo (m.)	En México se conservan ***templos*** aztecas.	Tempel
rodear	Una buena carretera ***rodea*** la ciudad.	umgeben
comunicado/a	El pueblo es pequeño, pero está muy bien ***comunicado***.	verbunden
indirectamente	↔ directamente	indirekt
limpio/a	adjetivo de limpiar	sauber
excelentemente	muy	hervorragend
transitable	Este camino no es **transitable**.	gangbar

Lección veinte

20.1

receta (f.) culinaria	Me he comprado un libro de ***recetas*** (culinarias).	Kochrezept
finlandés/a	de Finlandia	aus Finnland
matriculado/a	Pedro está ***matriculado*** en la universidad de Pamplona.	immatrikuliert
farmacia (f.)	Marta estudia primero de ***farmacia*** en Pamplona.	Pharmazie
matrimonio (m.)	Rosendo y Magda son un ***matrimonio*** de Marcén.	Ehepaar
estancia (f.)	Alberto aprendió alemán durante su ***estancia*** en Colonia.	Aufenthalt
cantina (f.)	Carmelo quiere comprar un bocadillo en la ***cantina***.	Kantine
riojano/a	Los vinos ***riojanos*** son muy famosos.	aus La Rioja
colaborar	Eino es una persona a la que le gusta ***colaborar***.	mitarbeiten/mitmachen
pelar	¿Quién va a ***pelar*** las patatas?	schälen
sartén (f.)	La tortilla se fríe en una ***sartén***.	Stielpfanne
cortar	¿Puedes ***cortar*** el pan?	schneiden
trozo (m.)	Merendé un ***trozo*** de pan con jamón.	Stück
preciso/a	necesario	notwendig
vigilar	***Vigila*** bien el fuego.	aufpassen
quemarse	Está ***quemándose*** el aceite de la sartén.	verbrennen
llorar	El niño empezó a **llorar** porque tenía hambre.	weinen
drama (m.)	algo muy triste	Drama
secar	Me tengo que ***secar*** las manos.	trocknen
ojo (m.)	Tenía los ***ojos***	Auge
lágrima (f.)	llenos de ***lágrimas.***	Träne
deprisa	Volvemos ***deprisa***.	schnell
ensalada (f.)	Nos dieron una rica ***ensalada*** de tomate.	Salat
manteca (f.)	Para freír a veces empleamos también ***manteca***.	Butter
normal	No es ***normal*** para Enrique lleguar tan tarde.	normal
oliva (f.)	Martina sólo emplea aceite de ***oliva***.	Olive
batir	Hay que ***batir*** bien los huevos.	schlagen
sal (f.)	Has puesto mucha ***sal*** en la ensalada.	Salz
soso/a	con demasiado poca sal	fade
dar la vuelta	A la tortilla hay que ***darle la vuelta*** en la sartén.	umdrehen/wenden
dorado/a	La tortilla se pone ***dorada***.	goldgelb

20.2-3

temer	tener miedo	fürchten
imposible	↔ posible	unmöglich
perdonar	***Perdóneme***.	verzeihen
fastidiar	Me ***fastidia*** tenerle que pedir dinero.	ärgern
detestar	***Detesto*** a la gente que no dice la verdad.	verabscheuen
maravilloso/a	Hace un día ***maravilloso***.	wunderbar
probable	Es ***probable*** que su hermano venga hoy.	wahrscheinlich
reír		lachen
sonreír	reír suavemente	lächeln
compartir	No comparto tu ***opinión***.	mitteilen

agresivo/a	Es una persona muy ***agresiva***.	aggressiv
pronunciar	El profesor nos pide que ***pronunciemos*** más despacio.	aussprechen
copiar	José Luis ***ha copiado*** todo el ejercicio de su vecino.	abschreiben
suplicar	pedir	flehen/erbitten
zapatos (m.p.)	Se puso los ***zapatos*** para ir a la fiesta.	Schuhe
carne (f.)	A mí me gusta mucho la ***carne*** con patatas.	Fleisch
enojarse	***Se enojó*** conmigo porque no lo esperé.	sich ärgern
berenjena (f.)	He comprado medio kilo de ***berenjenas***.	Aubergine
inaguantable	Hace un frío ***inaguantable***.	unerträglich
plancha (f.)	La ***plancha*** está sobre la mesa.	Bügeleisen
cable (m.)	La plancha no funciona porque se ha roto el ***cable***.	Kabel
enchufar	Nati ***enchufa*** la plancha.	anschließen

20. 4

significar	¿Qué ***significa*** la palabra «maño»?	bedeuten
navegador (m.)	Cristóbal Colón fue un ***navegador*** italiano.	Seemann
poblado (m.)	población, municipio	Ortschaft
edificar	construir	bauen
a causa de	por	wegen
diferencia (f.)	substantivo de diferente	Unterschied
vegetación (f.)	La ***vegetación*** de este territorio es muy pobre.	Pflanzenwuchs/Vegetation
forestal	La riqueza ***forestal*** de esta región	Forst...
enorme	es ***enorme***.	enorm
navegable	El Rin es un río casi totalmente ***navegable***.	schiffbar
subsuelo (m.)	En el ***subsuelo*** venezolano hay grandes	Boden/Erdreich
gas (m.) **natural**	cantidades de ***gas natural***.	Erdgas
hierro (m.)	En la naturaleza se encuentra mucho **hierro**.	Eisen
diamante (m.)	Los ***diamantes*** son muy caros.	Diamant
cobre (m.)	El ***cobre*** es buen conductor del calor.	Kupfer
primordial	principal	wesentlich
petróleo (m.)	Del ***petróleo*** se obtiene la gasolina.	Erdöl
reserva (f.)	Venezuela tiene muchas ***reservas*** naturales.	Reserve
compañía (f.)	empresa muy grande	Gesellschaft
mestizo (m.)	Un ***mestizo*** es el hijo de un blanco y una india.	Mestize
mulato (m.)	Un ***mulato*** es el hijo de una negra y un blanco.	Mulatte
representar	ser, significar	ausmachen
llevar a cabo	realizar	verwirklichen
callejón (m.) **sin salida**	Nos encontramos en un ***callejón sin salida***.	Sackgasse
elevarse	La deuda de Venezuela ***se eleva*** a muchísimos millones.	betragen/sich belaufen auf

Lección veintiuno

21.1.

joven (m.)	Michel es un ***joven*** francés que estudia en Madrid.	junger Mann
asturiano/a	de Asturias	aus Asturien
centro (m.) **minero**	zona donde hay muchas minas	Bergbaugebiet
mina (f.)	Su abuelo trabajaba en una ***mina***.	Bergwerk

estar retirado/a	Su padre ya hace tres años que ***está retirado***.	pensioniert sein
fondo (m.)	la parte más baja	Tiefe/Grund
accidente (m.) **laboral**	Su hermano **pereció** en	Betriebsunfall
perecer	un ***accidente laboral***.	sterben
pozo (m.)	Los ***pozos*** de la mina eran muy profundos.	Schacht
plazo (m.)	período	Zeitabschnitt
reunir	***Hemos reunido*** el dinero necesario para comprar un coche.	sammeln/zusammentragen
cobrar	***Cobran*** a finales de mes.	den Lohn erhalten
mensualidad (f.)	Su esposa recibe una buena ***mensualidad***.	Monatslohn
renunciar	Es muy difícil ***renunciar*** a lo que se tiene.	verzichten
al final	al fin, finalmente	am Ende
oscilar	Su sueldo ***oscila*** entre las 100.000 y las 120.000 pesetas.	schwanken
lugar (m.) **de trabajo**	Perico ha obtenido un buen ***lugar de trabajo***.	Arbeitsstelle
proponer	Julián me ***ha propuesto*** que le acompañe.	vorschlagen
propuesta (f.)	substantivo de proponer	Vorschlag
casco (m.)	En las obras hay que llevar ***casco***.	Helm
mono (m.)	Los obreros llevaban un ***mono*** azul.	Overall
botas (m.p.)	Cuando llueve me pongo las ***botas***.	Stiefel
ropa (f.) **interior**	A mí me gusta llevar ***ropa interior*** blanca.	Unterwäsche
calcetines (m.p.)	En verano no me ponía ***calcetines***.	Socken
calzoncillos (m.p)	Mi abuelo en el invierno llevaba ***calzoncillos*** largos.	Unterhose
camiseta (f.)	Los mineros llevan ***camisetas*** azules.	Unterhemd
carbón (m.)	Antes los trenes funcionaban con ***carbón***.	Kohle
causar impresión	Los muertos del accidente me ***causaron*** mucha ***impresión***.	Eindruck machen
empleado (m.)	Mi hermano es ***empleado*** de una empresa de coches.	Angestellter
organizado/a	El trabajo en está fábrica está muy bien ***organizado***.	organisiert
galería (f.)	Los mineros están trabajando en la ***galería*** norte de la mina.	Stollen
rincón (m.)	En ese ***rincón*** no caben más de dos personas.	Ecke
altura (f.)	substantivo de alto	Höhe
oscuro/a	Hoy está haciendo un día muy ***oscuro***.	dunkel
silicosis (f.)	Su padre ***padece***	Staublunge
padecer	de ***silicosis***.	leiden
enfermedad (f.)	Dicen que tiene una ***enfermedad*** desconocida.	Krankheit
edad (f.)	¿Qué ***edad*** tienes?	Alter
pulmón (m.)	Los cantantes de ópera tienen que tener buenos ***pulmones***.	Lunge
hígado (m.)	La ***cirrosis*** es una enfermedad	Leber
cirrosis (f.)	del ***hígado***.	Leberzirrhose
alcohol (m.)	Tiene el hígado destruido a causa del ***alcohol***.	Alkohol
dureza (f.)	substantivo de duro	Härte
diariamente	cada día	täglich
notablemente	mucho	beträchlich
atractivo (m.)	Es una persona de mucho ***atractivo***.	Anziehungskraft

21.2-3

atención (f.)	Si no pones ***atención,*** no podrás comprender lo que dice.	Aufmerksamkeit
constatar	Roberto ***constató*** que su amigo no había dicho la verdad.	feststellen
alcanzar	***Ha alcanzado*** todo lo que se había propuesto.	erreichen
arriesgado/a	El alpinismo es un deporte muy ***arriesgado***.	riskant
retirarse	Su padre ***se retiró*** a los sesenta años.	sich pensionieren lassen
destrozar	destruir	zerstören
fijarse	Tienes que ***fijarte*** bien cómo lo hace.	achten auf
silla (f.)	¿Cuántas ***sillas*** hay en la sala?	Stuhl
nevar	Ayer ***nevó*** todo el día.	schneien
anoche	***Anoche*** fuimos a ver una película.	gestern abend
piscina (f.)	Por las tardes íbamos a la ***piscina***.	Schwimmbad

21.4

historia (f.)	Conozco muy poco la ***historia*** de España.	Geschichte
íntimamente	muy, extremamente	innigst/eng
ligado/a	unido	verbunden
siglo (m.)	período de cien años	Jahrhundert
germanos (m.p.)	Dicen que los ***germanos*** no utilizaron el dinero.	Germanen
invadir	Los germanos ***invadieron*** Europa.	überfallen/einmarschieren
árabes (m.p.)	La religión de los ***árabes*** es el Islam.	Araber
religión (f.)	La ***religión***	Religion
cristiano/a	***cristiana*** está muy extendida.	christlich
adoptar	Muchos cristianos ***adoptaron*** la cultura árabe.	übernehmen
inicio (m.)	comienzo	Anfang
refugiarse	Después de la guerra muchos ***se refugiaron*** en Francia.	Schutz suchen
Reconquista (f.)	***La Reconquista*** duró casi ochocientos años.	Reconquista
florecer	El movimiento barroco ***floreció*** en Europa en el siglo XVII.	blühen
ciencia (f.)	La matemática es una ***ciencia*** muy abstracta.	Wissenschaft
capacidad (f.)	substantivo de capaz	Fähigkeit
culto/a	Don Eulogio es una persona muy ***culta***.	kultiviert
occidental	↔ oriental	westlich
partir	salir	ausgehen
hermoso/a	bello, bonito	schön
tejido (m.) **de seda**	El ***tejido de seda*** es muy suave.	Seidenstoff
perfume (m.)	Para su cumpleaños le regaló un ***perfume*** de París.	Parfüm
canción (f.)	El grupo interpretó ***canciones*** populares.	Lied
científico/a	adjetivo de ciencia	wissenschaftlich
acudir	venir	kommen/herbeieilen
fabuloso/a	maravilloso	sagenhaft
destacarse	Ricardo ***se destaca*** siempre por sus notas.	sich auszeichnen/hervorstechen
arte (m.f.) el!	Su padre es un gran amante del ***arte***.	Kunst
reconquistar	Los cristianos ***reconquistaron*** a Andalucía en el siglo XV.	wiedererobern
culminar	La Reconquista ***culminó*** con la toma de Granada.	den Höhepunkt erreichen
unificación (f.)	La ***unificación*** de Alemania tuvo lugar en 1990.	Vereinigung

musulmán/a	Antes de entrar en la Mezquita los ***musulmanes*** deben lavarse.	muselmanisch
vencer	Los cristianos ***vencieron*** a los árabes.	besiegen
judío (m.)	En la España medieval convivieron árabes, ***judíos*** y cristanos.	Jude
convertirse	cambiar de religión	sich bekehren/konvertieren
al servicio	Colón estaba ***al servicio*** de los Reyes Católicos.	im Dienst
proyecto (m.)	intención	Projekt

Lección veintidós

22.1

sala (f.) **de llegadas**	lugar donde llegan los pasajeros de los aviones	Ankunftshalle
semestre (m.)	período de tiempo de seis meses	Semester
últimamente	en los últimos tiempos	in der letzten Zeit
telefonear	llamar por teléfono	telefonieren
regularmente	Se encuentran ***regularmente*** una vez al mes.	regelmäßig
vuelo (m.)	El ***vuelo*** Madrid – Hamburgo duró dos horas.	Flug
suponer	***Supongo*** que Pepito aún estará en su casa.	annehmen
tráfico (m.)	En esta calle siempre hay mucho ***tráfico***.	Verkehr
aparcamiento (m.)	Dejamos el coche en el ***aparcamiento*** del ***aeropuerto***.	Parkhaus/Parkplatz
aeropuerto (m.)		Flughafen
asearse	***Aséate,*** que vamos a salir.	sich zurechtmachen
arreglarse	asearse y vestirse	sich herrichten
panadería (f.)	tienda donde venden pan	Bäckerei
croissant (m.)	Ha ido a la panadería a comprar dos ***croissants***.	Croissant
sinceramente	para decirte la verdad	ehrlich
arrabal (m.)	En los ***arrabales*** hay a veces mucha pobreza.	Vorstadt
periferia (f.)	Vive en un barrio de la ***periferia*** de Madrid.	Umgebung
impersonal	↔ personal	unpersönlich
bloque (m.) **de cemento**	Aquí han construido horribles ***bloques de cemento***.	Betonblock
deprimente	La situación es ***deprimente***.	deprimierend
soportar	aguantar	ertragen
suceder	ocurrir	geschehen
excusa (f.)	No aceptó sus ***excusas***.	Entschuldigung
niñez (f.)	infancia	Kindheit
juventud (f.)	substantivo de joven	Jugend
originariamente	al principio	ursprünglich
bajo/a	↔ alto	klein
patio (m.)	Los niños juegan en el ***patio***.	Innenhof
inmobiliaria (f.)	En una ***inmobiliaria*** nos ofrecieron un piso.	Immobiliengeschäft
aberración (f.)	Es una ***aberración*** que no coja ese empleo.	Irrtum
fotografía (f.)	Nos sacamos una ***fotografía*** delante del Pilar.	Photo
incontroladamente	En la Costa Brava se construye ***incontrolada-mente***.	unkontrollierbar
primitivo/a	antiguo	ursprünglich
monotonía (f.)	Quería acabar con la ***monotonía*** de su vida.	Eintönigkeit
cotidiano/a	de todos los días	alltäglich
tostarse	Los turistas se pasan las mañanas ***tostándose*** al sol.	braun werden

quizás (quizá)	***Quizás*** tenga tiempo mañana.	wahrscheinlich
base (f.) **de datos**	Tengo todos los títulos en una ***base de datos***.	Datenbank
agencia (f.) **de viajes**	En esta calle hay una buena ***agencia de viajes***.	Reisebüro
tenerlo bien montado	Se ***lo tienen*** muy ***bien montado*** en su negocio.	gut eingerichtet haben
persuadir	Abel me ***persuadió*** para que lo acompañara.	überzeugen
desodorante (m.)	Después de ducharme me echo ***desodorante***.	Deodorant
milagroso/a	maravilloso	wunderbar
fascinante	Los cuadros de Goya son ***fascinantes***.	faszinierend
vivencia (f.)	Durante su infancia tuvo ***vivencias*** muy negativas.	Erlebnis

22.2-3

puntualmente	A Mario le gusta llegar siempre ***puntualmente***.	pünktlich
extrañar	Me ***extraña*** mucho que Angel aún no haya llegado.	wundern/erstaunen
fumar	Pepe ni ***fuma*** ni bebe.	rauchen
descanso (m.)	substantivo de descansar	Erholung
tranquilidad (f.)	substantivo de tranquilo	Ruhe
abrigarse	Si no **te abrigas** bien, vas	sich warm kleiden
resfriarse	a ***resfriarte***.	sich erkälten
asunto (m.)	Mañana podemos hablar de este ***asunto***.	Gelegenheit
garganta (f.)	Voy a ir al médico porque me duele la ***garganta***.	Hals/Kehle
armario (m.)	Puedes poner el libro encima del ***armario***.	Schrank

22.4

visitante (m.f.)	persona que visita	Besucher
transformación (f.)	cambio	Änderung/Wandel
importancia (f.)	substantivo de importante	Wichtigkeit
considerablemente	muchísimo	beträchtlich
fecha (f.)	¿Puedes decirme a qué ***fecha*** estamos?	Datum
descenso (m.)	Este año no ha habido ***descenso*** en el número de turistas.	Abstieg
cifra (f.)	La elevada cifra de ***visitantes*** sorprendió a los organizadores.	Zahl
crecimiento (m.)	substantivo de crecer	Wachstum
global	Este libro te dará una idea ***global*** de la materia.	global
proceder	ser, venir	kommen (von/aus)
clima (m.)	El ***clima*** de esta región es	Klima
lluvioso/a	muy ***lluvioso***.	regnerisch
ventaja (f.)	↔ inconveniente	Vorteil
divisa (f.)	El turismo da a España muchísimas ***divisas***.	Devisen
presencia (f.)	Todo el mundo deseaba su ***presencia*** en la reunión.	Anwesenheit
naturaleza (f.)	Para los indios la ***naturaleza*** es la madre de los hombres.	Natur
mediante	gracias a	durch (etwas)
incontable	que no se puede contar	unzählbar
mínimo/a	pequeñísimo	sehr klein
terreno (m.)	Carlos se ha comprado un ***terreno*** en su pueblo.	Grundstück/Gelände

Lección veintitrés

23.1

prudentemente	En esta zona hay que conducir ***prudentemente***.	vorsichtig
precaución (f.)	Debes atravesar la calle con ***precaución***.	Vorsicht
examinar	Hay que ***examinar*** bien lo que se lee.	prüfen
crítico/a	Es una persona muy ***crítica***.	kritisch
sencillo/a	simple	einfach
engañar	Pedro ***engaña*** siempre a sus compañeros.	hereinlegen
hacer uso	emplear	Gebrauch machen
divertido/a	Cuenta siempre historias muy ***divertidas***.	lustig
noticiario (m.)	¿Has oído el ***noticiario*** en la radio?	Nachrichtensendung
realidad (f.)	substantivo de real	Wirklichkeit
sensacional	Tengo que daros una noticia ***sensacional***.	aufsehenerregend/sensationell
disparate (m.)	Fernando sólo dice ***disparates***.	Blödsinn
separar	Hay que ***separar*** lo verdadero de lo falso.	trennen
popular	muy conocido	sehr bekannt/populär
monumento (m.)	En esa plaza hay un ***monumento*** a Cervantes.	Denkmal
determinación (f.)	decisión	Entscheidung
con el fin de (que)	para	um zu/damit
cubrir	Esta ciudad no puede ***cubrir*** sus deudas.	decken
déficit (m.)	deuda	Fehlbetrag/Schuld
ayuntamiento (m.)	El ***ayuntamiento*** está frente a la iglesia.	Rathaus/Stadtrat
publicar	El periódico ***publica*** las noticias más importantes.	veröffentlichen
mencionado/a	que se ha nombrado antes	erwähnt
tratarse de	ser	sich handeln
logrado/a	bueno, bastante perfecto	gelungen
trucaje (m.)		Trick
oleada (f.)	movimiento	Welle
indignación (f.)	Su conducta produjo gran ***indignación.***	Empörung
redacción (f.)	La ***redacción*** del periódico está en la Plaza Mayor.	Redaktion
proceder (m.)	conducta, acción	Vorgehen
inocentada (f.)	Lo de la Cibeles fue una ***inocentada***.	Scherz
éxito (m.)	Luis tiene mucho ***éxito*** en su profesión.	Erfolg
afición (f.)	Su mayor ***afición*** es jugar al tenis.	Beschäftigung/Hobby
colgar	***Colgó*** su abrigo en el recibidor.	hängen
monigote (m.)	Me han colgado un ***monigote***	Männchen
papel (m.)	de ***papel***	Papier
espalda (f.)	en la ***espalda***.	Schulter
transeúnte (m.)	persona que va a pie	Fußgänger
advertir	darse cuenta	merken
regreso (m.)	substantivo de regresar	Rückkehr
hacer el ridículo	Estás ***haciendo el ridículo***.	sich lächerlich benehmen
sentido del humor	Ceferino no tiene ***sentido del humor***.	Sinn für Humor

23.2-3

para que	damit
a fin de que	damit
sin que	ohne dass
con tal que	vorausgesetzt, dass
siempre que	vorausgesetzt, dass
cualquier	irgendein

cualquiera		irgendein
auténtico/a	verdadero	echt
reaccionar	El enfermo no ***reacciona***.	reagieren
broma (f.)	inocentada	Scherz
tener en cuenta	Hay que ***tener*** bien ***en cuenta*** lo que se hace.	beachten
devolver	¿Ya me ***has devuelto*** el libro que te presté?	zurückgeben
presupuesto (m.)	Me han hecho un ***presupuesto*** para reparar el coche.	Kostenvoranschlag
robar	Le ***robaron*** todo el dinero que llevaba.	stehlen
empeñarse en	***Se empeña en*** tiene siempre razón.	darauf bestehen
bondad (f.)	Es una persona de gran ***bondad.***	Güte
carecer	***Carecen*** de lo necesario para vivir.	nicht haben
aplomo (m.)	Yo admiro su ***aplomo***.	Sicherheit

23.4

gamino (m.)	niño de la calle	Straßenkind
injusticia (f.)	algo que no es justo	Ungerechtigkeit
reinar	existir por todas las partes	herrschen
cinturón (m.)	Su amiga llevaba un ***cinturón*** azul.	Gürtel
miseria (f.)	falta de lo necesario para poder vivir	Elend
circundar	rodear	umringen
al margen	fuera de	am Rande
aprovechable	substantivo de aprovechar	brauchbar
basura (f.)	restos, cosas que ya no sirven	Müll
cepillo (m.)	Los zapatos se limpian con un ***cepillo***	Bürste
betún (m.)	y algo de ***betún***.	Schuhcreme
limpiabotas (m.)	persona que se dedica a limpiar calzado	Schuhputzer
venta (f.)	substantivo de vender	Kauf
cigarrillo (m.)	Se fuma diez ***cigarrillos*** por día.	Zigarette
contrabando (m.)	Vende cigarrillos de ***contrabando***.	Schmuggel
adolescente (m.f.)	Ya no eres un niño, eres un ***adolescente***.	Jugendlicher
asaltar	Ayer ***asaltaron*** un banco en esta calle.	überfallen
ser frecuente	ocurrir frecuentemente	häufig vorkommen
semáforo (m.)	El ***semáforo*** se pone verde.	Verkehrsampel
quitar	robar	stehlen
limpiaparabrisas (m.)	El ***limpiaparabrisas*** está averiado.	Scheibenwischer
llevar encima	llevar consigo	bei sich haben
sustraer	robar	nehmen
ventanilla (f.)	¿Puedes cerrar la ***ventanilla***?	Autofenster
en manada	en grupo	in Gruppen
lobo (m.)	En los bosques españoles quedan pocos ***lobos***.	Wolf
a la intemperie	Pasamos la noche ***a la intemperie***.	unter freiem Himmel
mutuamente	unos a otros	gegenseitig
formación (f.)	Ha tenido una buena ***formación***.	Bildung
condenar	Hay que ***condenar*** las injusticias.	verurteilen
engrosar	aumentar	vermehren
fila (f.)	En la entrada del cine hay una ***fila*** enorme.	Reihe/Schlange
batallón (m.)	grupo muy grande de personas	Bataillon/Menge
peón (m.)	obrero	Hilfsarbeiter
círculo diabólico	Nos encontramos en un ***círculo diabólico***.	Teufelskreis
causar	ser el origen de	verursachen
ajeno/a	de los otros	fremd
droga (f.)	El consumo de ***drogas*** ha aumentado.	Droge

Lección veinticuatro

24.1

consulta (f.)	El médico recibe en la ***consulta*** a los ***pacientes***.	Praxis
paciente (m.f.)		Patient
doler	Hoy me ***duele*** un poco la ***cabeza***.	schmerzen
cabeza (f.)		Kopf
especialmente	adverbio de especial	besonders
recetar	El médico le ***ha recetado*** unas ***pastillas***.	verschreiben
pastilla (f.)		Tablette
alarmar	Las ultimas noticias nos ***han alarmado***.	beunruhigen
mal (m.)	enfermedad	Krankheit
dolor (m.)	substantivo de doler	Schmerz
pecho (m.)	Tenía un fuerte dolor en el ***pecho***.	Brust
bebida (f.)	substantivo de beber	Getränk
alcohólico/a	adjetivo de alcohol	alkoholisch
dedo (m.)	El paciente tiene dolores en los ***dedos*** de los ***pies***.	Finger/Zeh
pie (m.)		Fuß
originar	causar	verursachen
efecto secundario	Las pastillas pueden tener ***efectos secundarios***.	Nebenwirkung
malestar (m.)	Tengo un ***malestar*** en el ***estómago***.	Unwohlgefühl
estómago (m.)		Magen
gragea (f.)	Tengo que tomar unas ***grageas***.	Dragee
medicamento (m.)	Los ***medicamentos*** pueden ***aliviar*** el dolor.	Medikament
aliviar		lindern
tableta (f.)	pastilla	Tablette
mareo (m.)	Me he tomado una pastilla contra el ***mareo***.	Schwindelgefühl
escalera (f.)	Mi padre se cansa mucho cuando sube las ***escaleras***.	Treppe
marearse	Cuando va en autobús ***se marea***.	schwindlig werden
estrella (f.)	Por las noches me gusta contemplar las ***estrellas***.	Stern
tensión (f.)	El médico me ha dicho que tengo la ***tensión*** baja.	Blutdruck
síntoma (m.)	Tengo ***síntomas*** de gripe.	Anzeichen
levantar	Los que estén de acuerdo que ***levanten*** la mano.	heben
ascensor (m.)	Para subir al cuarto piso cojo el ***ascensor***.	Fahrstuhl
taza (f.)	Por la mañana me tomo dos ***tazas*** de café.	Tasse
medicina (f.)	medicamento	Arzneimittel
francamente	Te voy a hablar ***francamente***.	offen
química (f.)	Hoy los productos tienen mucha ***química***.	Chemie
cuerpo (m.)	La cabeza es una parte del ***cuerpo***.	Körper
molestar	No quisiera ***molestar***le con mis problemas.	belästigen
té (m.)	¿Quieres que te caliente un ***té***?	Tee
baño (m.) **de sol**	Tiene que tomarse algunos ***baños de sol***.	Sonnenbad
lamentar	***Lamento*** tener que molestarle otra vez.	bedauern
facultad (f.)	Estudió en la ***facultad*** de medicina.	Fakultät
imprescindible	totalmente necesario	unerlässlich
interferencia (f.)		Nebenwirkungen

24.2-3

como si	Hace ***como si*** no me viera.	als ob
millonario (m.)	persona que tiene muchísimo dinero	Millionär
seco/a	Extremadura es una región muy ***seca***.	trocken
secretaria (f.)	Nuestra ***secretaria*** habla inglés correctamente.	Sekretärin
redondo/a	La tierra es ***redonda***.	rund
accesible	El director es una persona muy ***accesible***.	zugänglich
evidente	claro	einleuchtend/offensichtlich
conocimientos (m.p.)	Hoy en día es imprescindible tener ***conoci-***	Kenntnisse
informática (f.)	***mientos*** de ***informática***.	Informatik
manifestante (m.f.)	Los ***manifestantes*** se sentaron en la carretera.	Demonstrant
reducir	No es muy probable que ***reduzcan*** el horario	herabsetzen
jornada (f.)	de la ***jornada*** laboral.	Arbeitszeit

24.4

archipiélago (m.)	Las Islas Baleares son un ***archipiélago***.	Inselgruppe
histórico/a	adjetivo de historia	geschichtlich
decisivo/a	adjetivo de decidir	entscheidend
pensador (m.)	Unamuno fue un gran ***pensador***.	Denker
luchar	***Luchan*** para obtener la libertad.	kämpfen
independizar	liberar	befreien
campo (m.) **de batalla**	Su abuelo murió en el ***campo de batalla***.	Schlachtfeld
héroe (m.)	El Cid fue un ***héroe*** de Castilla.	Held
peligro (m.)	Fumar es un ***peligro*** para la salud.	Gefahr
expansión (f.)	Las naciones ***imperialistas*** tienen como fin	Ausdehnung
imperialista	la ***expansión*** de su poder.	imperialistisch
resto (m.)	Mañana te contaré el ***resto*** de la historia.	Rest
capitalista	El marxismo es contrario a la política	kapitalistisch
	capitalista.	
prolongarse	durar	dauern
empeorar	hacerse peor	schlechter werden
dramáticamente	La situación se ha empeorado ***dramáticamente***.	dramatisch
dictador (m.)	Francisco Franco fue un ***dictador***.	Diktator
miembro (m.)	Un ***miembro*** del Gobierno ha visitado la zona.	Mitglied
tabaco (m.)	Cuba exporta mucho ***tabaco***.	Tabak
cacao (m.)	Yo desayuno casi siempre leche con ***cacao***.	Kakao
incrementar	aumentar	vergrößern
cuenta (f.) **bancaria**	Para él lo más importante es su ***cuenta bancaria***.	Bankkonto
organizador (m.)	¿Quién es el ***organizador*** de la fiesta?	Organisator
guerrilla (f.)	El Che tomó parte en la ***guerrilla*** contra Batista.	Guerilla
acabar con	Hay que ***acabar con*** el hambre en el mundo.	ein Ende setzen
régimen (m.)	España tienen un ***régimen*** monárquico.	Regierungsform
expropiar	Fidel Castró ***expropió*** a los grandes	enteignen
	propietarios.	
potente	que tiene mucho poder	mächtig
establecerse	Esta compañía ***se ha establecido*** en España.	sich niederlassen
nacionalizar	El Gobierno ***había nacionalizado*** los bancos.	verstaatlichen
alfabetizar	enseñar a leer y a escribir	alphabetisieren
conceder	Le ***han concedido*** un premio.	verleihen/zubilligen
terrateniente (m.)	persona que posee muchas tierras	Großgrundbesitzer
fiebre (f.) **amarilla**	La ***fiebre amarilla*** y	Gelbfieber
malaria (f.)	la ***malaria*** son enfermedades muy peligrosas	Malaria
modelo (m.)	Paquita es un ***modelo*** de conducta.	Modell

Lección veinticinco

25.1

policía (m.)	Los ***policías*** buscan a los ladrones.	Polizist
violar	Fue condenado por ***violar*** a una menor.	vergewaltigen
magrebí (m.f.)	ciudadano del Magreb	aus dem Maghreb
detener	***Han sido detenidas*** dos personas.	festnehmen
colega (m.f.)	compañero de trabajo	Kollege
prisión (f.)	El ladrón ha sido condenado a dos años de ***prisión***.	Gefängnis
Audiencia (f.) **Provincial**	La ***Audiencia Provincial*** está cerca de aquí.	Landgericht
emigrante (m.f.)	En España hay muchos ***emigrantes*** de Marruecos.	Gastarbeiter/Einwanderer
agente (m.f.) **de policía**	policía	Polizeibeamter
cárcel (f.)	prisión	Gefängnis
según	***Según*** su opinión esto no es cierto.	nach
sentencia (f.)	La ***sentencia*** ha sido tres años de cárcel.	Gerichtsentscheidung
delito (m.)	Ha sido detenido por ***haber cometido***	Straftat
cometer	un ***delito.***	begehen
abuso (m.) **de autoridad**	Hay personas que cometen ***abusos de autoridad***.	Autoritätsmissbrauch
ya que	porque	weil
defender	Los campesinos ***defienden*** sus derechos.	verteidigen
obligar	Los agentes ***obligaron*** a la magrebí a tener	zwingen
relaciones (f.p.) **sexuales**	***relaciones sexuales*** con ellos.	sexuelle Beziehungen
amenaza (f.)	Tus ***amenazas*** no me dan miedo.	Drohung
formular	pronunciar	formulieren
tribunal (m.)	El ***tribunal*** condenó	Gericht
acusado/a	al ***acusado.***	beschuldigt
gravedad (f.)	substantivo de grave	Schwere
pena (f.)	castigo	Strafe
impuesto/a		verhängt
inhabilitado/a	El policía quedó ***inhabilitado***.	außer Amt
costos (m.p.)	substantivo de costar	Kosten
proceso (m.)	El ***proceso*** tuvo lugar en la Audiencia de Burgos.	Prozess
indemnizar	Las personas ***perjudicadas***	entschädigen
perjudicado/a	***serán indemnizadas***.	geschädigt
fuera de servicio	El policía estaba ***fuera de servicio***.	außer Dienst
abordar	comenzar a hablar con	ansprechen
identificarse	El acusado ***se identificó*** ante el tribunal.	sich ausweisen
documentación (f.)	Me he dejado la ***documentación*** en casa.	Ausweispapiere
pensión (f.)	Vivía en una ***pensión*** de la calle Valencia.	Pension
pasaporte (m.)	El agente controló su ***pasaporte***.	Reisepass
pretexto (m.)	Siempre tiene un ***pretexto*** para no acompañarnos.	Vorwand
en regla	en orden	in Ordnung
procesado (m.)	adjetivo y substantivo de procesar	Angeklagter
hostal (m.)	Pasamos la noche en un **hostal** cerca de París.	Gasthaus
desnudarse	quitarse la ropa	sich ausziehen
ante	delante de	vor
resistencia (f.)	La magrebí opuso ***resistencia***.	Widerstand

extraer	sacar	herausnehmen
hachís (m.)	El ***hachís*** es una droga que se fuma.	Haschisch
acceder	La madre ***accedía*** siempre	entsprechen
deseo (m.)	a los ***deseos*** de su hijo.	Wunsch
traficar	vender de contrabando	handeln (illegal)
atemorizado/a	con miedo	verängstigt
quedar ingresado/a	tener que quedarse	bleiben
hacer hincapié	acentuar	betonen
circunstancia (f.) **agravante**	El ser policías era una ***circunstancia agravante.***	erschwerender Umstand
violación (f.)	substantivo de violar	Vergewaltigung

25.2-3

acostumbrarse	***Me acostumbré*** muy bien a la comida francesa.	sich gewöhnen
experto (m.)	persona que sabe mucho en una materia	Fachmann
malhechor (m.)	persona que comete delitos	Übeltäter
edificio (m.)	substantivo de edificar	Gebäude
ratificar	El Gobierno ***ratificó*** la decisión del ministro.	bestätigen
multa (f.)	Tuvimos que pagar una ***multa*** de 2000 pesetas.	Geldstrafe
huracán (m.)	El ***huracán*** destruyó la mitad de la ciudad.	Orkan
puente (m.)	Quieren construir un nuevo ***puente***.	Brücke
avisar	Nos ***avisó*** que no podía venir.	benachrichtigen
toser	Ayer Marilú ***tosía*** mucho.	husten

Lección veintiséis

26.1

volar	ir en avión	fliegen
trenecito (m.)	tren pequeño	kleiner Zug
velocidad (f.)	Este coche alcanza grandes ***velocidades***.	Geschwindigkeit
asombroso/a	sorprendente	erstaunlich
comprobar	constatar	feststellen
ambiente (m.)	Ha crecido en un ***ambiente*** muy conservador.	Umgebung
bilingüe	que habla dos lenguas	zweisprachig
versión (f.)	El catalán y el castellano son dos ***versiones***	Version
latín (m.)	del ***latín***.	Latein
dominar	No ha nacido en Cataluña pero ***domina*** el catalán.	beherrschen
planeta (m.)	La tierra es un ***planeta***.	Planet
relámpago (m.)	Este chico es un ***relámpago*** trabajando.	Blitz
nacionalismo (m.)	ETA defiende un ***nacionalismo*** radical.	Nationalismus
lingüístico/a	que se refiere a la lengua	sprachlich
no ... en absoluto	de ninguna manera	gar nicht
placa (f.)	Las ***placas*** de	Schild
autopista (f.)	las ***autopistas*** son azules.	Autobahn
cruzamiento (m.)	substantivo de cruzar	Kreuzung
pronunciado/a	marcado	deutlich
comunicarse	hablar, conversar	sprechen/reden
presente	El presidente no estuvo ***presente***.	anwesend
excluir	Lo ***excluyeron*** del grupo por no ser puntual.	ausschließen

conversación (f.)	substantivo de conversar	Gespräch
puesto que	ya que	weil/da
hispanista (m.f.)	persona dedicada al estudio del español	Hispanist
descortesía (f.)	falta de atención	Unhöflichkeit
irritar	molestar enormemente	verärgern
castellanoparlante (m.f.)	persona que habla castellano	Spanischsprechender
taxista (m.f.)	persona que conduce un taxi	Taxifahrer
expresarse	Yo no soy capaz de ***expresarme*** en vasco.	sich ausdrücken
correctamente	Mi hermano habla ***correctamente*** francés.	hier: fließend
pesado/a	Su hermana es una persona muy ***pesada***.	lästig
reflexionar	Es necesario que ***reflexiones*** sobre lo que dices.	überlegen
observar	El profesor ***observa*** a los alumnos.	beobachten/wahrnehmen
recordar	Ya no ***recuerdo*** lo que me has dicho.	sich erinnern
imposición (f.)	Algunos consideran absurda la ***imposición***	Durchsetzung
enseñanza (f.)	de la ***enseñanza*** del catalán.	Unterricht
celta (m.)	El ***celta*** se habla en Irlanda.	Keltisch
tal	A ***tal*** persona no la conozco.	solche
todo lo contrario	No soy rico. ***Todo lo contrario*** no tengo nada.	im Gegenteil
reacción (f.)	substantivo de reaccionar	Reaktion
desconocimiento (m.)	↔ conocimiento	Unkenntnis
fomentar	Hay que ***fomentar*** el respeto a la naturaleza.	fördern
amor (m.)	Los hijos sienten ***amor*** hacia sus padres.	Liebe
herido/a	En el accidente hubo dos personas ***heridas***.	verletzt
salvar	Consiguieron **salvar** a todos los heridos.	retten
cuestión (f.)	problema	Frage
brutal	La reacción fue ***brutal***.	brutal
tomarse la molestia	¿Puede ***tomarse la molestia*** de llamarme?	sich die Mühe machen
docena (f.)	un grupo de doce	Dutzend
prolongado/a	bastante largo	lang
serie (f.)	Hemos tenido una ***serie*** de problemas.	Reihe
estructura (f.)	La ***estructura*** gramatical del castellano es simple.	Struktur
ocurrirse	pensar, darse cuenta	einfallen

26.2-3

punto (m.) **de vista**	Desde mi ***punto de vista***, tienes razón.	Gesichtspunkt
aminorar	disminuir	vermindern
favor (m.)	Le gusta mucho hacer ***favores***.	Gefälligkeit
arrepentido/a	que lamenta haber hecho algo	reuig
humillación (f.)	La ***humillación*** le hizo llorar.	Demütigung
marginación (f.)	Hay que luchar contra la ***marginación***.	Ausgrenzung
impuestos (m.p.)	Los ***impuestos*** aumentan cada vez más.	Steuern
desistir	No ***desistas*** de tus planes.	aufgeben
oposiciones (f.p.)	Su hermano se presenta a ***oposiciones***.	Auswahlprüfung
impasible	Recibió la noticia con aire ***impasible***.	ungerührt/empfindungslos
barbarie (f.)	crueldad	Barbarei
callar	No debemos ***callar*** ante la injusticia.	schweigen
odiar	tener odio	hassen
promover	impulsar	fördern
diglosia (f.)	↔ bilingüismo	Diglossie
instrucción (f.)	enseñanza	Unterricht

confusión (f.)	En su cabeza hay una gran ***confusión*** de ideas.	Verwirrung
capturar	detener	festhalten
bandido (m.)	malhechor	Räuber/Bandit
rugido (m.)	Desde aquel lugar se podían oír los **rugidos** de los **leones** claramente.	Brüllen
león (m.)		Löwe

Vocabulario alfabético

a

a		3,1
a casa		7,1
a causa de		20,4
a eso de		10,1
a fin de que		23,2-3
a la intemperie		23,4
a la larga		17,4
a lo largo de		16,4
a mediodía		5,2-3
a menudo		12,1
a orillas		15,4
a partir de		8,1
a pesar de		7,1
a pesar de que		18,1
a pie		4,2-3
¿A qué hora?		6,1
a veces		3,1
a ver		6,1
abandonar	**1**	5,4
aberración (f.)		22,1
abiertamente		18,1
abismo (m.)		18,1
abordar	**1**	25,1
abrigar*se*	**33**	22,2-3
abrigo (m.)		10,2-3
abril (m.)		10,1
abrir **abierto**	**3**	6,4
absentismo (m.)		17,4
aburrido/a		11,2-3
abuso (m.)		25,1
acabar	**1**	24,1
acabar de + inf.		9,1
academia (f.) de lenguas		3,1
acceder	**2**	25,1
accesible		24,2-3
accidente (m.)		13,2-3
aceite (m.)		3,4
acento (m.)		5,2-3
aceptar	**1**	15,1
acercar*se*	**8**	19,1
acoger	**10**	15,4
acompañar	**1**	12,4
acordar*se*	**24**	16,2-3
acostar*se*	**24**	12,2-3
acostumbrar*se*	**1**	25,2-3
actividad (f.)		8,1
activo/a		17,4
actualmente		10,4
acudir	**3**	21,4
acusación (f.)		10,4
acusado/a		25,1
adaptación (f.)		12,1
adaptar*se*	**1**	13,4
adelantado/a		12,1
además		7,1
adentrar*se*	**1**	16,4
adiós		1,2-3
adjuntar	**1**	12,4
admirado/a		19,4
admirar	**1**	19,1
adolescente (m.f.)		23,4
adoptar	**1**	21,4
adquirir	**4**	14,1
advertir	**44**	12,2-3
aeropuerto (m.)		22,1
afeitar*se*	**1**	10,2-3
afición (f.)		23,1
afirmar	**1**	16,4
afortunadamente		16,1
agencia (f.) de viajes		22,1
agente (m.f.) de policía		25,1
ágil		19,1
agosto (m.)		10,1
agotar*se*	**1**	14,1
agradable		4,1
agradar	**1**	16,1
agradecer	**13**	8,2-3
agrario/a		17,4
agravante		25,1
agresivo/a		20,2-3
agrícola		3,4
agricultura (f.)		5,4
agua (f.) el!		6,4
agua corriente		17,1
agua mineral		11,2-3
aguantar	**1**	8,1
ahí		4,1
ahora		8,1
aire (m.)		4,1
ajeno/a		23,4
al final		21,1
al lado de		6,4
al margen		23,4
al menos		4,1
al servicio de		21,4
alarmar*se*	**1**	24,1
alcanzar	**5**	21,2-3
alcohol (m.)		21,1
alcohólico/a		24,1
alcoholismo (m.)		14,4
alegrar*se*	**1**	10,2-3
alejar*se*	**1**	19,1
alemán/ana		1,1
alfabetización (f.)		4,4
alfabetizar	**5**	24,4
algo		8,2-3
alguien		8,2-3
alguno/a		11,1
alguna vez		8,2-3
aliados (m.p.)		18,1
alimentar	**1**	18,4
aliviar	**1**	24,1
almacenar	**1**	17,4
almorzar	**6**	13,1
alquilar	**1**	13,1
alquiler (m.)		7,1
alrededor de		15,4
alrededores (m.p.)		16,1
alto/a		11,2-3
altura (f.)		21,1
alzar*se*	**5**	15,4
allí		4,1
amable		18,2-3
amante (m.)		15,4
amar	**1**	14,4
ambiente (m.)		26,1
amenaza (f.)		25,1
amigo (m.)		5,1
aminorar	**1**	26,2-3
amistoso/a		14,4
amor (m.)		26,1
ampliar	**1**	13,4
analfabetismo (m.)		4,4
anciano (m.)		14,4
andaluz/a		12,1
andar	**7**	19,1
andén (m.)		6,1
anglo (m.)		14,4
animal (m.)		17,1
anoche		21,2-3
antagonismo (m.)		18,1
anteayer		16,2-3
ante		25,1
antes de		7,1
anticlerical		18,1
anticuado/a		17,4

constituir	**14**	14,4
construcción (f.)		12,1
construir	**14**	19,2-3
consulta (f.)		24,1
consumidor/a		8,1
contaminación (f.)		4,1
contaminado/a		11,2-3
contaminante		4,1
contar	**24**	5,2-3
contemplar	**1**	17,1
contento/a		10,4
contigo		14,2-3
continente (m.)		4,4
continuar	**15**	19,2-3
contra		14,2-3
contrabando (m.)		23,4
contrastar	**1**	19,4
conversación (f.)		26,1
conversar	**1**	3,1
convertir*se*	**44**	17,4
convivencia (f.)		14,4
copa / copita (f.)		13,1
copiar	**1**	20,2-3
correctamente		26,1
corregir	**23**	18,2-3
correos (m.p.)		14,2-3
correr	**2**	17,1
corriente (f.) cultural		16,4
cortado (m.)		11,2-3
cortar	**1**	20,1
corte (f.)		16,4
corto/a		18,4
cosa (f.)		14,1
costa (f.)		4,2-3
costar	**24**	5,2-3
costos (m.p.)		25,1
costumbre (f.)		15,4
cotidiano/a		22,1
crear	**1**	10,4
crecer	**13**	8,2-3
creciente		13,4
crecimiento (m.)		22,4
creer	**31**	5,1
crías (f.p.)		19,1
crisis (f.)		15,4
cristiandad (f.)		16,4
cristiano/a		21,4
crítico/a		23,1
croissant (m.)		22,1
cruel		18,1
crueldad (f.)		19,1
cruelmente		18,1
cruzamiento (m.)		26,1
cuadro (m.)		10,4
¿Cuál/Cuáles?		2,2-3
cualquier		15,1
cualquiera		23,2-3
cuando		14,1
¿Cuándo?		2,2-3
¿Cuántos/a?		2,2-3
cuarto (m.)		6,2-3
cubrir **cubierto**	**3**	23,1
cuenta (f.)		6,1
cuenta bancaria		24,4
cuerpo (m.)		24,1
cuestión (f.)		26,1
cuidar	**1**	6,4
culminar	**1**	21,4
cultivar	**1**	18,4
cultivo (m.)		17,4
culto/a		21,4
cultura (f.)		19,4
cultural		15,4
cumbre (f.)		19,1
cumpleaños (m.)		9,1
cumplir	**3**	12,1
curso (m.)		12,1

ch

chaqueta (f.)		13,1
charlar	**1**	8,1
chica (f.)		1,4
chico (m.)		1,4
chile (m.)		19,4
chileno/a		1,1

d

dar	**17**	5,1
dar la vuelta		9,1
dar las gracias		10,2-3
dar un paseo		5,1
dar una excusa		15,1
dar*se* cuenta de		13,1
de		1,1
de acuerdo		6,1
de cierta edad		6,1
¿De dónde?		1,1
de nada		6,1
de paso		13,1
de verdad		16,1
de vez en cuando		12,1
deber	**2**	11,1
deberes (m.p)		9,2-3
debido a		12,1
decenio (m.)		17,4
decidido/a		8,1
decidir	**3**	10,1
decir	**17**	6,2-3
decisión (f.)		17,4
decisivo/a		24,4
declaración (f.)		18,1
declarar	**1**	19,4
dedicar*se*	**8**	17,4
dedo (m.)		24,1
defender	**25**	25,1
déficit (m.)		23,1
definitivamente		13,4
dejar	**1**	6,1
delante de		8,1
delito (m.)		25,1
demasiado		4,1
democracia (f.)		18,1
deprimente		22,1
deprisa		12,2-3
derecha (f.)		18,1
derecho (m.)		3,1
desaparecer	**13**	19,1
desarrollado/a		16,1
desarrollo (m.)		19,4
desayunar	**1**	3,1
desayuno (m.)		3,1
descansar*se*	**1**	10,2-3
descanso (m.)		22,2-3
descenso (m.)		22,4
desconocimiento (m.)		26,1
descortesía (f.)		26,1
descubrir		
descubierto	**3**	6,1
descuento (m.)		9,1
desde		9,1
desde hace		7,1
desear	**1**	4,1
desempleo (m.)		4,4
desencadenamiento (m.)		18,1
desenvolver*se*	**52**	16,4
deseo (m.)		25,1
desequilibrio (m.)		5,4
desesperado/a		19,1
desfavorable		17,4
desfiladero (m.)		19,1
desgraciadamente		16,1
desigual		17,4
desistir	**3**	26,2-3
desmentir	**44**	15,2-3
desnudar*se*	**1**	25,1
desodorante (m.)		22,1
desordenado/a		14,4
despacio		11,2-3
despedir	**34**	18,2-3

e

escaso/a		7,1
escoger	**10**	8,1
esconder*se*	**2**	19,1
escribir		
escrito	**3**	3,2-3
escritor (m.)		9,1
escuchar	**1**	12,2-3
escuela (f.)		7,1
ese/esa		4,1
esforzar*se*	**6**	14,4
espalda (f.)		23,1
español (m.)		2,1
español/a		1,1
especial		13,4
especialmente		24,1
esperado/a		14,4
esperanza (f.)		9,4
esperar	**1**	6,1
espiritual		10,4
esposa (f.)		1,4
esposo (m.)		1,4
esposos (m.p.)		1,4
esquina (f.)		9,1
esta noche		5,1
esta tarde		5,2-3
establecer*se*	**13**	24,4
estación (f.)		6,1
Estado (m.)		3,4
estancia (f.)		20,1
estar	**26**	1,1
estar de acuerdo		8,1
estar equivocado/a		8,1
estar retirado/a		21,1
estar sentado/a		13,1
estar situado/a		10,4
este (m.)		2,1
este/esta		4,1
estilo (m.)		16,4
estimado/a		12,4
estómago (m.)		24,1
estrategia (f.) aérea		18,1
estrechamente		16,4
estrecho/a		16,1
estrella (f.)		24,1
estremecer*se*	**13**	19,1
estructura (f.)		26,1
estudiante (m.f.)		3,1
estudiar	**1**	2,1
estudios (m.p.)		8,1
estupendo/a		9,1
étnico/a		14,4
evidente		24,2-3
evitar	**1**	17,4

evolución (f.)		18,2-3
exactamente		6,1
exagerar	**1**	7,1
examen (m.)		10,1
examinar	**1**	23,1
excelentemente		19,4
excesivo/a		17,4
excluir	**14**	26,1
excrementos (m.p.)		19,4
excursión (f.)		4,1
excusa (f.)		22,1
exigir	**18**	12,2-3
exilio (m.)		18,1
existencia (f.)		17,4
existir	**3**	3,4
éxito (m.)		23,1
exogamia (f.)		14,4
expansión (f.)		24,4
experiencia (f.)		8,1
experimentar	**1**	17,4
experto (m.)		25,2-3
explicar	**8**	11,2-3
explotación (f.)		5,4
exportación (f.)		15,4
exportador/a		18,4
exportar	**1**	3,4
expresar*se*	**1**	26,1
expresión (f.)		18,1
expropiar	**1**	24,4
expulsar	**1**	5,4
extender*se*	**25**	16,4
extensión (f.)		13,4
extinguir	**19**	19,1
extraer	**48**	25,1
extranjero (m.)		8,1
extrañar	**1**	22,2-3
extremamente		8,1
extremeño (m.)		12,1

f

fábrica (f.)		7,1
fábrica de conservas		18,4
fabuloso/a		21,4
fácil		7,1
facultad (f.)		24,1
falta (f.)		16,4
fallar	**1**	19,1
familiares (m.p.)		16,1
famoso/a		11,2-3
fantástico/a		7,1
farmacia (f.)		20,1
fascinante		22,1
fastidiar	**1**	20,2-3
favor (m.)		26,2-3
febrero (m.)		10,1
fecha (f.)		22,4
feliz		1,2-3
fenómeno (m.)		5,4
feria (f.)		17,1
fértil		18,4
fiebre (f.) amarilla		24,4
fiesta (f.)		1,2-3
fijar*se*	**1**	21,2-3
fijo/a		5,4
fila (f.)		23,4
filete (m.)		11,2-3
filial (f.)		13,1
fin (m.)		10,2-3
fin de semana		1,2-3
finalmente		16,1
finca (f.)		13,4
finlandés/a		20,1
fino/a		19,1
flecha (f.)		19,1
flor (f.)		10,2-3
florecer	**13**	21,4
fomentar	**1**	26,1
fondo (m.)		21,1
forestal		20,4
formación (f.)		23,4
formar	**1**	3,4
formas (f.p.) de vida		16,1
formular	**1**	25,1
foto (f.)		10,2-3
fotografía (f.)		22,1
francamente		24,1
francés/esa		1,1
frecuentemente		16,4
freír	**46**	7,2-3
freno (m.)		4,1
Frente (m.) Popular		18,1
frente a		19,1
fresco/a		9,4
frijol (m.)		19,4
frío/a		10,4
fruta (f.)		11,1
fuego (m.)		9,4
fuente (f.)		9,4
fuera de		7,1
fuera de servicio		25,1
fuerte		9,4
fuerza (f.)		19,1
fumar	**1**	22,2-3
funcionar	**1**	4,1
fundamento (f.)		19,4

n

o

p

plazo (m.)		21,1
población (f.)		5,4
poblado (m.)		20,4
pobre		13,4
poco		5,1
poco/a		5,1
poder	**36**	5,1
poema (m.)		9,4
poeta (m.)		16,4
policía (m.)		25,1
política (f.)		18,1
político/a		15,4
polvareda (f.)		19,1
polvo (m.)		19,1
pollo (m.)		11,2-3
poner	**37**	6,2-3
poner los cuernos		14,4
poner*se* a		12,4
popular		23,1
por		4,4
por cierto		15,1
por eso		3,1
por favor		6,1
por la mañana		3,1
por la noche		3,1
por la tarde		3,1
¿Por qué?		2,2-3
porcentaje (m.)		17,4
poroto (m.)		18,4
porque		2,2-3
porrón (m.)		17,1
porteño/a		15,4
poseer	**2**	5,4
posesión (f.)		17,4
posible		5,4
posiblemente		13,1
posición (f.)		5,4
postal (f.)		12,4
posteriormente		17,4
potente		24,4
pozo (m.)		21,1
prácticamente		18,4
pradera (f.)		4,1
prado (m.)		16,4
preámbulo (m.)		18,1
precaución (f.)		23,1
precio (m.)		11,1
precisamente		13,1
precisar		14,4
preciso/a		20,1
precocinado/a		13,1
predominantemente		15,4
preferir	**44**	9,1
preguntar	**1**	16,1
prejuicio (m.)		14,4
preocupación (f.)		19,1
preparación (f.)		18,1
preparar	**1**	3,1
presencia (f.)		22,4
presentar	**1**	18,1
presente		26,1
presentir	**44**	15,2-3
prestar	**1**	9,1
presupuesto (m.)		23,2-3
pretender	**2**	10,4
pretexto (m.)		25,1
prever	**51**	14,4
primer/o/a		4,4
primitivo/a		22,1
primordial		20,4
principal		3,4
principalmente		17,4
prisión (f.)		25,1
privado/a		19,4
probable		20,2-3
probar	**24**	16,1
problema (m.)		4,4
proceder	**2**	22,4
proceder (m.)		23,1
procesado		25,1
proceso (m.)		25,1
producción (f.)		19,4
producir	**12**	17,4
productividad (f.)		17,4
productivo/a		17,4
producto (m.)		3,4
productos cosméticos		3,1
profesión (f.)		12,1
profesor (m.)		3,1
profesora (f.)		3,1
programa (m.)		3,1
programa infantil		17,2-3
progresivamente		15,4
prohibir	**3**	12,2-3
prolongado/a		26,1
prolongar*se*	**33**	24,4
promesa (f.)		9,4
promover	**20**	26,2-3
promulgar	**33**	19,4
pronto		5,1
pronunciado/a		26,1
pronunciar	**1**	20,2-3
propiedad (f.)		13,4
propietario (m.)		17,4
proponer	**37**	21,1
proporcionar	**1**	17,4
propuesta (f.)		21,1
protector/a		19,1
proteger	**10**	13,2-3
protestar	**1**	18,4
provincia (f.)		7,1
próximo/a		4,1
proyecto (m.)		21,4
prudentemente		23,1
publicar	**8**	23,1
pueblo (m.)		4,1
puente (m.)		25,2-3
puerta (f.)		8,1
puerto (m.)		2,1
pues		4,1
puesto (m.) de trabajo		12,1
puesto que		26,1
pulmón (m.)		21,1
punto (m.) de vista		26,2-3
puntualmente		22,2-3
puro/a		4,1

q

¿Qué?		1,1
¿Qué tal?		1,2-3
que		8,2-3
Que te vaya bien.		1,2-3
quedar	**1**	16,1
quedar ingresado/a		25,1
quedar*se*		8,1
quejumbroso/a		19,1
quemar*se*	**1**	20,1
querer	**38**	2,2-3
¿Quién?		1,1
química (f.)		24,1
quitar	**1**	23,4
quitar*se*	**1**	10,2-3
quizás		22,1

r

racional		17,4
radical		10,4
radio (f.)		13,1
radio (m.) de acción		13,4
rancho (m.)		19,1
rápidamente		5,4
rápido/a		8,2-3
ratificar	**8**	25,2-3
rato (m.)		8,1
razón (f.)		8,1
reacción (f.)		26,1
reaccionar	**1**	23,2-3
real		17,4
realidad (f.)		23,1

s

Formas verbales

1 hablar

Indicativo

Presente	*Pret. perfecto*	
hablo	he	hablado
hablas	has	hablado
habla	ha	hablado
hablamos	hemos	hablado
habláis	habéis	hablado
hablan	han	hablado

Pret. imperfecto	*Pret. pluscuamperfecto*	
hablaba	había	hablado
hablabas	habías	hablado
hablaba	había	hablado
hablábamos	habíamos	hablado
hablabais	habíais	hablado
hablaban	habían	hablado

Pret. indefinido	*Pret. anterior**	
hablé	hube	hablado
hablaste	hubiste	hablado
habló	hubo	hablado
hablamos	hubimos	hablado
hablasteis	hubisteis	hablado
hablaron	hubieron	hablado

Futuro	*Futuro perf.*	
hablaré	habré	hablado
hablarás	habrás	hablado
hablará	habrá	hablado
hablaremos	habremos	hablado
hablaréis	habréis	hablado
hablarán	habrán	hablado

Condicional

Condicional simple	*Condicional compuesto*	
hablaría	habría	hablado
hablarías	habrías	hablado
hablaría	habría	hablado
hablaríamos	habríamos	hablado
hablaríais	habríais	hablado
hablarían	habrían	hablado

Subjuntivo

Presente	*Pret. perfecto*	
hable	haya	hablado
hables	hayas	hablado
hable	haya	hablado
hablemos	hayamos	hablado
habléis	hayáis	hablado
hablen	hayan	hablado

Pret. imperfecto	*Pret. pluscuamperfecto*	
hablara	hubiera	hablado
hablaras	hubieras	hablado
hablara	hubiera	hablado
habláramos	hubiéramos	hablado
hablarais	hubierais	hablado
hablaran	hubieran	hablado

o	*o*	
hablase	hubiese	hablado
hablases	hubieses	hablado
hablase	hubiese	hablado
hablásemos	hubiésemos	hablado
hablaseis	hubieseis	hablado
hablasen	hubiesen	hablado

Imperativo

habla [tú]
hable [usted]
hablemos [nosotros]
hablad
hablen [ustedes]

Formas no personales

Infinitivo: hablar
Gerundio: hablando
Participio: hablado

---

* Das Pretérito anterior wird heute in der gesprochenen Sprache nicht mehr und in der geschriebenen sehr selten verwendet.

2 comer

Indicativo

Presente	*Pret. perfecto*	
como	he	comido
comes	has	comido
come	ha	comido
comemos	hemos	comido
coméis	habéis	comido
comen	han	comido

Pret. imperfecto	*Pret. pluscuamperfecto*	
comía	había	comido
comías	habías	comido
comía	había	comido
comíamos	habíamos	comido
comíais	habíais	comido
comían	habían	comido

Pret. indefinido	*Pert. anterior*	
comí	hube	comido
comiste	hubiste	comido
comió	hubo	comido
comimos	hubimos	comido
comisteis	hubisteis	comido
comieron	hubieron	comido

Futuro	*Futuro perf.*	
comeré	habré	comido
comerás	habrás	comido
comerá	habrá	comido
comeremos	habremos	comido
comeréis	habréis	comido
comerán	habrán	comido

Condicional

Condicional simple	*Condicional compuesto*	
comería	habría	comido
comerías	habrías	comido
comería	habría	comido
comeríamos	habríamos	comido
comeríais	habríais	comido
comerían	habrían	comido

Subjuntivo

Presente	*Pret. perfecto*	
coma	haya	comido
comas	hayas	comido
coma	haya	comido
comamos	hayamos	comido
comáis	hayáis	comido
coman	hayan	comido

Pret. imperfecto	*Pret. pluscuamperfecto*	
comiera	hubiera	comido
comieras	hubieras	comido
comiera	hubiera	comido
comiéramos	hubiéramos	comido
comierais	hubierais	comido
comieran	hubieran	comido

o	*o*	
comiese	hubiese	comido
comieses	hubieses	comido
comiese	hubiese	comido
comiésemos	hubiésemos	comido
comieseis	hubieseis	comido
comiesen	hubiesen	comido

Imperativo

come [tú]
coma [usted]
comamos [nosotros]
comed [vosotros]
coman [ustedes]

Formas no personales

Infinitivo: comer
Gerundio: comiendo
Participio: comido

3 vivir

Indicativo

Presente	*Pret. perfecto*	
vivo	he	vivido
vives	has	vivido
vive	ha	vivido
vivimos	hemos	vivido
vivís	habéis	vivido
viven	han	vivido

Pret. imperfecto	*Pret. pluscuamperfecto*	
vivía	había	vivido
vivías	habías	vivido
vivía	había	vivido
vivíamos	habíamos	vivido
vivíais	habíais	vivido
vivían	habían	vivido

Pret. indefinido	*Pert. anterior*	
viví	hube	vivido
viviste	hubiste	vivido
vivió	hubo	vivido
vivimos	hubimos	vivido
vivisteis	hubisteis	vivido
vivieron	hubieron	vivido

Futuro	*Futuro perf.*	
viviré	habré	vivido
vivirás	habrás	vivido
vivirá	habrá	vivido
viviremos	habremos	vivido
viviréis	habréis	vivido
vivirán	habrán	vivido

Condicional

Condicional simple	*Condicional compuesto*	
viviría	habría	vivido
vivirías	habrías	vivido
viviría	habría	vivido
viviríamos	habríamos	vivido
viviríais	habríais	vivido
vivirían	habrían	vivido

Subjuntivo

Presente	*Pret. perfecto*	
viva	haya	vivido
vivas	hayas	vivido
viva	haya	vivido
vivamos	hayamos	vivido
viváis	hayáis	vivido
vivan	hayan	vivido

Pret. imperfecto	*Pret. pluscuamperfecto*	
viviera	hubiera	vivido
vivieras	hubieras	vivido
viviera	hubiera	vivido
viviéramos	hubiéramos	vivido
vivierais	hubierais	vivido
vivieran	hubieran	vivido
o	*o*	
viviese	hubiese	vivido
vivieses	hubieses	vivido
viviese	hubiese	vivido
viviésemos	hubiésemos	vivido
vivieseis	hubieseis	vivido
viviesen	hubiesen	vivido

Imperativo

vive [tú]
viva [usted]
vivamos [nosotros]
vivid [vosotros]
vivan [ustedes]

Formas no personales

Infinitivo: vivir
Gerundio: viviendo
Participio: vivido

4 adquirir

Indicativo

Presente
adquiero
adquieres
adquiere
adquirimos
adquirís
adquieren

Pret. imperfecto
adquiría
adquirías
adquiría
adquiríamos
adquiríais
adquirían

Pret. indefinido
adquirí
adquiriste
adquirió
adquirimos
adquiristeis
adquirieron

Futuro
adquiriré
adquirirás
adquirirá
adquiriremos
adquiriréis
adquirirán

Subjuntivo

Presente
adquiera
adquieras
adquiera
adquiramos
adquiráis
adquieran

Pret. imperfecto
adquiriera
adquirieras
adquiriera
adquiriéramos
adquirierais
adquirieran

o
adquiriese
adquirieses
adquiriese
adquiriésemos
adquirieseis
adquiriesen

Imperativo
adquiere [tú]
adquiera [usted]
adquiramos [nosotros]
adquirid [vosotros]
adquieran [ustedes]

Condicional
adquiriría
adquirirías
adquiriría
adquiriríamos
adquiriríais
adquirirían

Formas no personales
Infinitivo: adquirir
Gerundio: adquiriendo
Participio: adquirido

5 alcanzar

Indicativo

Presente
alcanzo
alcanzas
alcanza
alcanzamos
alcanzáis
alcanzan

Pret. imperfecto
alcanzaba
alcanzabas
alcanzaba
alcanzábamos
alcanzabais
alcanzaban

Pret. indefinido
alcancé
alcanzaste
alcanzó
alcanzamos
alcanzasteis
alcanzaron

Futuro
alcanzaré
alcanzarás
alcanzará
alcanzaremos
alcanzaréis
alcanzarán

Subjuntivo

Presente
alcance
alcances
alcance
alcancemos
alcancéis
alcancen

Pret. imperfecto
alcanzara
alcanzaras
alcanzara
alcanzáramos
alcanzarais
alcanzaran

o
alcanzase
alcanzases
alcanzase
alcanzásemos
alcanzaseis
alcanzasen

Imperativo
alcanza [tú]
alcance [usted]
alcancemos [nosotros]
alcanzad [vosotros]
alcancen [ellos]

Condicional
alcanzaría
alcanzarías
alcanzaría
alcanzaríamos
alcanzaríais
alcanzarían

Formas no personales
Infinitivo: alcanzar
Gerundio: alcanzando
Participio: alcanzado

6 almorzar

Indicativo

Presente
almuerzo
almuerzas
almuerza
almorzamos
almorzáis
almuerzan

Pret. imperfecto
almorzaba
almorzabas
almorzaba
almorzábamos
almorzabais
almorzaban

Pret. indefinido
almorcé
almorzaste
almorzó
almorzamos
almorzasteis
almorzaron

Futuro
almorzaré
almorzarás
almorzará
almorzaremos
almorzaréis
almorzarán

Condicional
almorzaría
almorzarías
almorzaría
almorzaríamos
almorzaríais
almorzarían

Subjuntivo

Presente
almuerce
almuerces
almuerce
almorcemos
almorcéis
almuercen

Pret. imperfecto
almorzara
almorzaras
almorzara
almorzáramos
almorzarais
almorzaran

o
almorzase
almorzases
almorzase
almorzásemos
almorzaseis
almorzasen

Imperativo
almuerza [tú]
almuerce [usted]
almorcemos [nosotros]
almorzad [vosotros]
almuercen [ustedes]

Formas no personales
Infinitivo: almorzar
Gerundio: almorzando
Participio: almorzado

7 andar

Indicativo

Presente
ando
andas
anda
andamos
andáis
andan

Pret. imperfecto
andaba
andabas
andaba
andábamos
andabais
andaban

Pret. indefinido
anduve
anduviste
anduvo
anduvimos
anduvisteis
anduvieron

Futuro
andaré
andarás
andará
andaremos
andaréis
andarán

Condicional
andaría
andarías
andaría
andaríamos
andaríais
andarían

Subjuntivo

Presente
ande
andes
ande
andemos
andéis
anden

Pret. imperfecto
anduviera
anduvieras
anduviera
anduviéramos
anduvierais
anduvieran

o
anduviese
anduvieses
anduviese
anduviésemos
anduvieseis
anduviesen

Imperativo
anda [tú]
ande [usted]
andemos [nosotros]
andad [vosotros]
anden [ustedes]

Formas no personales
Infinitivo: andar
Gerundio: andando
Participio: andado

8 buscar

Indicativo

Presente
busco
buscas
busca
buscamos
buscáis
buscan

Pret. imperfecto
buscaba
buscabas
buscaba
buscábamos
buscabais
buscaban

Pret. indefinido
busqué
buscaste
buscó
buscamos
buscasteis
buscaron

Futuro
buscaré
buscarás
buscará
buscaremos
buscaréis
buscarán

Condicional
buscaría
buscarías
buscaría
buscaríamos
buscaríais
buscarían

Subjuntivo

Presente
busque
busques
busque
busquemos
busquéis
busquen

Pret. imperfecto
buscara
buscaras
buscara
buscáramos
buscarais
buscaran

o
buscase
buscases
buscase
buscásemos
buscaseis
buscasen

Imperativo
busca [tú]
busque [usted]
busquemos [nosotros]
buscad [vosotros]
busquen [ustedes]

Formas no personales
Infinitivo: buscar
Gerundio: buscando
Participio: buscado

9 caber

Indicativo

Presente
quepo
cabes
cabe
cabemos
cabéis
caben

Pret. imperfecto
cabía
cabías
cabía
cabíamos
cabíais
cabían

Pret. indefinido
cupe
cupiste
cupo
cupimos
cupisteis
cupieron

Futuro
cabré
cabrás
cabrá
cabremos
cabréis
cabrán

Condicional
cabría
cabrías
cabría
cabríamos
cabríais
cabrían

Subjuntivo

Presente
quepa
quepas
quepa
quepamos
quepáis
quepan

Pret. imperfecto
cupiera
cupieras
cupiera
cupiéramos
cupierais
cupieran

o
cupiese
cupieses
cupiese
cupiésemos
cupieseis
cupiesen

Imperativo
cabe [tú]
quepa [usted]
quepamos [nosotros]
cabed [vosotros]
quepan [ustedes]

Formas no personales
Infinitivo: caber
Gerundio: cabiendo
Participio: cabido

10 coger

Indicativo

Presente
cojo
coges
coge
cogemos
cogéis
cogen

Pret. imperfecto
cogía
cogías
cogía
cogíamos
cogíais
cogían

Pret. indefinido
cogí
cogiste
cogió
cogimos
cogisteis
cogieron

Futuro
cogeré
cogerás
cogerá
cogeremos
cogeréis
cogerán

Condicional
cogería
cogerías
cogería
cogeríamos
cogeríais
cogerían

Subjuntivo

Presente
coja
cojas
coja
cojamos
cojáis
cojan

Pret. imperfecto
cogiera
cogieras
cogiera
cogiéramos
cogierais
cogieran

o
cogiese
cogieses
cogiese
cogiésemos
cogieseis
cogiesen

Imperativo
coge [tú]
coja [usted]
cojamos [nosotros]
coged [vosotros]
cojan [ustedes]

Formas no personales
Infinitivo: coger
Gerundio: cogiendo
Participio: cogido

11 comenzar

Indicativo

Presente
comienzo
comienzas
comienza
comenzamos
comenzáis
comienzan

Pret. imperfecto
comenzaba
comenzabas
comenzaba
comenzábamos
comenzabais
comenzaban

Pret. indefinido
comencé
comenzaste
comenzó
comenzamos
comenzasteis
comenzaron

Futuro
comenzaré
comenzarás
comenzará
comenzaremos
comenzaréis
comenzarán

Condicional
comenzaría
comenzarías
comenzaría
comenzaríamos
comenzaríais
comenzarían

Subjuntivo

Presente
comience
comiences
comience
comencemos
comencéis
comiencen

Pret. imperfecto
comenzara
comenzaras
comenzara
comenzáramos
comenzarais
comenzaran

o
comenzase
comenzases
comenzase
comenzásemos
comenzaseis
comenzasen

Imperativo
comienza [tú]
comience [usted]
comencemos [nosotros]
comenzad [vosotros]
comiencen [ustedes]

Formas no personales
Infinitivo: comenzar
Gerundio: comenzando
Participio: comenzado

12 conducir

Indicativo

Presente
conduzco
conduces
conduce
conducimos
conducís
conducen

Pret. imperfecto
conducía
conducías
conducía
conducíamos
conducíais
conducían

Pret. indefinido
conduje
condujiste
condujo
condujimos
condujisteis
condujeron

Futuro
conduciré
conducirás
conducirá
conduciremos
conduciréis
conducirán

Condicional
conduciría
conducirías
conduciría
conduciríamos
conduciríais
conducirían

Subjuntivo

Presente
conduzca
conduzcas
conduzca
conduzcamos
conduzcáis
conduzcan

Pret. imperfecto
condujera
condujeras
condujera
condujéramos
condujerais
condujeran

o
condujese
condujeses
condujese
condujésemos
condujeseis
condujesen

Imperativo
conduce [tú]
conduzca [usted]
conduzcamos [nosotros]
conducid [vosotros]
conduzcan [ustedes]

Formas no personales
Infinitivo: conducir
***Gerundio*:** conduciendo
***Participio*:** conducido

13 conocer

Indicativo

Presente
conozco
conoces
conoce
conocemos
conocéis
conocen

Pret. imperfecto
conocía
conocías
conocía
conocíamos
conocíais
conocían

Pret. indefinido
conocí
conociste
conoció
conocimos
conocisteis
conocieron

Futuro
conoceré
conocerás
conocerá
conoceremos
conoceréis
conocerán

Condicional
conocería
conocerías
conocería
conoceríamos
conoceríais
conocerían

Subjuntivo

Presente
conozca
conozcas
conozca
conozcamos
conozcáis
conozcan

Pret. imperfecto
conociera
conocieras
conociera
conociéramos
conocierais
conocieran

o
conociese
conocieses
conociese
conociésemos
conocieseis
conociesen

Imperativo
conoce [tú]
conozca [usted]
conozcamos [nosotros]
conoced [vosotros]
conozcan [ustedes]

Formas no personales
***Infinitivo*:** conocer
***Gerundio*:** conociendo
***Participio*:** conocido

14 construir

Indicativo

Presente
construyo
construyes
construye
construimos
construís
construyen

Pret. imperfecto
construía
construías
construía
construíamos
construíais
construían

Pret. indefinido
construí
construiste
construyó
construimos
construisteis
construyeron

Futuro
construiré
construirás
construirá
construiremos
construiréis
construirán

Condicional
construiría
construirías
construiría
construiríamos
construiríais
construirían

Subjuntivo

Presente
construya
construyas
construya
construyamos
construyáis
construyan

Pret. imperfecto
construyera
construyeras
construyera
construyéramos
construyerais
construyeran

o
construyese
construyeses
construyese
construyésemos
construyeseis
construyesen

Imperativo
construye [tú]
construya [usted]
construyamos [nosotros]
construid [vosotros]
construyan [ustedes]

Formas no personales
Infinitivo: construir
Gerundio: *construyendo*
Participio: construido

15 continuar

Indicativo

Presente
continúo
continúas
continúa
continuamos
continuáis
continúan

Pret. imperfecto
continuaba
continuabas
continuaba
continuábamos
continuabais
continuaban

Pret. indefinido
continué
continuaste
continuó
continuamos
continuasteis
continuaron

Futuro
continuaré
continuarás
continuará
continuaremos
continuaréis
continuarán

Condicional
continuaría
continuarías
continuaría
continuaríamos
continuaríais
continuarían

Subjuntivo

Presente
continúe
continúes
continúe
continuemos
continuéis
continúen

Pret. imperfecto
continuara
continuaras
continuara
continuáramos
continuarais
continuaran

o
continuase
continuases
continuase
continuásemos
continuaseis
continuasen

Imperativo
continúa [tú]
continúe [usted]
continuemos [nosotros]
continuad [vosotros]
continúen [ustedes]

Formas no personales
Infinitivo: continuar
Gerundio: continuando
Participio: continuado

16 dar

Indicativo

Presente
doy
das
da
damos
dais
dan

Pret. imperfecto
daba
dabas
daba
dábamos
dabais
daban

Pret. indefinido
di
diste
dio
dimos
disteis
dieron

Futuro
daré
darás
dará
daremos
daréis
darán

Condicional
daría
darías
daría
daríamos
daríais
darían

Subjuntivo

Presente
dé
des
dé
demos
deis
den

Pret. imperfecto
diera
dieras
diera
diéramos
dierais
dieran

o
diese
dieses
diese
diésemos
dieseis
diesen

Imperativo
da [tú]
dé [usted]
demos [nosotros]
dad [vosotros]
den [ustedes]

Formas no personales
Infinitivo: dar
Gerundio: dando
Participio: dado

17 decir

Indicativo

Presente
digo
dices
dice
decimos
decís
dicen

Pret. imperfecto
decía
decías
decía
decíamos
decíais
decían

Pret. indefinido
dije
dijiste
dijo
dijimos
dijisteis
dijeron

Futuro
diré
dirás
dirá
diremos
diréis
dirán

Condicional
diría
dirías
diría
diríamos
diríais
dirían

Subjuntivo

Presente
diga
digas
diga
digamos
digáis
digan

Pret. imperfecto
dijera
dijeras
dijera
dijéramos
dijerais
dijeran

o
dijese
dijeses
dijese
dijésemos
dijeseis
dijesen

Imperativo
di [tú]
diga [usted]
digamos [nosotros]
decid [vosotros]
digan [ustedes]

Formas no personales
Infinitivo: decir
Gerundio: *diciendo*
Participio: *dicho*

18 dirigir

Indicativo

Presente
dirijo
diriges
dirige
dirigimos
dirigís
dirigen

Pret. imperfecto
dirigía
dirigías
dirigía
dirigíamos
dirigíais
dirigían

Pret. indefinido
dirigí
dirigiste
dirigió
dirigimos
dirigisteis
dirigieron

Futuro
dirigiré
dirigirás
dirigirá
dirigiremos
dirigiréis
dirigirán

Condicional
dirigiría
dirigirías
dirigiría
dirigiríamos
dirigiríais
dirigirían

Subjuntivo

Presente
dirija
dirijas
dirija
dirijamos
dirijáis
dirijan

Pret. imperfecto
dirigiera
dirigieras
dirigiera
dirigiéramos
dirigierais
dirigieran

o
dirigiese
dirigieses
dirigiese
dirigiésemos
dirigieseis
dirigiesen

Imperativo
dirige [tú]
dirija [usted]
dirijamos [nosotros]
dirigid [vosotros]
dirijan [ustedes]

Formas no personales
Infinitivo: dirigir
Gerundio: dirigiendo
Participio: dirigido

19 distinguir

Indicativo

Presente
distingo
distingues
distingue
distinguimos
distinguís
distinguen

Pret. imperfecto
distinguía
distinguías
distinguía
distinguíamos
distinguíais
distinguían

Pret. indefinido
distinguí
distinguiste
distinguió
distinguimos
distinguisteis
distinguieron

Futuro
distinguiré
distinguirás
distinguirá
distinguiremos
distinguiréis
distinguirán

Condicional
distinguiría
distinguirías
distinguiría
distinguiríamos
distinguiríais
distinguirían

Subjuntivo

Presente
distinga
distingas
distinga
distingamos
distingáis
distingan

Pret. imperfecto
distinguiera
distinguieras
distinguiera
distinguiéramos
distinguierais
distinguieran

o
distinguiese
distinguieses
distinguiese
distinguiésemos
distinguieseis
distinguiesen

Imperativo
distingue [tú]
distinga [usted]
distingamos [nosotros]
distinguid [vosotros]
distingan [ustedes]

Formas no personales
Infinitivo: distinguir
Gerundio: distinguiendo
Participio: distinguido

20 doler

Indicativo

Presente
duelo
dueles
duele
dolemos
doléis
duelen

Pret. imperfecto
dolía
dolías
dolía
dolíamos
dolíais
dolían

Pret. indefinido
dolí
doliste
dolió
dolimos
dolisteis
dolieron

Futuro
doleré
dolerás
dolerá
doleremos
doleréis
dolerán

Condicional
dolería
dolerías
dolería
doleríamos
doleríais
dolerían

Subjuntivo

Presente
duela
duelas
duela
dolamos
doláis
duelan

Pret. imperfecto
doliera
dolieras
doliera
doliéramos
dolierais
dolieran

o
doliese
dolieses
doliese
doliésemos
dolieseis
doliesen

Imperativo
duele [tú]
duela [usted]
dolamos [nosotros]
doled [vosotros]
duelan [ustedes]

Formas no personales
Infinitivo: doler
Gerundio: doliendo
Participio: dolido

21 dormir

Indicativo

Presente
duermo
duermes
duerme
dormimos
dormís
duermen

Pret. imperfecto
dormía
dormías
dormía
dormíamos
dormíais
dormían

Pret. indefinido
dormí
dormiste
durmió
dormimos
dormisteis
durmieron

Futuro
dormiré
dormirás
dormirá
dormiremos
dormiréis
dormirán

Condicional
dormiría
dormirías
dormiría
dormiríamos
dormiríais
dormirían

Subjuntivo

Presente
duerma
duermas
duerma
durmamos
durmáis
duerman

Pret. imperfecto
durmiera
durmieras
durmiera
durmiéramos
durmierais
durmieran

o
durmiese
durmieses
durmiese
durmiésemos
durmieseis
durmiesen

Imperativo
duerme [tú]
duerma [usted]
durmamos [nosotros]
dormid [vosotros]
duerman [ustedes]

Formas no personales
Infinitivo: dormir
Gerundio: *durmiendo*
Participio: dormido

22 ejercer

Indicativo

Presente
ejerzo
ejerces
ejerce
ejercemos
ejercéis
ejercen

Pret. imperfecto
ejercía
ejercías
ejercía
ejercíamos
ejercíais
ejercían

Pret. indefinido
ejercí
ejerciste
ejerció
ejercimos
ejercisteis
ejercieron

Futuro
ejerceré
ejercerás
ejercerá
ejerceremos
ejerceréis
ejercerán

Condicional
ejercería
ejercerías
ejercería
ejerceríamos
ejerceríais
ejercerían

Subjuntivo

Presente
ejerza
ejerzas
ejerza
ejerzamos
ejerzáis
ejerzan

Pret. imperfecto
ejerciera
ejercieras
ejerciera
ejerciéramos
ejercierais
ejercieran

o
ejerciese
ejercieses
ejerciese
ejerciésemos
ejercieseis
ejerciesen

Imperativo
ejerce [tú]
ejerza [usted]
ejerzamos [nosotros]
ejerced [vosotros]
ejerzan [ustedes]

Formas no personales
Infinitivo: ejercer
Gerundio: ejerciendo
Participio: ejercido

23 elegir

Indicativo

Presente
elijo
eliges
elige
elegimos
elegís
eligen

Pret. imperfecto
elegía
elegías
elegía
elegíamos
elegíais
elegían

Pret. indefinido
elegí
elegiste
eligió
elegimos
elegisteis
eligieron

Futuro
elegiré
elegirás
elegirá
elegiremos
elegiréis
elegirán

Condicional
elegiría
elegirías
elegiría
elegiríamos
elegiríais
elegirían

Subjuntivo

Presente
elija
elijas
elija
elijamos
elijáis
elijan

Pret. imperfecto
eligiera
eligieras
eligiera
eligiéramos
eligierais
eligieran

o
eligiese
eligieses
eligiese
eligiésemos
eligieseis
eligiesen

Imperativo
elige [tú]
elija [usted]
elijamos [nosotros]
elegid [vosotros]
elijan [ustedes]

Formas no personales
Infinitivo: elegir
Gerundio: *eligiendo*
Participio: elegido

24 encontrar

Indicativo	Subjuntivo
Presente	***Presente***
encuentro	*encuentre*
encuentras	*encuentres*
encuentra	*encuentre*
encontramos	encontremos
encontráis	encontréis
encuentran	*encuentren*
Pret. imperfecto	***Pret. imperfecto***
encontraba	encontrara
encontrabas	encontraras
encontraba	encontrara
encontrábamos	encontráramos
encontrabais	encontrarais
encontraban	encontraran
Pret. indefinido	***o***
encontré	encontrase
encontraste	encontrases
encontró	encontrase
encontramos	encontrásemos
encontrasteis	encontraseis
encontraron	encontrasen

Futuro
encontraré
encontrarás
encontrará
encontraremos
encontraréis
encontrarán

Imperativo
encuentra [tú]
encuentre [usted]
encontremos [nosotros]
encontrad [vosotros]
encuentren [ustedes]

Condicional
encontraría
encontrarías
encontraría
encontraríamos
encontraríais
encontrarían

Formas no personales
Infinitivo: encontrar
Gerundio: encontrando
Participio: encontrado

25 entender

Indicativo	Subjuntivo
Presente	***Presente***
entiendo	*entienda*
entiendes	*entiendas*
entiende	*entienda*
entendemos	entendamos
entendéis	entendáis
entienden	*entiendan*
Pret. imperfecto	***Pret. imperfecto***
entendía	entendiera
entendías	entendieras
entendía	entendiera
entendíamos	entendiéramos
entendíais	entendierais
entendían	entendieran
Pret. indefinido	***o***
entendí	entendiese
entendiste	entendieses
entendió	entendiese
entendimos	entendiésemos
entendisteis	entendieseis
entendieron	entendiesen

Futuro
entenderé
entenderás
entenderá
entenderemos
entenderéis
entenderán

Imperativo
entiende [tú]
entienda [usted]
entendamos [nosotros]
entended [vosotros]
entiendan [ustedes]

Condicional
entendería
entenderías
entendería
entenderíamos
entenderíais
entenderían

Formas no personales
Infinitivo: entender
Gerundio: entendiendo
Participio: entendido

26 estar

Indicativo

Presente
estoy
estás
está
estamos
estáis
están

Pret. imperfecto
estaba
estabas
estaba
estábamos
estabais
estaban

Pret. indefinido
estuve
estuviste
estuvo
estuvimos
estuvisteis
estuvieron

Futuro
estaré
estarás
estará
estaremos
estaréis
estarán

Condicional
estaría
estarías
estaría
estaríamos
estaríais
estarían

Subjuntivo

Presente
esté
estés
esté
estemos
estéis
estén

Pret. imperfecto
estuviera
estuvieras
estuviera
estuviéramos
estuvierais
estuvieran

o
estuviese
estuvieses
estuviese
estuviésemos
estuvieseis
estuviesen

Imperativo
está [tú]
esté [usted]
estemos [nosotros]
estad [vosotros]
estén [ellos]

Formas no personales
Infinitivo: estar
Gerundio: estando
Participio: estado

27 haber

Indicativo

Presente
he
has
ha (hay)
hemos
habéis
han

Pret. imperfecto
había
habías
había
habíamos
habíais
habían

Pret. indefinido
hube
hubiste
hubo
hubimos
hubisteis
hubieron

Futuro
habré
habrás
habrá
habremos
habréis
habrán

Condicional
habría
habrías
habría
habríamos
habríais
habrían

Subjuntivo

Presente
haya
hayas
haya
hayamos
hayáis
hayan

Pret. imperfecto
hubiera
hubieras
hubiera
hubiéramos
hubierais
hubieran

o
hubiese
hubieses
hubiese
hubiésemos
hubieseis
hubiesen

Imperativo
ha [tú]
haya [usted]
hayamos [nosotros]
habed [vosotros]
hayan [ustedes]

Formas no personales
Infinitivo: haber
Gerundio: habiendo
Participio: habido

28 hacer

Indicativo

Presente
hago
haces
hace
hacemos
hacéis
hacen

Pret. imperfecto
hacía
hacías
hacía
hacíamos
hacíais
hacían

Pret. indefinido
hice
hiciste
hizo
hicimos
hicisteis
hicieron

Futuro
haré
harás
hará
haremos
haréis
harán

Condicional
haría
harías
haría
haríamos
haríais
harían

Subjuntivo

Presente
haga
hagas
haga
hagamos
hagáis
hagan

Pret. imperfecto
hiciera
hicieras
hiciera
hiciéramos
hicierais
hicieran

o
hiciese
hicieses
hiciese
hiciésemos
hicieseis
hiciesen

Imperativo
haz [tú]
haga [usted]
hagamos [nosotros]
haced [vosotros]
hagan [ustedes]

Formas no personales
Infinitivo: hacer
Gerundio: haciendo
Participio: *hecho*

29 ir

Indicativo

Presente
voy
vas
va
vamos
vais
van

Pret. imperfecto
iba
ibas
iba
íbamos
ibais
iban

Pret. indefinido
fui
fuiste
fue
fuimos
fuisteis
fueron

Futuro
iré
irás
irá
iremos
iréis
irán

Condicional
iría
irías
iría
iríamos
iríais
irían

Subjuntivo

Presente
vaya
vayas
vaya
vayamos
vayáis
vayan

Pret. imperfecto
fuera
fueras
fuera
fuéramos
fuerais
fueran

o
fuese
fueses
fuese
fuésemos
fueseis
fuesen

Imperativo
ve [tú]
vaya [usted]
vayamos [nosotros]
id [vosotros]
vayan [ustedes]

Formas no personales
Infinitivo: ir
Gerundio: *yendo*
Participio: ido

30 jugar

Indicativo

Presente
juego
juegas
juega
jugamos
jugáis
juegan

Pret. imperfecto
jugaba
jugabas
jugaba
jugábamos
jugabais
jugaban

Pret. indefinido
jugué
jugaste
jugó
jugamos
jugasteis
jugaron

Futuro
jugaré
jugarás
jugará
jugaremos
jugaréis
jugarán

Subjuntivo

Presente
juegue
juegues
juegue
juguemos
juguéis
jueguen

Pret. imperfecto
jugara
jugaras
jugara
jugáramos
jugarais
jugaran

o
jugase
jugases
jugase
jugásemos
jugaseis
jugasen

Imperativo
juega [tú]
juegue [usted]
juguemos [nosotros]
jugad [vosotros]
jueguen [ustedes]

Condicional
jugaría
jugarías
jugaría
jugaríamos
jugaríais
jugarían

Formas no personales
Infinitivo: jugar
Gerundio: jugando
Participio: jugado

31 leer

Indicativo

Presente
leo
lees
lee
leemos
leéis
leen

Pret. imperfecto
leía
leías
leía
leíamos
leíais
leían

Pret. indefinido
leí
leíste
leyó
leímos
leísteis
leyeron

Futuro
leeré
leerás
leerá
leeremos
leeréis
leerán

Subjuntivo

Presente
lea
leas
lea
leamos
leáis
lean

Pret. imperfecto
leyera
leyeras
leyera
leyéramos
leyerais
leyeran

o
leyese
leyeses
leyese
leyésemos
leyeseis
leyesen

Imperativo
lee [tú]
lea [usted]
leamos [nosotros]
leed [vosotros]
lean [ustedes]

Condicional
leería
leerías
leería
leeríamos
leeríais
leerían

Formas no personales
Infinitivo: leer
Gerundio: *leyendo*
Participio: *leído*

32 oír

Indicativo

Presente
oigo
oyes
oye
oímos
oís
oyen

Pret. imperfecto
oía
oías
oía
oíamos
oíais
oían

Pret. indefinido
oí
oíste
oyó
oímos
oísteis
oyeron

Futuro
oiré
oirás
oirá
oiremos
oiréis
oirán

Condicional
oiría
oirías
oiría
oiríamos
oiríais
oirían

Subjuntivo

Presente
oiga
oigas
oiga
oigamos
oigáis
oigan

Pret. imperfecto
oyera
oyeras
oyera
oyéramos
oyerais
oyeran

o
oyese
oyeses
oyese
oyésemos
oyeseis
oyesen

Imperativo
oye [tú]
oiga [usted]
oigamos [nosotros]
oíd [vosotros]
oigan [ustedes]

Formas no personales
Infinitivo: oír
Gerundio: *oyendo*
Participio: *oído*

33 pagar

Indicativo

Presente
pago
pagas
paga
pagamos
pagáis
pagan

Pret. imperfecto
pagaba
pagabas
pagaba
pagábamos
pagabais
pagaban

Pret. indefinido
pagué
pagaste
pagó
pagamos
pagasteis
pagaron

Futuro
pagaré
pagarás
pagará
pagaremos
pagaréis
pagarán

Condicional
pagaría
pagarías
pagaría
pagaríamos
pagaríais
pagarían

Subjuntivo

Presente
pague
pagues
pague
paguemos
paguéis
paguen

Pret. imperfecto
pagara
pagaras
pagara
pagáramos
pagarais
pagaran

o
pagase
pagases
pagase
pagásemos
pagaseis
pagasen

Imperativo
paga [tú]
pague [usted]
paguemos [nosotros]
pagad [vosotros]
paguen [ustedes]

Formas no personales
Infinitivo: pagar
Gerundio: pagando
Participio: pagado

34 pedir

Indicativo

Presente
pido
pides
pide
pedimos
pedís
piden

Pret. imperfecto
pedía
pedías
pedía
pedíamos
pedíais
pedían

Pret. indefinido
pedí
pediste
pidió
pedimos
pedisteis
pidieron

Futuro
pediré
pedirás
pedirá
pediremos
pediréis
pedirán

Condicional
pediría
pedirías
pediría
pediríamos
pediríais
pedirían

Subjuntivo

Presente
pida
pidas
pida
pidamos
pidáis
pidan

Pret. imperfecto
pidiera
pidieras
pidiera
pidiéramos
pidierais
pidieran

o
pidiese
pidieses
pidiese
pidiésemos
pidieseis
pidiesen

Imperativo
pide [tú]]
pida [usted
pidamos [nosotros]
pedid [vosotros]
pidan [ustedes]

Formas no personales
Infinitivo: pedir
Gerundio: *pidiendo*
Participio: pedido

35 pensar

Indicativo

Presente
pienso
piensas
piensa
pensamos
pensáis
piensan

Pret. imperfecto
pensaba
pensabas
pensaba
pensábamos
pensabais
pensaban

Pret. indefinido
pensé
pensaste
pensó
pensamos
pensasteis
pensaron

Futuro
pensaré
pensarás
pensará
pensaremos
pensaréis
pensarán

Condicional
pensaría
pensarías
pensaría
pensaríamos
pensaríais
pensarían

Subjuntivo

Presente
piense
pienses
piense
pensemos
penséis
piensen

Pret. imperfecto
pensara
pensaras
pensara
pensáramos
pensarais
pensaran

o
pensase
pensases
pensase
pensásemos
pensaseis
pensasen

Imperativo
piensa [tú]
piense [usted]
pensemos [nosotros]
pensad [vosotros]
piensen [ustedes]

Formas no personales
Infinitivo: pensar
Gerundio: pensando
Participio: pensado

36 poder

Indicativo

Presente
puedo
puedes
puede
podemos
podéis
pueden

Pret. imperfecto
podía
podías
podía
podíamos
podíais
podían

Pret. indefinido
pude
pudiste
pudo
pudimos
pudisteis
pudieron

Futuro
podré
podrás
podrá
podremos
podréis
podrán

Condicional
podría
podrías
podría
podríamos
podríais
podrían

Subjuntivo

Presente
pueda
puedas
pueda
podamos
podáis
puedan

Pret. imperfecto
pudiera
pudieras
pudiera
pudiéramos
pudierais
pudieran

_o_
pudiese
pudieses
pudiese
pudiésemos
pudieseis
pudiesen

Imperativo
puede [tú]
pueda [usted]
podamos [nosotros]
poded [vosotros]
puedan [ustedes]

Formas no personales
Infinitivo: poder
Gerundio: *pudiendo*
Participio: podido

37 poner

Indicativo

Presente
pongo
pones
pone
ponemos
ponéis
ponen

Pret. imperfecto
ponía
ponías
ponía
poníamos
poníais
ponían

Pret. indefinido
puse
pusiste
puso
pusimos
pusisteis
pusieron

Futuro
pondré
pondrás
pondrá
pondremos
pondréis
pondrán

Condicional
pondría
pondrías
pondría
pondríamos
pondríais
pondrían

Subjuntivo

Presente
ponga
pongas
ponga
pongamos
pongáis
pongan

Pret. imperfecto
pusiera
pusieras
pusiera
pusiéramos
pusierais
pusieran

_o_
pusiese
pusieses
pusiese
pusiésemos
pusieseis
pusiesen

Imperativo
pon [tú]
ponga [usted]
pongamos [nosotros]
poned [vosotros]
pongan [ustedes]

Formas no personales
Infinitivo: poner
Gerundio: poniendo
Participio: *puesto*

38 querer

Indicativo

Presente
quiero
quieres
quiere
queremos
queréis
quieren

Pret. imperfecto
quería
querías
quería
queríamos
queríais
querían

Pret. indefinido
quise
quisiste
quiso
quisimos
quisisteis
quisieron

Futuro
querré
querrás
querrá
querremos
querréis
querrán

Condicional
querría
querrías
querría
querríamos
querríais
querrían

Subjuntivo

Presente
quiera
quieras
quiera
queramos
queráis
quieran

Pret. imperfecto
quisiera
quisieras
quisiera
quisiéramos
quisierais
quisieran

o
quisiese
quisieses
quisiese
quisiésemos
quisieseis
quisiesen

Imperativo
quiere [tú]
quiera [usted]
queramos [nosotros]
quered [vosotros]
quieran [ustedes]

Formas no personales
Infinitivo: querer
Gerundio: queriendo
Participio: querido

39 reunir

Indicativo

Presente
reúno
reúnes
reúne
reunimos
reunís
reúnen

Pret. imperfecto
reunía
reunías
reunía
reuníamos
reuníais
reunían

Pret. indefinido
reuní
reuniste
reunió
reunimos
reunisteis
reunieron

Futuro
reuniré
reunirás
reunirá
reuniremos
reuniréis
reunirán

Condicional
reuniría
reunirías
reuniría
reuniríamos
reuniríais
reunirían

Subjuntivo

Presente
reúna
reúnas
reúna
reunamos
reunáis
reúnan

Pret. imperfecto
reuniera
reunieras
reuniera
reuniéramos
reunierais
reunieran

o
reuniese
reunieses
reuniese
reuniésemos
reunieseis
reuniesen

Imperativo
reúne [tú]
reúna [usted]
reunamos [nosotros]
reunid [vosotros]
reúnan [ustedes]

Formas no personales
Infinitivo: reunir
Gerundio: reuniendo
Participio: reunido

40 saber

Indicativo

Presente
sé
sabes
sabe
sabemos
sabéis
saben

Pret. imperfecto
sabía
sabías
sabía
sabíamos
sabíais
sabían

Pret. indefinido
supe
supiste
supo
supimos
supisteis
supieron

Futuro
sabré
sabrás
sabrá
sabremos
sabréis
sabrán

Condicional
sabría
sabrías
sabría
sabríamos
sabríais
sabrían

Subjuntivo

Presente
sepa
sepas
sepa
sepamos
sepáis
sepan

Pret. imperfecto
supiera
supieras
supiera
supiéramos
supierais
supieran

o
supiese
supieses
supiese
supiésemos
supieseis
supiesen

Imperativo
sabe [tú]
sepa [usted]
sepamos [nosotros]
sabed [vosotros]
sepan [ustedes]

Formas no personales
Infinitivo: saber
Gerundio: sabiendo
Participio: sabido

41 salir

Indicativo

Presente
salgo
sales
sale
salimos
salís
salen

Pret. imperfecto
salía
salías
salía
salíamos
salíais
salían

Pret. indefinido
salí
saliste
salió
salimos
salisteis
salieron

Futuro
saldré
saldrás
saldrá
saldremos
saldréis
saldrán

Condicional
saldría
saldrías
saldría
saldríamos
saldríais
saldrían

Subjuntivo

Presente
salga
salgas
salga
salgamos
salgáis
salgan

Pret. imperfecto
saliera
salieras
saliera
saliéramos
salierais
salieran

o
saliese
salieses
saliese
saliésemos
salieseis
saliesen

Imperativo
sal [tú]
salga [usted]
salgamos [nosotros]
salid [vosotros]
salgan [ustedes]

Formas no personales
Infinitivo: salir
Gerundio: saliendo
Participio: salido

42 satisfacer

Indicativo

Presente
satisfago
satisfaces
satisface
satisfacemos
satisfacéis
satisfacen

Pret. imperfecto
satisfacía
satisfacías
satisfacía
satisfacíamos
satisfacíais
satisfacían

Pret. indefinido
satisfice
satisficiste
satisfizo
satisficimos
satisficisteis
satisficieron

Futuro
satisfaré
satisfarás
satisfará
satisfaremos
satisfaréis
satisfarán

Condicional
satisfaría
satisfarías
satisfaría
satisfaríamos
satisfaríais
satisfarían

Subjuntivo

Presente
satisfaga
satisfagas
satisfaga
satisfagamos
satisfagáis
satisfagan

Pret. imperfecto
satisficiera
satisficieras
satisficiera
satisficiéramos
satisficierais
satisficieran

o
satisficiese
satisficieses
satisficiese
satisficiésemos
satisficieseis
satisficiesen

Imperativo
satisfaz [tú]
satisfaga [usted]
satisfagamos [nosotros]
satisfaced [vosotros]
satisfagan [ustedes]

Formas no personales
Infinitivo: satisfacer
Gerundio: satisfaciendo
Participio: *satisfecho*

43 seguir

Indicativo

Presente
sigo
sigues
sigue
seguimos
seguís
siguen

Pret. imperfecto
seguía
seguías
seguía
seguíamos
seguíais
seguían

Pret. indefinido
seguí
seguiste
siguió
seguimos
seguisteis
siguieron

Futuro
seguiré
seguirás
seguirá
seguiremos
seguiréis
seguirán

Condicional
seguiría
seguirías
seguiría
seguiríamos
seguiríais
seguirían

Subjuntivo

Presente
siga
sigas
siga
sigamos
sigáis
sigan

Pret. imperfecto
siguiera
siguieras
siguiera
siguiéramos
siguierais
siguieran

o
siguiese
siguieses
siguiese
siguiésemos
siguieseis
siguiesen

Imperativo
sigue [tú]
siga [usted]
sigamos [nosotros]
seguid [vosotros]
sigan [ustedes]

Formas no personales
Infinitivo: seguir
Gerundio: *siguiendo*
Participio: seguido

44 sentir

Indicativo

Presente
siento
sientes
siente
sentimos
sentís
sienten

Pret. imperfecto
sentía
sentías
sentía
sentíamos
sentíais
sentían

Pret. indefinido
sentí
sentiste
sintió
sentimos
sentisteis
sintieron

Futuro
sentiré
sentirás
sentirá
sentiremos
sentiréis
sentirán

Condicional
sentiría
sentirías
sentiría
sentiríamos
sentiríais
sentirían

Subjuntivo

Presente
sienta
sientas
sienta
sintamos
sintáis
sientan

Pret. imperfecto
sintiera
sintieras
sintiera
sintiéramos
sintierais
sintieran

o
sintiese
sintieses
sintiese
sintiésemos
sintieseis
sintiesen

Imperativo
siente [tú]
sienta [usted]
sintamos [nosotros]
sentid [vosotros]
sientan [ustedes]

Formas no personales
Infinitivo: sentir
Gerundio: *sintiendo*
Participio: sentido

45 ser

Indicativo

Presente
soy
eres
es
somos
sois
son

Pret. imperfecto
era
eras
era
éramos
erais
eran

Pret. indefinido
fui
fuiste
fue
fuimos
fuisteis
fueron

Futuro
seré
serás
será
seremos
seréis
serán

Condicional
sería
serías
sería
seríamos
seríais
serían

Subjuntivo

Presente
sea
seas
sea
seamos
seáis
sean

Pret. imperfecto
fuera
fueras
fuera
fuéramos
fuerais
fueran

o
fuese
fueses
fuese
fuésemos
fueseis
fuesen

Imperativo
sé [tú]
sea [usted]
seamos [nosotros]
sed [vosotros]
sean [ustedes]

Formas no personales
Infinitivo: ser
Gerundio: siendo
Participio: sido

46 sonreír

Indicativo

Presente
sonrío
sonríes
sonríe
sonreímos
sonreís
sonríen

Pret. imperfecto
sonreía
sonreías
sonreía
sonreíamos
sonreíais
sonreían

Pret. indefinido
sonreí
sonreíste
sonrió
sonreímos
sonreísteis
sonrieron

Futuro
sonreiré
sonreirás
sonreirá
sonreiremos
sonreiréis
sonreirán

Condicional
sonreiría
sonreirías
sonreiría
sonreiríamos
sonreiríais
sonreirían

Subjuntivo

Presente
sonría
sonrías
sonría
sonriamos
sonriáis
sonrían

Pret. imperfecto
sonriera
sonrieras
sonriera
sonriéramos
sonrierais
sonrieran

o
sonriese
sonrieses
sonriese
sonriésemos
sonrieseis
sonriesen

Imperativo
sonríe [tú]
sonría [usted]
sonriamos [nosotros]
sonreíd [vosotros]
sonrían [ustedes]

Formas no personales
Infinitivo: sonreír
Gerundio: *sonriendo*
Participio: *sonreído*

47 tener

Indicativo

Presente
tengo
tienes
tiene
tenemos
tenéis
tienen

Pret. imperfecto
tenía
tenías
tenía
teníamos
teníais
tenían

Pret. indefinido
tuve
tuviste
tuvo
tuvimos
tuvisteis
tuvieron

Futuro
tendré
tendrás
tendrá
tendremos
tendréis
tendrán

Condicional
tendría
tendrías
tendría
tendríamos
tendríais
tendrían

Subjuntivo

Presente
tenga
tengas
tenga
tengamos
tengáis
tengan

Pret. imperfecto
tuviera
tuvieras
tuviera
tuviéramos
tuvierais
tuvieran

o
tuviese
tuvieses
tuviese
tuviésemos
tuvieseis
tuviesen

Imperativo
ten [tú]
tenga [usted]
tengamos [nosotros]
tened [vosotros]
tengan [ustedes]

Formas no personales
Infinitivo: tener
Gerundio: teniendo
Participio: tenido

48 traer

Indicativo

Presente
traigo
traes
trae
traemos
traéis
traen

Pret. imperfecto
traía
traías
traía
traíamos
traíais
traían

Pret. indefinido
traje
trajiste
trajo
trajimos
trajisteis
trajeron

Futuro
traeré
traerás
traerá
traeremos
traeréis
traerán

Condicional
traería
traerías
traería
traeríamos
traeríais
traerían

Subjuntivo

Presente
traiga
traigas
traiga
traigamos
traigáis
traigan

Pret. imperfecto
trajera
trajeras
trajera
trajéramos
trajerais
trajeran

o
trajese
trajeses
trajese
trajésemos
trajeseis
trajesen

Imperativo
trae [tú]
traiga [usted]
traigamos [nosotros]
traed [vosotros]
traigan [ustedes]

Formas no personales
Infinitivo: traer
Gerundio: *trayendo*
Participio: *traído*

49 valer

Indicativo

Presente
valgo
vales
vale
valemos
valéis
valen

Pret. imperfecto
valía
valías
valía
valíamos
valíais
valían

Pret. indefinido
valí
valiste
valió
valimos
valisteis
valieron

Futuro
valdré
valdrás
valdrá
valdremos
valdréis
valdrán

Condicional
valdría
valdrías
valdría
valdríamos
valdríais
valdrían

Subjuntivo

Presente
valga
valgas
valga
valgamos
valgáis
valgan

Pret. imperfecto
valiera
valieras
valiera
valiéramos
valierais
valieran

o
valiese
valieses
valiese
valiésemos
valieseis
valiesen

Imperativo
vale [tú]
valga [usted]
valgamos [nosotros]
valed [vosotros]
valgan [ustedes]

Formas no personales
Infinitivo: valer
Gerundio: valiendo
Participio: valido

50 venir

Indicativo

Presente
vengo
vienes
viene
venimos
venís
vienen

Pret. imperfecto
venía
venías
venía
veníamos
veníais
venían

Pret. indefinido
vine
viniste
vino
vinimos
vinisteis
vinieron

Futuro
vendré
vendrás
vendrá
vendremos
vendréis
vendrán

Condicional
vendría
vendrías
vendría
vendríamos
vendríais
vendrían

Subjuntivo

Presente
venga
vengas
venga
vengamos
vengáis
vengan

Pret. imperfecto
viniera
vinieras
viniera
viniéramos
vinierais
vinieran

o
viniese
vinieses
viniese
viniésemos
vinieseis
viniesen

Imperativo
ven [tú]
venga [usted]
vengamos [nosotros]
venid [vosotros]
vengan [ustedes]

Formas no personales
Infinitivo: venir
Gerundio: *viniendo*
Participio: venido

51 ver

Indicativo

Presente
veo
ves
ve
vemos
veis
ven

Pret. imperfecto
veía
veías
veía
veíamos
veíais
veían

Pret. indefinido
vi
viste
vio
vimos
visteis
vieron

Futuro
veré
verás
verá
veremos
veréis
verán

Condicional
vería
verías
vería
veríamos
veríais
verían

Subjuntivo

Presente
vea
veas
vea
veamos
veáis
vean

Pret. imperfecto
viera
vieras
viera
viéramos
vierais
vieran

o
viese
vieses
viese
viésemos
vieseis
viesen

Imperativo
ve [tú]
vea [usted]
veamos [nosotros]
ved [vosotros]
vean [ustedes]

Formas no personales
Infinitivo: ver
Gerundio: viendo
Participio: *visto*

52 volver

Indicativo

Presente
vuelvo
vuelves
vuelve
volvemos
volvéis
vuelven

Pret. imperfecto
volvía
volvías
volvía
volvíamos
volvíais
volvían

Pret. indefinido
volví
volviste
volvió
volvimos
volvisteis
volvieron

Futuro
volveré
volverás
volverá
volveremos
volveréis
volverán

Condicional
volvería
volverías
volvería
volveríamos
volveríais
volverían

Subjuntivo

Presente
vuelva
vuelvas
vuelva
volvamos
volváis
vuelvan

Pret. imperfecto
volviera
volvieras
volviera
volviéramos
volvierais
volvieran

o
volviese
volvieses
volviese
volviésemos
volvieseis
volviesen

Imperativo
vuelve [tú]
vuelva [usted]
volvamos [nosotros]
volved [vosotros]
vuelvan [ustedes]

Formas no personales
Infinitivo: volver
Gerundio: volviendo
Participio: *vuelto*

Registro gramatical

Die Zahlenangaben beziehen sich auf die Paragraphen der Lektionen.